"경천" 에게


요셉과 같이 꿈을 이루는

아들이 되길 기도하면서 . . . .


2002. 8. 27.

"아빠" 가.

# 꿈꾸는 자가 오는도다

요셉을 통해 본 꿈의 시작과 좌절과 치유와 성취와 그 열매

강준민 지음

두란노

# 꿈꾸는 자가 오는도다

지은이  강준민
초판발행  2000. 1. 7.
21쇄발행  2002. 6. 3.
등록번호  제 3 - 203호
등록된 곳  서울시 용산구 서빙고동 95번지
발행처  도서출판 두란노
영업부  749-1059
F A X  080-749-3705
출판부  794-5100(#344)
인쇄처  제형인쇄

* 책값은 뒤표지에 있습니다.

ISBN  89 - 7008 - 959 - 4  03230

독자의 의견을 기다립니다.
tpress@tyrannus.co.kr
http://www.Duranomall.com

비전 & 리더십 5

꿈꾸는 자가 오는도다

# Contents 차례

# 2부 꿈이 실현되는 것을 보는 기쁨

# 3부 꿈꾸는 자의 축복의 열매

# 서문

저는 꿈을 좋아합니다. 사람들의 꿈 이야기를 좋아합니다. 꿈꾸는 사람들 곁에서 꿈을 함께 나누는 것을 좋아합니다. 꿈을 성취한 사람들의 삶을 연구하는 것을 좋아합니다. 그래서 성경에 나타난 인물들 가운데 요셉을 좋아합니다. 요셉은 꿈꾸는 사람이었고, 꿈을 성취하기 위해 대가를 지불할 줄 알았습니다. 꿈을 성취하기 위해 준비했고, 하나님이 기회를 주셨을 때 그 기회를 포착할 줄 알았습니다.

요셉은 꿈을 성취함으로 하나님이 주신 사명을 완수했습니다. 그는 자신의 꿈만 성취한 것이 아니라 다른 사람들의 꿈이 성취되도록 도왔습니다. 정말 균형 잡힌 영성을 소유한 인물이었습니다. 그는 샘 곁에 심겨진 나무처럼 '뿌리 깊은 영성'을 가진 사람이었습니다(창 49:22). 그는 노력과 훈련의 균형, 이성과 신앙의 균형, 인격과 성취의 균형, 소유와 누림과 나눔의 균형, 성공과 섬김의 균형을 이룬 하나님의 사람이었습니다.

저는 요셉과 더불어 꿈을 성취한 사람들의 생애를 연구하면서, 그들에게 공통점이 있다는 사실을 발견했습니다. 꿈을 성취한 사람들은 먼저 꿈을 소유하고 있었습니다. 그들은 자신들의 꿈이 무엇인지를 알았고 그 꿈을 항상 생각했습니다. 미래에 성취될 그들의 꿈을 선명하게 보고 또한 말할 수 있었습니다. 그들은 꿈을 성취하는 법칙을 발견하고, 그 법칙을 적용함으로써 꿈을 성취했습니다.

그러나 그들이 꿈을 성취한 것은 그들의 노력만으로 된 것은 아니었습니다. 하나님이 기회를 주셨기 때문에 가능했습니다. 그래서 꿈을 성취하는 것은 법칙을 적용하는 과학(science)이면서 또한 은혜(grace)입니다. 형통이란 하나님의 기회와 인간의 준비가 만나는 곳에 일어나는 축복의 사건입니다. 꿈을 성취하기 위해 대가를 지불하는 것이 우리의 일이라면, 꿈꾸는 사람에게 기회를 주시는 것은 하나님의 일입니다. 그래서 꿈꾸는 사람은 노력할 뿐만 아니라 기도해야 합니다. 기도할 때 하나님이 기회를 주시기 때문입니다.

저의 사명은 사람들 안에 있는 꿈을 발견하도록 도와 주는 것입니다. 좌절된 꿈을 회복시켜 주고 그 꿈을 성취하도록 도와 주는 것입니다. 꿈을 성취할 수 있는 원리를 가르쳐 주고, 하나님의 기회를 포착할 수 있도록 도와 주는 것입니다. 저의 기쁨은 제가 도와 준 분들의 꿈이 성취되는 것을 보는 것입니다. 이것이 제가 이 책을 쓰게 된 가장 중요한 이유입니다.

사람은 누구나 자신의 꿈을 발견하고 성취하길 원합니다. 사실 당신이 이 책을 읽고 있다는 것만으로도 당신은 꿈꾸는 사람임을 알 수 있습니다. 당신이 꿈에 관심이 없다면 이 책을 읽지도 않을 것입니다.

이 책은 당신의 꿈을 발견하도록 도와 주고, 당신의 좌절된 꿈을 회복시켜 주기 위해 쓰여졌습니다.

이 책에는 당신의 꿈을 성취하는 데 필요한 성취의 원리가 담겨 있습니다. 당신의 꿈을 성취하기 위해 지불해야 할 대가가 무엇인지를 정직하게 말해 주고 있습니다. 꿈을 성취하는 것은 결코 쉬운 일이 아닙니다. 꿈이 크면 문제도 큽니다. 많은 장애물을 만나게 됩니다. 그러나 가장 큰 장애물은 환경에 있는 것이 아니라 우리 안에 있습니다. 가장 무서운 싸움은 내면에서 일어납니다. 꿈을 정복하기 전에 우리 자신을 정복해야 합니다. 고난, 역경, 실패, 유혹, 낙담, 좌절을 이길 수 있는 힘이 꿈꾸는 자에게 필요합니다. 이 책에는 꿈을 정복하기 전에 우리 자신을 정복할 수 있는 비결이 담겨 있습니다.

꿈을 성취하는 것보다 더 중요한 것은 하나님이 주신 사명을 완수하는 것입니다. 요셉은 꿈을 성취함으로써 사명을 완수했습니다. 그는 성공에 머무르지 않았습니다. 성공 후에도 타락하지 않았습니다. 오히려 성공을 섬김의 디딤돌로 삼았습니다. 요셉은 끝마무리를 잘한 하나님의 사람이었습니다.

만일 당신이 이미 꿈을 성취한 사람이라면 이 책은 당신의 사명을 완수하도록 도와 줄 것입니다. 또한 인생의 끝마무리를 잘할 수 있도록 안내해 줄 것입니다. 이 책은 한 번 형통하고 마는 일회용 처방약이 아니라 영원히 형통할 수 있는 하나님의 원리를 제공하고 있습니다.

이 책은 하나님의 꿈을 성취한 요셉의 이야기입니다. 요셉에게 꿈을 주시고, 꿈을 성취하도록 도와 주신 요셉의 하나님의 이야기입니다. 하나님은 사람을 찾고 계십니다. 요셉과 같이 꿈꾸는 자를 찾고 계십니다. 요셉은 더 이상 이 세상에 존재하지 않습니다. 당신이 바로

이 시대의 요셉이 되어야 합니다.

요셉이 형제들을 만나기 위해 도단에 내려갔을 때, 그의 형제들이 그를 보고 "꿈꾸는 자가 오는도다"라고 말했습니다. 새 천년에 꿈꾸는 자가 오고 있습니다. 그 꿈꾸는 자는 바로 당신입니다. 하나님은 당신을 통해 새 천년에 새로운 역사를 이루시길 원하고 계십니다. 이 책을 통해 꿈을 성취하는 원리를 배우십시오. 그리고 당신의 삶 속에 적용하십시오.

저는 꿈꾸는 사람으로 살아왔습니다. 꿈을 위해 대가를 지불했습니다. 또한 하나님께 기회를 달라고 매일 새벽 기도를 드렸습니다. 저는 지금도 매일 꿈을 꾸고 있습니다. 꿈을 말하고 있습니다. 죽을 때까지 꿈 이야기를 하고 싶습니다. 하나님이 주신 꿈은 저를 변화시켰고, 저를 강하게 했습니다. 꿈은 저의 성품을 만들었고, 저의 환경을 새롭게 창조했습니다. 저는 부족하지만 이 책에 기록된 원리를 따라 살아왔습니다. 앞으로도 계속해서 살기를 원합니다.

늘 느끼는 것이지만, 책 한 권이 나오는 데는 많은 분들의 기도와 도움이 담겨 있음을 말씀드리고 싶습니다. 저를 위해 기도해 주시는 어머님과, 사랑과 정성으로 원고를 읽어 주고 도와 준 아내에게 감사를 드리고 싶습니다. 책 쓰는 아버지를 이해하고 격려해 주는 두 딸 명진, 명은이에게도 고마운 마음을 전하고 싶습니다.

이 책이 나오도록 도전과 자극과 기도를 아끼지 않으신 피현희 출판부장님과 출판부 직원들에게 감사를 드립니다. 모국을 방문할 때마다 사랑을 베풀어 주시고, 제 안에 감추인 하나님의 가능성을 개발하도록 늘 도와 주시는 하용조 목사님께도 진심으로 감사를 드립니다. 또한 요셉 인물 강해를 경청해 주시고, 그 원리를 따라 사는 모범을 보여 주신 로고스 교회 동역자들과 성도님들에게 감사를 드립니다.

　마지막으로 비천한 사람에게 하나님의 꿈을 심어 주시고, 꿈의 성취를 통해 사명을 완수하도록 도와 주시는 존귀하신 하나님께 감사를 드립니다.

로스앤젤레스에서

강준민 목사

## 1 부

# 꿈꾸는 자를 준비시키시는 하나님

# 꿈꾸는 **1** 자

… 요셉이 다시 꿈을 꾸고 그 형들에게 고하여 가로되 내가 또 꿈을 꾼즉 해와 달과 열
한 별이 내게 절하더이다 하니라 그가 그 꿈으로 부형에게 고하매 아비가 그를 꾸짖고
그에게 이르되 너의 꾼 꿈이 무엇이냐 … (창세기 37:1 – 11).

## 꿈을 성취하려면 꿈을 소유하라

꿈을 성취하기 원하는 사람은 꿈을 가져야 합니다. 꿈꾸는 것을
좋아해야 합니다. 꿈꾸는 사람을 좋아해야 합니다. 꿈꾸는 사람
들을 가까이해야 합니다. 꿈을 성취한 사람들의 특성을 배워야 합니
다. 저는 꿈꾸는 사람입니다. 하나님이 주신 꿈을 성취하기 원하는 강
력한 열망이 제 속에 불타고 있습니다. 그래서 저는 성경 인물들 가운
데 요셉을 좋아합니다.

요셉은 꿈을 소유한 사람이었고, 꿈을 성취한 사람이었습니다. 또
꿈을 위해서 값을 지불할 줄 알았던 사람이었습니다. 세상에는 꿈 없

이 사는 사람들이 많습니다. 그런데 꿈을 소유한 사람들 가운데서도 그 꿈을 성취한 사람들은 극히 적습니다. 그 이유는, 꿈을 소유했지만 그 꿈을 위해서 값을 지불하지 않기 때문입니다.

하나님이 우리에게 원하시는 것은 먼저 꿈을 갖는 것입니다. 그리고 그 꿈을 성취하기 위해서 값을 지불하기로 결단하는 것입니다. 대가를 지불할 수 있는 능력과 용기를 얻는 것입니다. 요셉을 위대하게 만든 것은 그의 꿈이었습니다. 요셉을 강하게 만든 것도 그의 꿈이었습니다. 요셉을 다른 형제들과 다르게 만든 것도 꿈이었습니다.

당신의 생애를 다른 사람들의 생애와 구별시킬 수 있는 유일한 길이 있다면 그것은 꿈입니다. 하나님은 우리가 꿈꾸는 사람이 되기를 원하십니다. 또한 우리의 좌절된 꿈을 회복시켜 주시기를 원하십니다.

나라가 위기에 처하고 인생에 시련이 찾아올 때 우리는 꿈이 좌절되는 것을 느낍니다. 그러나 고난과 역경의 때일수록 우리는 꿈에 대해 더 깊은 관심을 가져야 합니다. 하나님이 주신 꿈은 쉽게 사라지는 것이 아닙니다. 또한 하나님이 사랑하시는 나라와 공동체의 꿈도 쉽게 좌절되는 것이 아닙니다. 그래서 하나님은 절망 중에 꿈을 꾸며 전진하는 사람들을 찾고 계십니다. 그 꿈을 위해 대가를 지불할 사람들을 찾고 계십니다.

저는 1972년에 예수님을 영접했습니다. 그때 하나님은 제게 꿈을 심어 주셨습니다. 하나님의 꿈을 가슴에 품은 저는 거룩한 상상력을 통해 미래를 내다보기 시작했습니다. 그날 이후로 저는, 꿈을 품을 뿐만 아니라 일평생 동안 제가 만나는 사람들에게 하나님의 꿈을 심어 주는 사람이 되리라고 결단했습니다. 특별히 젊은이들에게 꿈을 심어 주는 비전이 제 마음속에 꿈틀거리기 시작했습니다. 그래서 저는 가는 곳마다 꿈을 이야기합니다. 제가 말씀을 증거할 기회가 있을 때마다 증거하는 메시지가 있다면, 그것은 비전의 능력입니다. 그만큼 꿈은 제 생애를 움직여 왔습니다. 꿈은 우리의 미래를 움직여 줄 하나님의 원동력입니다.

세상이 두려워하는 세 종류의 사람을 소개하겠습니다.

## 세상이 두려워하는 세 종류의 사람

세상이 두려워하는 사람은 첫째로 꿈꾸는 사람입니다. 꿈꾸는 사람의 미래는 꿈꾸지 않는 사람의 미래와 현저하게 다를 것을 알기 때문입니다. 꿈꾸는 사람 앞에는 희망찬 미래가 기다리고 있기 때문입니다. 그래서 저는 꿈꾸는 사람 앞에 항상 머리를 숙입니다.

둘째로 소유에 집착하지 않는 사람입니다. 소유하지 않는 것이 아니라 소유를 초월한 사람입니다. 이것은 어려운 일입니다. 한 인간을 대단히 위대하고 두렵게 만드는 일입니다. 인간은 누구나 소유에 집착합니다. 그러나 집착을 넘어서 소유에 초연함이 필요합니다.

> 당신의 생애를 다른 사람들의 생애와 구별시킬 수 있는 유일한 길이 있다면 그것은 꿈입니다. 하나님은 우리가 꿈꾸는 사람이 되기를 원하십니다. 또한 우리의 좌절된 꿈을 회복시켜 주시기를 원하십니다.

아브라함은 모든 것을 소유한 사람이었지만, 그는 소유를 넘어선 사람이었습니다. 아들 이삭까지도 하나님께 올려 드렸던 사람이었습니다. 그래서 그는 위대한 믿음의 사람이 되었습니다. 많은 사람이 꿈을 성취한 다음에도 실패하는 까닭은 지나치게 소유에 집착하기 때문입니다. 꿈을 성취하는 것보다 소유에 관심을 갖기 때문입니다.

셋째로 죽음을 무서워하지 않는 사람입니다. 목숨을 내어 놓은 사람을 감당할 수 있는 사람은 아무도 없습니다. 죽으면 죽으리라는 각오를 가진 사람은 무서운 사람입니다.

사실 이 모든 것들은 꿈과 관련되어 있습니다. 꿈이 있는 사람은 소유를 극복할 수 있습니다. 꿈을 성취하기 위해서 자기 소유를 과감하게 투자하고, 희생하고, 초월하게 됩니다. 또한 꿈을 가진 사람들의 특징은 죽음을 초월한다는 사실입니다. 꿈을 이루기 위해서라면 자기 생명까지도 희생할 수 있는 사람은 대단히 무서운 사람입니다. 그 출발점이 바로 꿈에 있다는 사실을 기억해야 합니다.

하나님은 요셉을 통해서 우리에게 꿈의 중요성을 가르쳐 주십니다.

●　●　●

# 꿈꾸는 자에게 미래가 있다

요셉은 그의 나이 17세에 꿈을 꾸고 있습니다. 꿈꾸는 요셉의 모습을 성경은 이렇게 시작합니다. 1-2절을 보십시오.

야곱이 가나안 땅 곧 그 아비의 우거하던 땅에 거하였으니 야곱의 약전이 이러하니라 요셉이 십칠 세의 소년으로서 그 형제와 함께 양을 칠 때에 그 아비의 첩 빌하와 실바의 아들들로 더불어 함께 하였더니 그가 그들의 과실을 아비에게 고하더라.

요셉은 지극히 평범한 소년이었습니다. 형제들과 똑같이 양을 치는 목동이었습니다. 요셉은 특별한 환경 가운데 태어난 것이 아니었습니다. 또 위대한 성품을 소유했던 인물도 아니었습니다. 저는 이렇게 생각했습니다. '나는 야곱이 좋다. 왜냐하면 야곱은 나와 비슷하기 때문이다. 거짓말도 잘하고, 사기도 잘 치고, 또 자기가 하는 일을 위해서라면 무엇이든지 하는 사람, 심지어 하나님까지도 이용하는 사람, 그런 면에서 야곱은 나와 비슷하다.' 반면에 요셉은 나와는 너무나 거리가 멀다고 생각했습니다. 그래서 '내가 요셉 같은 사람을 어떻게 감히 바라볼 수 있겠는가?' 라는 생각을 많이 했습니다.

그러나 요셉의 생애를 관찰한 결과, 요셉은 저보다 특별한 성품을 가진 사람이 아니라는 사실을 발견했습니다. 요셉은 그의 형제들의 과실을 아버지에게 고자질하는 성품을 가진 사람이었습니다.

요셉은 아버지에게 형제들의 과실을 고했습니다. 그는 남의 잘못을 보면 견디지 못하는 사람이었습니다. 요셉이 처음부터 성숙한 인격을 소유했던 인물은 결코 아니었습니다. 잠언 17장 9절에는 "허물을 덮어 주는 자는 사랑을 구하는 자요 그것을 거듭 말하는 자는 친한 벗을 이간하는 자니라"고 말씀합니다. 그런데 요셉은 허물을 덮어 주는 사람이 아니었습니다. 사랑을 구하는 자가 아니라 허물을 거듭 말함으로 친한 벗을 이간시켰던 사람이었습니다.

잠언 19장 11절에는 "노하기를 더디하는 것이 사람의 슬기요 허물을 용서하는 것이 자기의 영광이니라"고 말씀합니다. 허물을 용서하는 것이 자기의 영광인데, 어린 요셉에게 그런 영광은 없었습니다. 남의 허물을 용서할 만큼, 덮어 줄 만큼 인격이 탁월하지 못했습니다. 그러나 다른 것이 있었다면, 그가 꿈을 가졌다는 것입니다. 평범한 그를 비범하게 만든 것은 꿈이었습니다.

## 복잡한 가정에서 태어난 인물도 희망이 있다

요셉은 결코 좋은 가정에서 태어나지 않았습니다. 아주 복잡한 가정에서 태어났습니다. 그의 아버지 야곱은 네 명의 여자와 함께 살았던 남자입니다. 레아와 라헬이라는 여자를 데리고 살았습니다. 그들은 자매였고 각각 자녀를 낳았습니다.

그리고 두 여인의 여종들, 실바와 빌하에게서도 자녀들이 태어났습니다. 요셉은 네 어머니들과 그들에게서 태어난 이복 형제들 사이에서 성장했습니다.

아주 복잡한 가정입니다. 창세기에는 이들 형제들 사이에 일어난 싸움 곧 이기심, 갈등, 편애, 질투, 미움, 복수, 색욕, 근친 상간, 사기는 물론 심지어 대량 학살의 이야기까지 기록하고 있습니다. 그것은 참으로 엄청난 비극이었습니다.

이런 복잡한 가정 속에서 요셉이 성장합니다. 요셉의 가정은 절대 아름다운 모습이 아니었습니다. 이것을 통해 우리가 배울 수 있는 교훈은, 모든 훌륭한 인물들이 꼭 좋은 가정에서만 태어나는 것이 아니라는 사실입니다. 나아가, 아주 어렵고 복잡한 가정 속에서도 위대한 인물이 태어날 수 있음을 봅니다. 어떻게 그럴 수가 있습니까? 꿈 때문입니다. 꿈이 있는 사람은 모든 복잡한 과정을 초월해서 위대한 인물이 될 수 있습니다.

요셉은 복잡한 가정 속에서도 편애를 받은 사람이었습니다. 3-4절을 보십시오.

요셉은 노년에 얻은 아들이므로 이스라엘이 여러 아들보다 그를 깊이 사랑하여 위하여 채색 옷을 지었더니 그 형들이 아비가 형제들보다 그를 사랑함을 보고 그를 미워하여 그에게 언사가 불평하였더라.

요셉이 특별히 야곱의 편애를 받은 이유가 몇 가지 있습니다. 첫째로, 야곱이 특별히 요셉의 어머니 라헬을 사랑했기 때문입니다. 야곱은 라헬을 미치도록 사랑했습니다. 7년을 수일처럼 여길 만큼 사랑했습니다. 외로울 때 만난 여인이요, 사랑하는 어머니 리브가를 많이 닮았기에 더욱 사랑했던 여인이었습니다.

야곱은 특별히 라헬을 사랑했고, 라헬이 낳은 아들 요셉과 베냐민을 사랑했습니다. 그 중에서도 요셉을 편애했습니다. 그에게 채색 옷을 입히고 특별히 차별하는 사랑을 했습니다.

우리 인생에서 가장 무서운 것이 편애입니다. 지나친 편애는 가정을 파괴하기도 합니다. 자녀들과의 관계를 깨뜨립니다. 때로는 편애 때문에 일평생 상처를 안고 살아가는 자녀도 있습니다. 우리는 편애하지 않도록 노력해야 합니다. 그러나 그것은 결코 쉬운 일이 아닙니다.

그러면 왜 야곱이 요셉을 편애했을까요? 그것은 야곱이 성장하면서 편애를 받았기 때문입니다. 그 어머니 리브가는 야곱의 형 에서보다 야곱을 더 사랑했습니다. 어떻게 보면 야곱은 어머니의 편애를 받았기 때문에 그 버릇을 전수하고 있는지도 모릅니다. 보고 배운 것입니다. 우리는 부모에게서 받은 것들을 많은 경우 자식이 답습하는 것을 보게 됩니다.

야곱이 요셉을 편애할 수밖에 없었던 또 하나의 이유가 있습니다. 요셉은 야곱이 노년에 얻은 아들이라는 사실입니다. 특별히 나이가 들어서 아이를 갖게 되면 아이가 그렇게 사랑스럽습니다. 사십이 넘어서 아이를 가지면 정말 정신을 못 차릴 정도로 아이가 사랑스럽다고 합니다.

생각해 보십시오. 요셉은 야곱의 첫사랑인 라헬의 아들입니다. 그리고 그가 노년에 얻은 아들입니다. 야곱은 요셉을 특별히 사랑할 수밖에 없었습니다. 그런데다가 나중에 라헬이 베냐민을 낳다가 죽습니다. 야곱이 사랑했던 여인, 라헬을 생각나게 만든 아들이 요셉입니다. 그래서 더욱 요셉을 사랑하게 된 것입니다. 그 결과, 요셉은 형제들의 시기와 질투를 받으면서 성장했습니다.

요셉은 열일곱 살의 지극히 평범한 목동이었습니다. 복잡한 가정에서 형제들의 미움을 받으면서 성장한 보통 사람이었습니다. 대단히 위대한 성품을 지닌 사람도 아니었습니다. 그러나 특징이 있었다면, 그는 꿈꾸는 사람이었습니다. 그에게는 꿈이 있었습니다. 그렇기 때문에 그에게 희망찬 미래가 기다리고 있었습니다. 5절을 보십시오.

요셉이 꿈을 꾸고 자기 형들에게 고하매 그들이 그를 더욱 미워하였더라.

## 꿈은 모든 환경을 초월하는 능력이다

어린 시절에 제일 중요한 것은 인격이나 환경이나 삶의 조건이 아니라 꿈입니다. 어떤 가정에서 성장하느냐가 미래를 결정해 주는 것이 아니라, 가지고 있는 꿈이 그 사람의 미래를 결정해 줍니다. 가정이나 환경이 중요하지 않다는 것이 아닙니다. 꿈이 가정이나 환경을 뛰어넘을 수 있는 능력이 있다는 것을 말씀드리는 것입니다.

저는 당신의 미래를 예측할 수 있습니다. 당신의 꿈을 보여 주십시오. 그러면 앞으로 5년, 10년 후의 당신의 모습을 그려 드리겠습니다.

모세는 80세에 하나님의 부르심을 받았습니다. 아브라함은 75세에 하나님의 부르심을 받았습니다. 갈렙은 85세에 개척할 산지를 달라고 했습니다. 이들은 나이를 초월했습니다. 비전이 있었기 때문입니다.

하나님이 주신 꿈을 품은 자만이 미래가 있습니다. 꿈이 없는 백성은 망한다고 성경은 말씀합니다. 내가 오늘 무엇을 소유했고, 어떤 위치에 있느냐가 중요한 것이 아닙니다. 내가 어떤 꿈을 꾸고 있느냐가 더욱 중요한 것입니다.

## 꿈은 미래를 창조하는 재료다

꿈은 미래를 창조하는 재료입니다. 꿈은 미래를 향해 나아가게 하는 원동력입니다. 꿈은 꿈꾸는 자를 위대하게 만들고 맙니다. 꿈은 당신을 지금 모습 그대로 내버려두지 않습니다. 당신이 꿈을 가졌다면 앞으로 5년, 10년이 지난 후에는 놀라운 변화와 성장을 경험하게 될 것입니다.

꿈을 꾸는 것은 사람이지만, 그 사람을 만들어 나가는 것은 그가 꾸고 있는 꿈입니다. 그러므로 꿈꾸는 자는 위대합니다. 꿈꾸는 자는 아름답습니다. 그에게는 희망찬 미래가 있습니다. 그에게는 소망이 있습니다.

꿈을 가진 사람은 목표를 설정합니다. 꿈을 가진 사람은 인생의 방향이 분명합니다. 꿈을 가진 사람들은 모험하는 생을 살기 때문에 그 인생이 흥미진진합니다. 모든 위대한 사람, 모든 위대한 성취는 한 사람의 가슴속에 있던 꿈에서 시작되었습니다. 작은 상상력에서 시작된 것입니다. 당신의 꿈을 보여 주신다면, 당신의 미래를 예측해 드리겠습니다.

저는 지금도 꿈을 꾸고 있습니다. 제가 섬기는 교회의 앞날을 내다보고 있습니다. 섬기는 성도님들과 어린 자녀들을 보면서 꿈을 꿉니다. 목회자로서 가장 큰 보람이 있다면 제게 맡기신 귀한 하나님의 사람들의 앞길을 기대에 찬 눈으로 바라보는 것입니다. 인생을 승리하는 비결은 꿈을 갖는 것입니다.

> 꿈을 꾸는 것은 사람이지만,
> 그 사람을 만들어 나가는 것은 그가 꾸고 있는 꿈입니다.

## 자신의 생애를 쏟아 부을 꿈이 있는 사람은 행복하다

꿈이 얼마나 중요한가를 찰리 패덕의 이야기를 통해서 알 수 있습니다. 그는 유명한 달리기 선수였습니다. 찰리 패덕이 어느 날 클리브랜드에 있는 고등 학교에 가서 연설을 했습니다. 연설하는 중에 "바로 이 강당 안에 미래의 올림픽 챔피언이 있을지 누가 알겠습니까!"라고 말했습니다.

연설이 끝난 후, 언제나 주변에서만 어슬렁거리는 아주 야위고 다리만 껑충한 흑인 아이가 찰리 패덕에게 다가와 수줍어하며 말했습니다. "제가 미래의 어느 날엔가 최고의 달리기 선수가 될 수 있다면, 저는 그 일을 위해 제 모든 것을 바치겠습니다." 찰리 패덕이 그에게 열정적으로 대답했습니다. "할 수 있네, 젊은이! 자네가 그것을 자네의 목표로 삼고 모든 것을 그 일에 쏟아 붓는다면, 분명 자네는 그렇게 될 수 있네."

1936년 뮌헨 올림픽에서 그 젊은이, 제시 오웬즈는 세계 기록을 갱신하고 금메달을 따 냈습니다. 아돌프 히틀러가 그의 놀라운 경기를 지켜보고는 노발대발했다고 합니다. 오웬즈의 꿈의 성취는 아리안 족의 우월성이라는 히틀러의 백치의 꿈을 산산조각 냈습니다.

제시 오웬즈가 고향에 돌아왔을 때 사람들은 그를 열렬히 환영했습니다. 그날 껑충한 또 다른 한 흑인 소년이 사람들 틈을 헤치고 다가와 제시 오웬즈에게 말했습니다. "저도 꼭 언젠가는 올림픽 출전 달리기 선수가 되고 싶습니다." 제시는 옛날을 생각하면서 그 소년의 손을 꼭 잡고 말했습니다. "얘야, 큰 꿈을 가져라. 그리고 네가 가진 모든 것을 그것에 쏟아 부어라." 1948년 헤리슨 달라드는 올림픽에서 금메달 리스트가 되었습니다〔데이빗 A. 씨맨즈, 「좌절된 꿈의 치유」(도서출판 두란노), 12-13쪽〕.

제시 오웬즈와 헤리슨 달라드처럼 당신의 모든 것을 다 쏟아 부을 만한 꿈이 있습니까? 당신은 생의 전환점이 될 만한 그런 강렬한 꿈을 소유하고 있습니까? 모든 것을 다 쏟아 붓고도 아깝지 않은 그런 꿈이 당신 안에 있습니까? 그 꿈을 보여 주십시오.

하나님은 오늘 당신에게 꿈을 보여 달라고 말씀하십니다. 이것은 단순하게 요셉의 이야기가 아닙니다. 이것은 우리들의 이야기입니다. 이것은 우리 자녀들의 이야기입니다. 우리 자녀들에게 심어 주어야 할 가장 중요한 것이 있다면, 그것은 비전입니다. 꿈인 것입니다. 만약 우리 자녀들의 마음속에 꿈이 없다면 그들은 가장 비참한 인생을 살고 말 것입니다. 반면에 자신의 생애를 쏟아 부을 꿈을 소유했다면 그들은 행복한 사람입니다.

● ● ●

## 꿈꾸는 자는 믿음으로 말한다

요셉은 하나님이 그에게 주신 꿈을 아버지 야곱과 형제들에게 말하고 있습니다. 그의 꿈을 언어로 표현하고 있습니다. 5-9절을 보겠습니다.

> 요셉이 꿈을 꾸고 자기 형들에게 고하매 그들이 그를 더욱 미워하였더라 요셉이 그들에게 이르되 청컨대 나의 꾼 꿈을 들으시오 우리가 밭에서 곡식을 묶더니 내 단은 일어서고 당신들의 단은 내 단을 둘러서서 절하더이다 그 형들이 그에게 이르되 네가 참으로 우리의 왕이 되겠느냐 참으로 우리를 다스리게 되겠느냐 하고 그 꿈과 그 말을 인하여 그를 더욱 미워하더니 요셉이 다시 꿈을 꾸고 그 형들에게 고하여 가로되 내가 또 꿈을 꾼즉 해와 달과 열한 별이 내게 절하더이다 하니라.

요셉의 꿈의 내용이 무엇입니까? 형제들이 자기에게 와서 절하는 꿈입니다. 뿐만 아니라 부모도 자기에게 절하는 꿈입니다. 요셉이 그 형제들보다 앞서고 그 인물 됨이 탁월해서 세계를 움직이리라는 내용입니다.

하나님이 주시는 꿈은 이렇게 크고 위대합니다. 믿음의 눈으로 볼 때, 요셉이 그가 가진 꿈을 말했다는 것은 대단히 중요합니다. 우리들이 가진 꿈의 특징은, 처음에는 허황되게 보이고 불가능해 보인다는 것입니다. 그럼에도 불구하고 하나님이 주신 그 꿈은 갈수록 선명해집니다. 처음보다 나중에 더 선명해집니다. 저의 경우도 하나님이 주신 꿈을 가졌을 때, 처음에는 아주 희미했지만 기도하는 가운데 점점 그 꿈이 선명해지는 것을 경험했습니다.

또한 그 꿈은 표현은 달라도 항상 한 방향을 향하고 있습니다. 하나님이 주신 꿈을 성취하는 과정에서 우리는 여러 가지 단계를 거칠 수 있습니다. 그러나 결국은 하나님이 주신 꿈을 이루게 됩니다. 보통 사람들은 그 꿈을 이해하지 못합니다. 그래서 꿈꾸는 사람들은 오해를 받습니다. 미움을 받습니다. 요셉은 "그 꿈과 그 말을 인하여" 형제들의 미움을 받았습니다.

혼자서 꿈꾸는 것만으로는 사람들의 미움의 대상이 되지 않습니다. 요셉처럼 꿈을 말할 때 사람들은 미워하기 시작합니다. 그리고 미쳤다고 말합니다. 그러나 어떤 사람이든지 처음에 꿈 이야기를 할 때는 사람들로부터 미친 사람이라는 말을 들을 수밖에 없습니다.

헨리 포드가 사람들에게 자동차를 발명하려는 아이디어를 말했을 때 사람들은 그가 미쳤다고 말했습니다. 길도 없는데 무슨 차를 만드느냐고 말했습니다. 그때는 정말로 길이 없었습니다.

라이트 형제가 비행기를 만들 때, 그들의 아버지는 절대로 비행기를 만들 수 없다고 말했습니다. 그러나 그들은 다행히도 아버지를 닮지 않았고, 비행기를 만들어 냈습니다. 비행기를 만들도록 도와 주고 영감을 주었던 사람은 어머니였습니다. 어머니는 아이들에게 썰매를 만들어 줄 때도 역학의 원리를 잘 활용해서 만들어 주었습니다. 어머니의 통찰력을 통해서 두 아들의 꿈이 개발되었습니다. 아버지는 꿈을 상실시켰지만, 어머니는 그들에게 꿈을 심어 주었고 그들 안에 있는 가능성을 개발시켜 주었습니다.

우리가 꿈을 믿음으로 말할 수 있다는 것은 굉장히 중요합니다.

## 꿈과 믿음은 함께 간다

히브리서 11장 1절에는 "믿음은 바라는 것들의 실상이요 보지 못하는 것들의 증거니"라고 말씀합니다. 믿음이 있다는 것은 바라는 것이 있다는 것입니다. 바라는 것이 곧 꿈입니다. 그러므로 꿈이 있다는 것은 그 안에 믿음이 있다는 것입니다. 하나님에 대한 믿음이 있다는 것이며, 하나님이 자기 안에 주신 잠재력에 대한 믿음이 있다는 것입니다. 우리 안에는 하나님이 넣어 주신 엄청난 잠재력과 보화들이 담겨 있습니다.

## 꿈과 긍정적인 말은 함께 간다

꿈을 가진 사람들은 그 꿈을 표현할 수밖에 없습니다. 꿈을 표현하지 못한다면 믿음이 없기 때문입니다. 또한 꿈을 표현하지 못하는 사람들은 꿈이 그 안에 가득 차 있지 않기 때문에 그렇습니다. 정말 우리 안에 꿈이 가득 차 있으면 가득 찬 우리의 꿈을 말하지 않을 수 없습니다. 꿈에 미친 사람이 되지 않을 수 없습니다.

우리가 누군가를 사랑하면서 기다리면 그 사람에 대한 생각으로 가득 차게 됩니다. 헨리 나우웬은 "우리가 누군가 사랑하는 사람을 기다린다는 것은, 기다림 자체가 축복이다. 왜냐하면 기다리는 동안에 그 사랑하는 사람을 생각하면서 그 사람으로 가슴이 가득 차기 때문이다"라고 말했습니다.

기다림은 축복입니다. 기다릴 때 우리의 가슴은 기다리는 사람에 대한 생각으로 가득 차는 것을 경험합니다. 꿈을 꾸고, 꿈의 성취를 기다리는 사람들은 그 안이 꿈으로 항상 가득 차 있기 때문에 꿈을 말하지 않을 수가 없습니다. 우리는 우리 마음에 가득 찬 것을 말하기 때문입니다. 예수님은 "마음에 가득한 것을 입으로 말함이라"(마 13:34)고 말씀하십니다.

믿음의 온도계는 우리의 혀입니다. 믿음이 있는 사람은 말합니다. 말은 우리의 미래를 창조하는 언어입니다. 하나님은 말씀으로 천지를 창조하셨습니다(히 11:3). 우리 인생은 우리가 말하고 우리가 생각하는 대로 됩니다. 왜냐하면 우리는 우리가 말한 것에 대해 책임을 지려고 노력하기 때문입니다.

된다고 말하는 사람은 모든 것을 되는 방향으로 움직입니다. 안된다고 말하는 사람은 모든 것을 안되는 방향으로 움직입니다. 인간은 자기가 하기 싫어하는 것은 어렵고 불가능하다고 말합니다. 불가능하다고 말한 후에는 그것이 불가능한 것을 입증하려고 합니다. 말이 우리의 인생의 태도를 결정하고, 행동을 결정합니다. 결국 우리의 미래는 우리가 사용하는 언어에 따라 결정됩니다.

잠언 18장 20-21절에는 "사람은 입에서 나오는 열매로 하여 배가 부르게 되나니 곧 그 입술에서 나는 것으로 하여 만족하게 되느니라 죽고 사는 것이 혀의 권세에 달렸나니 혀를 쓰기 좋아하는 자는 그 열매를 먹으리라"고 말씀합니다. 하나님은 우리의 입술에서 나오는 것으로 우리가 만족하게 된다고 가르쳐 주십니다. 그래서 꿈을 가지고 꿈을 말해야 됩니다.

사람들이 비난하고 미쳤다고 말할지라도 꿈을 미리 말해 버려야 합니다. 왜냐하면 우리가 꿈을 사람들 앞에서 말할 때 우리가 한 말에 책임을 지기 때문입니다. 우리가 꿈을 말하지 못하고 주저하는 이유가 무엇입니까? 목표를 세우지 못하거나 목표를 세웠다고 할지라도 목표를 말하지 못하는 이유가 무엇입니까? 그것은 자신이 소유한 꿈과 목표를 이루기 위한 대가를 지불할 각오가 되어 있지 않기 때문입니다. 사람들 앞에서 당신의 꿈을 담대하게 말하십시오. 당신의 꿈을 선포하십시오.

저는 교회를 섬기면서 교회 건축이나 선교하는 일이나, 무슨 사역이든지 확신이 오면 먼저 선포합니다. 그러면 하나님께서 그 꿈을 성취할 수 있는 사람들을 움직여 주십니다. 필요한 것들을 동원해 주시는 것을 봅니다.

하나님이 주신 꿈을 가진 사람은 담대합니다. 모험할 줄 압니다. 저는 종종 대책 없는 목사라는 말을 듣습니다. 사실 꿈을 꾸는 사람에게는 대책이 없습니다. 대책이 있다면 꿈이 아닙니다. 꿈이라는 것은 현실적으로 볼 때는 불가능한 것입니다. 보이는 소망은 소망이 아니라고 로마서에서 말씀합니다. 우리 눈에 보이는 것은 소망이 아닙니다. 보이지 않는 것, 이룰 수 없는 것처럼 느껴지는 것이 꿈입니다.

허드슨 테일러가 말한 것처럼 하나님의 일은 처음에는 불가능하게 보입니다. 그 다음에는 가능하게 보입니다. 나중에는 이루어지고 맙니다. 이것이 하나님의 일입니다. 그래서 꿈을 가진 사람만이 모험을 할 수 있는 것입니다. 따라서 우리는 말해야 합니다.

마가복음 11장 23-24절에서 예수님은 "내가 진실로 너희에게 이르노니 누구든지 이 산더러 들리어 바다에 던지우라 하며 그 말하는 것이 이룰 줄 믿고 마음에 의심치 아니하면 그대로 되리라 그러므로 내가 너희에게 말하노니 무엇이든지 기도하고 구하는 것은 받은 줄로 믿으라 그리하면 너희에게 그대로 되리라"고 말씀하십니다.

우리가 말하는 것을 통해 하나님께서 역사하십니다. 꿈과 언어는 같이 갑니다. 꿈의 언어는 결국 기도로 연결됩니다. 사람들에게만 꿈을 말하는 것이 아니라 꿈을 성취케 하시는 하나님께 기도하는 것이 꿈꾸는 사람의 특징입니다.

## 꿈과 기도는 함께 간다

꿈이 있는 사람은 기도합니다. 기도는 하나님께 말하는 것입니다. 자신이 가진 꿈이 사람들이 볼 때는 너무 황당하기 때문에 하나님을 의지할 수밖에 없습니다. 우리 힘으로 감당할 수 없는 꿈일수록 더욱 기도하게 됩니다. 꿈은 우리가 쉽게 이룰 수 없는 것들, 상상할 수 없는 것들입니다. 그래서 하나님을 의지합니다.

저는 요셉이 기도의 사람이라는 것을 압니다. 왜냐하면 아버지 야곱이 기도의 사람이었기 때문입니다. 야곱은 수많은 약점에도 불구하고 기도하는 사람이었습니다. 얍복 강에서 야곱은 기도했습니다. 하나님은 그의 기도에 응답해 주셨습니다. 그가 삼촌 라반의 집으로 도망갈 때도, 하나님께서 그에게 나타나셨습니다. 야곱은 하늘이 열리고 사닥다리에 천사가 오르락내리락하는 것을 보았습니다.

요셉은 야곱에게서 기도를 배웠을 것입니다. 또한 요셉은 할아버지 이삭에게서 기도와 신앙을 배웠을 것입니다. 성경을 자세히 보면, 야곱이 삼촌 라반의 집에서 고향으로 돌아왔을 때 이삭은 살아 있었습니다. 그때 야곱의 나이는 97세였고, 이삭의 나이는 157세였습니다. 이삭이 180세에 죽은 것을 보면 요셉은 애굽에 팔려 가기 전까지 상당 기간 동안 이삭의 사랑을 받았을 것입니다.

이삭은 사랑스런 손자 요셉을 품에 안고 그에게 많은 말씀을 가르쳤을 것입니다. 요셉의 증조 할아버지인 아브라함에게서 받은 말씀을, 또 자신이 경험한 하나님을 가르쳤을 것입니다. 그가 받은 기도 응답에 대해서 간증했을 것입니다. 우리 주위에는 할아버지, 할머니로부터 좋은 신앙의 유산을 물려받은 손자와 손녀들이 많이 있습니다. 요셉도 그런 경우 중에 하나였을 것입니다.

요셉의 생애를 보면 그가 기도했다는 것이 분명합니다. 기도 없이는 하나님의 꿈을 성취할 수 없습니다. 작은 것도 기도해야 합니다. 큰 것도 기도해야 합니다. 우리가 하나님께 기도하면 하나님께서 모든 것들을 공급해 주시고, 도와 주시고, 기적을 베풀어 주십니다. 기도와 기적은 같이 갑니다. 기도하고 있다는 것은 무엇인가 소원이 있고 꿈이 있다는 것입니다. 성취해야 할 과업이 있다는 것입니다. 이루어야 할 하나님의 뜻이 있다는 것입니다.

## 하나님 나라에서 큰 자는 가장 많이 구하는 자이다

기도 없이 하나님의 뜻을 이룰 수 없습니다. 하나님의 법칙은 기도입니다. 아무것도 구하지 아니하면 어떤 것도 이룰 수 없습니다. 예수님은 "구하라 그러면 너희에게 주실 것이요"(마 7:7)라고 말씀했습니다.

요한복음 14장 12-13절에서는 "내가 진실로 진실로 너희에게 이르노니 나를 믿는 자는 나의 하는 일을 저도 할 것이요 또한 이보다 큰 것도 하리니 이는 내가 아버지께로 감이니라 너희가 내 이름으로 무엇을 구하든지 내가 시행하리니 이는 아버지로 하여금 아들을 인하여 영광을 얻으시게 하려 함이라"고 말씀합니다. 예수님은 제자들에게 예수님이 하신 일보다 더 큰일을 할 수 있다는 비전을 주셨습니다. 그리고 그 비전을 기도로 성취하라고 가르쳐 주셨습니다. 하나님 나라에서 큰 자는 기도하는 자입니다. 많이 구하는 자입니다.

하나님이 쓰시는 인물은 어떤 인물입니까? 하나님은 평범한 사람을 사용하십니다. 하나님이 귀하게 쓰신 요셉은 평범한 사람이었습니다. 목동이었습니다. 복잡한 가정에서 태어난 인물이었습니다. 그러나 요셉은 남들이 갖지 못한 꿈을 가졌습니다. 꿈을 갖는 것은 어려운 일이 아닙니다. 돈이 필요 없습니다. 학력도 필요 없습니다. 배경도 필요 없습니다. 꿈을 갖는 것은 누구에게나 주시는 하나님의 특권입니다. 그러나 그 꿈을 품은 자의 미래는 아름답습니다.

그렇다면 당신에게 꿈이 있다는 것을 어떻게 알 수 있습니까? 지금 당신이 소유한 꿈이 어떤 꿈인지 어떻게 알 수 있습니까? 월트 캘러스태드는 「당신의 꿈을 키우라」에서 꿈을 발견할 수 있는 열두 가지 질문을 소개해 줍니다[월트 캘러스태드, 「당신의 꿈을 키우라」(도서출판 두란노), 28-29쪽].

1. 당신이 가장 즐기는 것은 무엇인가?
2. 당신이 최선을 다해 하는 일은 무엇인가?
3. 당신은 언제 공상에 잠기며, 무엇을 가장 많이 생각하는가?
4. 당신이 더 배우고 싶은 것은 무엇인가?
5. 만일 하루 동안 원하는 일을 무엇이든 할 수 있다면, 당신은 무슨 일을 하겠는가?
6. 당신의 감정에 가장 큰 영향을 주는 것은 무엇인가?
7. 당신이 한 일 중 최고로 칭찬받는 것은 무엇인가?
8. 당신의 관심을 가장 사로잡는 것은 무엇인가?
9. 당신은 누구를 가장 존경하는가? 그 이유는?
10. 당신이 가장 높이 사는 직업의 기본적인 특징이나 기술은 무엇인가?
11. 당신이 가장 신뢰하는 것은 무엇인가?
12. 당신이 자신의 인생이라도 기꺼이 바꿀 수 있는 것은 무엇인가?

## 큰 꿈을 품고 새 천년을 맞이하라

이들 열두 가지 질문은 당신의 꿈을 이해하는 데 도움이 될 것입니다. 지금 이 질문들에 대답해 보십시오. 글로 적어 보십시오. 하나님은 우리 안에서 소원을 두고 행하십니다(빌 2:13). 당신의 소원을 점검해 보십시오.

　당신 스스로가 평범하다고 생각하십니까? 희망이 있습니다. 하나님은 평범한 사람을 좋아하시기 때문입니다. 그러나 그 평범함이 비범함이 되게 해야 합니다. 그 길은 요셉처럼 꿈을 갖는 것입니다. 꿈을 꾸십시오. 당신의 꿈을 깨우십시오. 좌절된 꿈을 회복하십시오. 새 천년이 기다리고 있습니다. 꿈과 함께 힘차게 일어나십시오. 가슴에는 꿈을 품고, 위로 하나님을 바라보며, 희망찬 미래를 향해 전진하시길 바랍니다.

# 2 결코 실패할 수 없는 꿈

… 요셉이 그들에게 가까이 오기 전에 그들이 요셉을 멀리서 보고 죽이기를 꾀하여 서로 이르되 꿈꾸는 자가 오는도다 자, 그를 죽여 한 구덩이에 던지고 우리가 말하기를 악한 짐승이 그를 잡아먹었다 하자 그 꿈이 어떻게 되는 것을 우리가 볼 것이니라 하는지라 르우벤이 듣고 요셉을 그들의 손에서 구원하려 하여 가로되 우리가 그 생명은 상하지 말자 … (창 37:12 – 36).

## 인생의 속도보다 방향이 더 중요하다

평범한 인간을 위대하게 만드는 것은 꿈입니다. 평범과 비범의 차이는 꿈에 있습니다. 보통 사람을 탁월하게 만드는 것도 꿈입니다. 꿈을 품으면 인생의 새로운 역사가 시작됩니다. 달걀이라고 다 같은 달걀이 아닙니다. 유정란이 있고 무정란이 있습니다. 생명이 있는 달걀이 있고 생명이 없는 달걀이 있습니다. 어떻게 알 수 있습니까? 21일 동안 어미 닭의 품속에 넣어 보면 생명이 있는 유정란은 병아리가 되어 나오지만, 생명이 없는 무정란은 썩어서 나옵니다. 꿈이 있는 사람은 생명이 있는 달걀과 같습니다. 그 인생에는 미래가 있습니다. 달걀이 병아리로 변하듯이 그의 미래에는 새로운 창조의 역사가 있습니다.

사실 우리는 누구나 어느 정도의 꿈은 가지고 있습니다. 중요한 것은 그 꿈의 크기와 방향입니다. 그 꿈을 성취하는 목적입니다. 그 꿈이 누구에게서 나왔느냐가 중요한 것입니다. 꿈의 크기에 따라서 인생의 크기가 달라집니다. 꿈의 방향에 따라서 인생의 방향이 달라집니다. 속도보다 중요한 것은 방향입니다. 그리고 방향을 잘 설정한 사람에게 있어서 중요한 것은 꿈을 잘 키우고 가꾸는 일입니다.

앞으로 5년, 10년 후의 우리의 인생은 하나님이 우리 가슴에 주신 꿈을 어떻게 이루어 나가느냐에 따라 결정됩니다. 가능하다면 어린 시절에 꿈을 갖는 것이 좋습니다. 왜냐하면 꿈을 성취하는 데는 많은 시간이 필요하기 때문입니다. 꿈을 성취하는 것보다 꿈꾸는 자가 준비되는 데 상당한 시간이 필요하기 때문입니다.

## 사람들의 가슴에 꿈을 갖도록 도전하라

교회가 해주어야 할 가장 중요한 것이 있다면, 그것은 꿈을 심어 주는 일과 꿈을 갖도록 도전하는 일입니다. 성도들 안에 잠자고 있는 꿈을 깨우는 것입니다. 좌절된 꿈을 회복시켜 주는 것입니다.

요셉이 꿈을 가진 때는 17세 때였습니다. 허드슨 테일러가 회심한 때는 15세 때였습니다. 스펄전이 회심한 나이도 15세였습니다. 이렇듯 중고등 학생들에게 복음을 증거하는 것은 아주 중요합니다. 또 교회 학교 어린아이들에게 꿈과 비전을 심어 주는 일도 중요합니다.

특별히 위대한 꿈을 성취하는 사람들을 보면 그 꿈이 대부분 20대

초반부터 구체화되었음을 알 수 있습니다. 싱가포르의 이광요 수상은 21세 때부터 꿈과 비전을 가지기 시작했습니다. 따라서 한 인생의 가장 중요한 기로가 10대에서 20대 초반에 결정이 된다 하겠습니다.

교회는 어린 자녀들에게 꿈을 심어 주고, 그 꿈을 통해 하나님의 꿈이 성취되도록 해야 합니다. 어린아이들의 가슴에 있는 꿈을 펼쳐 주는 것, 그것은 교회가 해야 할 가장 소중한 일입니다. 또 부모님들이 자녀들에게 해줄 수 있는 가장 고상하고 위대한 일입니다. 물론 나이가 들었다고 낙심할 것은 없습니다. 꿈은 나이를 초월하기 때문입니다. 성령님께서 임하시면 젊은이는 환상을 보고 늙은이는 꿈을 꾸리라고 약속하셨습니다.

## 꿈을 성취하는 데는 준비가 필요하다

그럼에도 불구하고 꿈을 성취하는 데는 준비하는 기간이 필요하기 때문에, 젊은 날에 꿈을 갖도록 도전해야 합니다.

스펄전은 15세에 회심한 다음 많은 준비를 했습니다. 그는 「천로역정」이라고 하는 존 번연의 책을 100번 이상 읽었습니다. 그의 수사력, 그의 논리, 그의 은유법을 보면 젊은 시절 읽은 책에서 많은 영향을 받았음을 알 수 있습니다. 그는 20세에 설교를 시작했고, 27세에 메트로폴리탄 교회를 세웠습니다.

칼빈도 마찬가지입니다. 그는 청소년기에 준비를 철저히 했습니다. 젊은 나이에 히브리어와 헬라어를 독파했고, 27세에 그 유명한 「기독교 강요」를 썼습니다.

15세에 회심했던 허드슨 테일러는 어렸을 때부터 중국에 대한 비전을 두고 꿈꾸고, 생각하고, 훈련하며 중국 선교를 준비했습니다. 선교지에서 사는 것처럼 먹는 것을 조절했고 중국에서 살 것을 생각하면서 딱딱한 마루에서 자는 훈련도 했습니다.

## 하나님이 주신 꿈을 발견하는 방법

우리는 젊은이들에게 꿈을 가질 수 있는 기회를 마련해 주어야 합니다. 하나님은 어떻게 자기 백성들의 가슴에 꿈을 심어 주실까요? 하나님이 우리에게 꿈을 발견하도록 도와 주시는 방법이 여러 가지가 있습니다.

하나님은 우리가 기도할 때 꿈을 주십니다. 말씀을 읽거나 들을 때 꿈을 주십니다. 하나님의 사람들의 전기를 통해서 꿈을 주시기도 합니다. 저도 처음 신앙 생활을 시작할 때 전기들을 많이 읽었습니다. 지금도 전기를 좋아합니다. 우리는 자녀들이 어렸을 때 훌륭한 인물들의 전기를 많이 읽도록 도와 주어야 합니다. 그리고 성경에 나오는 하나님의 사람들을 가르쳐 주어야 합니다.

꿈꾸는 사람 요셉, 꿈을 위해 준비했던 요셉, 꿈 때문에 시련을 받았던 요셉, 꿈을 성취했던 요셉에 대해서 제가 말씀을 드리는 것도 그 때문입니다. 꿈을 성취한 하나님의 사람들의 생애를 연구할 때, 그들 안에 있는 공통점들을 발견하는 것이 중요합니다. 그들이 붙잡았던 형통의 원리를 배워서 우리의 삶 속에 적용하는 것이 중요합니다. 요셉의 생애를 공부하면서 가장 중요한 것은, 요셉을 인도하신 하나님을 경험하는 것입니다. 인간의 생각을 뛰어넘어 꿈꾸는 사람을 이끄시는 하나님을 배워야 합니다.

## 꿈꾸는 자는 미움받을 것을 각오해야 한다

꿈꾸는 요셉이 가장 먼저 경험한 것은 형제들에게서 미움을 받는 것이었습니다. 8절을 보십시오.

그 형들이 그에게 이르되 네가 참으로 우리의 왕이 되겠느냐 참으로 우리를 다스리게 되겠느냐 하고 그 꿈과 그 말을 인하여 그를 더욱 미워하더니.

요셉이 미움을 받는 이유는 두 가지입니다. 첫째는 요셉이 아버지로부터 특별한 사랑을 받았기 때문입니다.

누군가의 특별한 사랑을 받는 사람은 누군가의 미움이 대상이 된다는 사실을 잊지 마십시오. 그렇다고 사랑받는 것을 포기하지는 마십시오. 당신은 사랑받기 위해 태어났으며, 사랑하기 위해 태어났습니다. 하나님의 사랑을 받고, 사람들의 사랑을 받는 것을 열망하십시오. 하나님과 사람들 앞에서 인정받기를 열망하십시오. 비록 미움을 받을 망정 그런 열망을 갖는 것이 필요합니다. 사랑받고 인정받는 것이 인간의 가장 깊은 갈망이기 때문입니다.

둘째는 꿈을 가졌다는 것 때문에 요셉은 미움을 받고 있습니다. 왜 사람들은 꿈을 가진 사람을 미워합니까? 그것은 자기들과 다르기 때문입니다. 자기에게 없는 꿈을 가지고 있기 때문에 그 사람이 미워 보이는 것입니다. 우리는 우리와 다른 사람을 미워하는 경향이 있습니다. 다른 것은 틀린 것이 아닌데, 다른 것이 틀렸다고 생각합니다.

왜 사람들은 꿈꾸는 사람을 미워합니까? 꿈꾸는 사람은 소수이기 때문입니다. 또한 꿈꾸는 사람들이 누리게 될 영광을 알기 때문입니다. 꿈꾸는 사람들이 누리게 될 형통과 머지않아 달라질 그들의 인생을 알기 때문입니다. 그래서 꿈꾸는 사람, 꿈을 말하는 사람은 미움을 받을 각오를 해야 합니다.

12-17절을 보십시오.

그 형들이 세겜에 가서 아비의 양 떼를 칠 때에 이스라엘이 요셉에게 이르되 네 형들이 세겜에서 양을 치지 아니하느냐 너를 그들에게로 보내리라 요셉이 아비에게 대답하되 내가 그리하겠나이다 이스라엘이 그에게 이르되 가서 네 형들과 양 떼가 다 잘 있는 여부를 보고 돌아와 내게 고하라 하고 그를 헤브론 골짜기에서 보내매 이에 세겜으로 가니라 어떤 사람이 그를 만난즉 그가 들에서 방황하는지라 그 사람이 그에게 물어 가로되 네가 무엇을 찾느냐 그가 가로되 내가 나의 형들을 찾으오니 청컨대 그들의 양 치는 곳을 내게 가르치소서 그 사람이 가로되 그들이 여기서 떠났느니라 내가 그들의 말을 들으니 도단으로 가자 하더라 요셉이 그 형들의 뒤를 따라가서 도단에서 그들을 만나니라.

아버지 이스라엘이 요셉을 부릅니다. 양 떼를 치고 있는 형제들에게 가서 형들과 양 떼의 여부를 알아 오라고 합니다. 요셉은 순종의 사람이었습니다. 그래서 아버지의 명을 따라 형제들에게 갑니다. 그가 형제들을 찾은 곳이 도단입니다.

도단, 이 도단은 사실 요셉의 생애에서 결코 잊을 수 없는 장소입니다. 처절한 슬픔과 고뇌의 자리입니다. 이 도단에서 요셉은 버린 바 되었고, 찢긴 바 되었고, 상처투성이의 한 인간으로 서게 됩니다. 그는 도단에서 형들을 만나게 됩니다. 18-19절을 보십시오.

요셉이 그들에게 가까이 오기 전에 그들이 요셉을 멀리서 보고 죽이기를 꾀하여 서로 이르되 꿈꾸는 자가 오는도다.

요셉을 가리켜 '꿈꾸는 자'라는 별명을 붙였습니다. 당신의 별명은 무엇입니까? 사람들이 당신을 무엇이라고 부릅니까? 요셉, 그는 꿈꾸는 자(dreamer)였습니다. 형제들도 아버지도 모두 알았습니다. '요셉은 꿈꾸는 사람이다. 저 아이는 꿈꾸는 아이다. 꿈속에 살고 있는 아이야. 꿈을 이룰 아이야'라고 생각하며 말했습니다. 그리고 그를 미워합니다. 20절을 보십시오.

자, 그를 죽여 한 구덩이에 던지고 우리가 말하기를 악한 짐승이 그를 잡아먹었다 하자 그 꿈이 어떻게 되는 것을 우리가 볼 것이니라 하는지라.

요셉을 미워하여 죽이기를 꾀하면서 한 구덩이에 던져 넣을 것을 계획하고 있습니다. 인간은 악한 일에 쉽게 뭉칩니다. 단결을 잘합니다. 왜 이토록 그들이 요셉을 죽이는 데 한마음이 되었을까요? 그것은 형제들의 마음속에 있는 원한 때문입니다. 왜 이토록 그들은 원한에 차 있었을까요? 그것은 요셉이 아버지의 사랑을 독차지했기 때문입니다. 거기에다가 꿈을 자랑하는 요셉을 볼 때 그들의 가슴에 분노가 솟구쳤던 것입니다.

그런데 아버지가 없는 도단에서 요셉을 보는 순간 그들 가슴에 불타고 있던 분노가 터진 것입니다. '이놈의 자식, 아버지의 사랑을 받고 채색 옷도 입고 까부는데, 또 꿈까지 자랑했단 말이야. 이런 놈은 죽여야 해.' 그들의 가슴속에는 이런 무언의 대화가 있었을 것입니다.

드디어 원한 맺힌 형제들이 요셉에게 원수를 갚을 절호의 기회가 왔습니다. 이것이 인간입니다. 인간의 감추었던 감정과 원한은 언젠가는 폭발할 수밖에 없습니다. 어느 순간에 터져 버리고 맙니다. 인간이 얼마나 미묘한지 잘 보십시오.

아버지 야곱이 있을 동안에는 그들의 원한을 터뜨리지 않습니다. 이와 같은 대화를 나눌 수도 없습니다. '죽이자'는 얘기는 결코 나눌 수조차 없었습니다. 그러나 아버지를 멀리 떠나 있는 순간, 아무도 보지 않는다고 생각하는 순간, 그들은 나쁜 일을 도모하고 있습니다.

요셉의 형제들을 보면서 인간은 참 악하다는 생각을 합니다. 우리 자신을 보는 것 같습니다. 사람들은 자기 일에는 최선을 다하지 않고 남의 일에 간섭하길 좋아합니다. 남의 꿈을 간섭합니다. 그리고 남의 꿈이 이루어지나 안 이루어지나 보려고 합니다. 꿈꾸는 자를 죽이려고 합니다. 무섭습니다.

인간은 선한 일에 열심을 내지 않고 악한 일에 열심을 냅니다. 꿈을 가진 사람은 사람들의 미움을 받고, 오해를 받을 것을 각오해야 합니다. 미움이 찾아왔을 때 절대로 좌절하거나 낙심하지 마십시오. 홀로 서는 고독을 이겨내야 합니다. 올 것이 왔다고 생각하면서 더욱 담대히 전진해야 합니다.

● ● ●

## 꿈꾸는 자는 아래로 떨어지는 시련을 통과한다

하나님은 꿈꾸는 사람을 위로 세우시기 전에 먼저 아래로 떨어뜨리십니다. 하나님은 요셉을 구덩이에 떨어뜨리셨습니다. 21-24절을 보십시오.

르우벤이 듣고 요셉을 그들의 손에서 구원하려 하여 가로되 우리가 그 생명은 상하지 말자 르우벤이 또 그들에게 이르되 피를 흘리지 말라 그를 광야 그 구덩이에 던지고 손을 그에게 내지 말라 하니 이는 그가 요셉을 그들의 손에서 구원하여 그 아비에게로 돌리려 함이었더라 요셉이 형들에게 이르매 그 형들이 요셉의 옷 곧 그 입은 채색 옷을 벗기고 그를 잡아 구덩이에 던지니 그 구덩이는 빈 것이라 그 속에 물이 없었더라.

23절을 보면, 형들이 드디어 요셉의 채색 옷을 벗깁니다. 이것은 단순히 옷을 벗긴 것이 아닙니다. 아버지의 사랑을 벗겨 버린 것입니다. 그렇게 싫어했던, 아버지의 편애를 상징하는 요셉의 옷을 벗기면서 "너는 이제 더 이상 아버지의 사랑을 받을 수 없다"라고 말하는 것입니다.

그들은 요셉 때문에 괴로웠던 원한을 하나하나 풀고 있습니다. 요셉을 구덩이에 던진 것이 아니라 요셉의 꿈을 구덩이에 던진 것입니다. 야곱의 사랑을 벗기고, 요셉의 꿈을 구덩이에 던져 버렸습니다.

## 가장 가까이 있는 사람을 조심하라

누가 요셉을 구덩이에 던졌습니까? 먼 사람들입니까? 아닙니다. 가장 가까운 형제들입니다. 때로 우리의 꿈에 가장 큰 치명타를 주는 사람들이 누군지 아십니까? 가장 가까운 사람들입니다. 가장 가까운 가족들이 우리 인생의 꿈을 좌절시킬 수도 있습니다.

물론 가장 가까운 사람들이 우리를 세워 주는 것 또한 사실입니다. 아론과 훌이 모세의 손을 붙잡아 주었습니다. 다니엘과 세 친구들이 서로에게 형통하도록 길을 열어 주었습니다. 사실 가장 가까운 곳에 좋은 사람들을 두는 것은 축복입니다. 가장 가까운 곳에 우리를 세워주는 사람들이 있다면 그것은 하나님의 큰 은혜입니다. 놀라운 축복입니다.

그러나 가장 가까운 사람들이 꿈꾸는 사람들을 쓰러뜨릴 수 있다는 것입니다. 예수님을 판 사람이 누구입니까? 가룟 유다가 아닙니까? 우리가 꿈을 꾸며 나갈 때 우리의 꿈을 좌절시킬 수 있는 사람들이 가장 가까이에도 있다는 사실을 명심해야 합니다. 우리는 결코 다른 사람의 꿈의 성취를 도와 줄지언정 꿈을 좌절시키는 사람들이 되어서는 안됩니다.

꿈꾸는 사람은 한때 요셉처럼 구덩이에 던져지는 경험을 하게 됩니다. 이 구덩이는 고통과 고난의 구덩이입니다. 실패라는 구덩이입니다. 질병이라는 구덩이입니다. 배신이라는 구덩이입니다. 역경과 시련이 동시에 한꺼번에 찾아와 꿈꾸는 자를 당혹하게 합니다.

요셉의 채색 옷도 벗겨졌습니다. 구덩이에 던져졌습니다. 점점 내리막길입니다. 결국은 노예로 팔려 애굽까지 내려갑니다.

다윗을 보십시오. 그 역시 마찬가지입니다. 그는 기름 부음을 받았습니다. 골리앗을 쓰러뜨리고 화려한 출발을 했습니다. 그리고 수금을 타는 사람으로 왕궁에 들어섭니다. 그러나 그날 이후로 그는 사울 왕의 끊임없는 미움을 받습니다. 사울 왕의 추적을 받으며 죽음의 골짜기를 통과합니다.

다윗은 집을 떠났습니다. 그토록 사랑하는 친구 요나단도 만날 수 없습니다. 그리고 아둘람 굴에 갇혀 있습니다. 분명히 왕으로 기름 부음을 받았는데, 그 결과는 무엇입니까? 어둠의 골짜기, 사망의 골짜기입니다. 다윗이 시편 23편에서 "사망의 음침한 골짜기를 다닐지라도"라고 고백했던 것은, 자기 생애의 경험을 이야기하는 것입니다.

## 산이 높을수록 골짜기는 깊다

우리는 이것을 알아야 합니다. 높이 올라가는 꿈을 가진 자일수록 떨어지는 구덩이가 깊습니다. 산이 높을수록 골짜기가 깊은 것처럼, 건물이 높을수록 아래로 깊이 내려가는 것처럼, 꿈꾸는 자는 시련의 깊은 골짜기를 통과해야 합니다.

이런 혹독한 시련을 요셉은 17세의 나이에 통과하고 있습니다. 17세면 아직도 소년입니다. 고등 학생의 나이입니다. 아버지의 사랑의 손길 아래 살던 소년입니다. 그런데 감당하기 어려운 나이에 시련을 통과하고 있습니다. 모든 보호의 손길이 떨어진 상태, 인간으로 볼 때는 비참한 상태입니다.

## 아, 악한 인간이여! 크신 하나님의 사랑이여!

자, 인간이 얼마나 잔인한지 보십시오. 요셉을 구덩이에 집어 넣고, 그 형제들은 그를 팔 준비를 하고 음식을 먹습니다. 25절을 보십시오.

그들이 앉아 음식을 먹다가 눈을 들어 본즉 한 떼 이스마엘 족속이 길르앗에서 오는데 그 약대들에 향품과 유향과 몰약을 싣고 애굽으로 내려가는지라.

그 형제들은 자기들의 동생, 아버지가 가장 사랑하는 동생을 구덩이에 집어 넣고 앉아서 음식을 먹고 있습니다. 대단합니다. 이것이 인간입니다. 사람이 한 번 잘못된 길로 가면 그 다음에는 마구 행동합니다.

그리고 형들이 이제 요셉을 팝니다. 26-28절을 보십시오.

유다가 자기 형제에게 이르되 우리가 우리 동생을 죽이고 그의 피를 은익한들 무엇이 유익할까 자, 그를 이스마엘 사람에게 팔고 우리 손을 그에게 대지 말자 그는 우리의 동생이요 우리의 골육이니라 하매 형제들이 청종하였더라 때에 미디안 사람 상고들이 지나는지라 그들이 요셉을 구덩이에서 끌어올리고 은 이십 개에 그를 이스마엘 사람에게 팔매 그 상고들이 요셉을 데리고 애굽으로 갔더라.

은 20냥에 요셉이 팔려 갑니다. 그때 요셉이 형들에게 얼마나 사정했겠습니까? 제가 볼 때는, 아마 두 손으로 빌었을 것입니다. "형님들, 제가 잘못했습니다. 이제 다시는 채색 옷 안 입을게요. 이제 절대 아버지한테 고자질 안 할게요. 형님들이 어떤 잘못을 해도 절대 이야기하지 않을게요. 나 좀 살려 주세요." 아마 무릎을 꿇고서 애걸했을 것입니다.

"형님들, 이제 내가 다시는 꿈 얘기하지 않을게요. 다시는 얘기하지 않을 거예요." 그러나 눈물을 흘리며 괴로워하는 요셉을 구덩이에 집어 넣고 그들은 음식을 먹었습니다. 그리고 요셉을 팔았습니다. 매정하게 팔았습니다. 요셉이 눈물을 흘리며 고통스러워할 때 그들은 눈을 감았고, 귀를 막았습니다.

그러나 그들은 요셉의 고통을 결코 잊을 수가 없었습니다. 42장 21절을 보면 그들은 요셉을 판 그날 이후로 결코 요셉의 얼굴을 잊지 못했다는 사실을 보여 줍니다. 그들이 나중에 기근 때문에 애굽에 내려가 어려움을 만났을 때입니다. 그들은 그들 앞에 선 자가 그들이 팔았던 요셉인지도 모른 채 이렇게 고백합니다.

그들이 서로 말하되 우리가 아우의 일로 인하여 범죄하였도다 그가 우리에게 애걸할 때에 그 마음의 괴로움을 보고도 듣지 아니하였으므로 이 괴로움이 우리에게 임하도다.

보십시오. 형제들은 기억하고 있었습니다. 요셉이 두 손을 빌며 간곡히 부탁했던 그 순간을 말입니다. "형님들, 나를 살려 주세요. 내가 잘못했어요." 요셉의 괴로움을 보고도 형제들은 듣지 않았습니다. 그런데 하나님은 크십니다. 하나님의 가슴은 넓습니다. 이런 악한 형제들을 세워 이스라엘의 열두 지파를 삼으신 것입니다. 정말 이해할 수 없는 하나님의 사랑의 신비입니다. 비록 하나님의 눈길이 요셉에게 있다 할지라도 여전히 그의 형제들에게도 긍휼을 아끼지 않으심을 기억해야 합니다.

요셉이 괴로워하면서 애굽으로 내려갈 때, 그의 찢어지는 가슴속에는 아버지의 얼굴이 담겨 있었습니다. 요셉이 흘리는 눈물과 함께 가졌던 질문은 이것입니다. '아버지가 나 없이 어떻게 살 것인가?' 요셉이 예상했던 것처럼 야곱의 고통은 컸습니다. 요셉이 죽었다는 얘기를 듣고 야곱이 얼마나 괴로워하는지 보시겠습니까? 31-35절을 보십시오.

그들이 요셉의 옷을 취하고 수염소를 죽여 그 옷을 피에 적시고 그 채색 옷을 보내어 그 아비에게로 가져다가 이르기를 우리가 이것을 얻었으니 아버지의 아들의 옷인가 아닌가 보소서 하매 아비가 그것을 알아보고 가로되 내 아들의 옷이라 악한 짐승이 그를 먹었도다 요셉이 정녕 찢겼도다 하고 자기 옷을 찢고 굵은 베로 허리를 묶고 오래도록 그 아들을 위하여 애통하니 그 모든 자녀가 위로하되 그가 위로를 받지 아니하여 가로되 내가 슬퍼하며 음부에 내려 아들에게로 가리라 하고 그 아비가 그를 위하여 울었더라.

## 남의 꿈을 찢지 말고, 꿈을 키워 주는 사람이 되라

본문을 보면 옷을 찢는 장면이 여러 번 나옵니다. 먼저 요셉의 채색 옷이 벗겨져 찢겨졌습니다. 그리고 르우벤이 자기의 옷을 찢습니다. 29-30절에는 르우벤이 괴로워하는 모습이 나옵니다.

르우벤이 돌아와서 구덩이에 이르러 본즉 거기 요셉이 없는지라 옷을 찢고 아우들에게로 와서 가로되 아이가 없도다 나는 나는 어디로 갈까.

사실 르우벤은 요셉을 살려 주고 싶었습니다. 그런데 형제들이 요셉을 팔아 버린 것입니다. 그때 르우벤은, "나는 나는 어디로 갈까?" 하며 절규합니다. 또 34절에서는 야곱이 자기 옷을 찢습니다. 이것을 알아야 합니다. 우리가 누군가의 옷을 찢을 때 그 한 사람의 옷만 찢는 것이 아닙니다. 그 형제와 그 아비의 옷도 찢는 것입니다. 아니 결국은 자기 자신의 옷도 찢는 것입니다.

마찬가지로 우리가 누군가의 꿈을 키워 줄 때, 그 한 사람의 꿈만 키워 주는 것이 아닙니다. 그의 가족 전체를 축복하는 것입니다. 그를 통해서 축복받게 될 많은 사람의 꿈을 키워 주는 것입니다.

야곱이 요셉을 생각할 때, 무엇보다도 요셉의 꿈을 귀하게 생각했을 것입니다. 요셉은 참 영특했던 것 같습니다. 후에 요셉을 만난 바로가 그를 하나님의 신에 감동된 사람이라고 증언합니다. "바로가 그 신하들에게 이르되 이와 같이 하나님의 신이 감동한 사람을 우리가 어찌 얻을 수 있으리요 하고 요셉에게 이르되 하나님이 이 모든 것을 네게 보이셨으니 너와 같이 명철하고 지혜 있는 자가 없도다"(41:38-39).

요셉의 꿈을 보면, 그는 확실히 성령님에 의해서 꿈을 받은 사람입니다. 성령님에 감동된 꿈을 받았던 요셉은 영특했음에 분명합니다. 그 아비 야곱은 요셉의 꿈 이야기를 듣고 '이 아이는 분명 뭔가 다를 거다'라고 생각했을 것입니다.

요셉이 다른 형제들보다 야곱의 특별한 사랑을 받았던 이유 중 하나는 요셉이 가지고 있었던 꿈 때문이었을 것입니다. 야곱은 요셉의 꿈 이야기를 들으면서, '이 아이는 뭔가 나의 꿈을 이룰 수 있을 것이다. 하나님께서 나를 야곱에서 이스라엘로 바꾸시면서 하나님의 뜻을 이루기 위해서 내게 꿈을 주셨는데, 그 꿈을 이룰 수 있는 아들이 있다면 요셉이다'라고 생각했을 것입니다. 그런데 그 꿈이 사라져 버린 것입니다.

한번 생각해 보십시오. 요셉이 아버지 야곱을 생각할 때 얼마나 가슴이 아팠겠습니까? "내가 팔려 가는 고통이야 어찌하든, 내 아버지 야곱은 얼마나 애통해 하겠는가! 오, 아버지 야곱이여!" 요셉의 애통하는 음성이 들리십니까? 또 야곱은 옷을 찢으며 울고 있지 않습니까!

우리는 젊은이들의 꿈을 좌절시켜서는 안됩니다. 젊은이들을 무시해서도 안됩니다. 그들 안에 엄청난 꿈이 자라고 있기 때문입니다. 짧은 인생이지만 엄청난 시련을 겪고 있는 요셉을 보면서 참 마음이 아픕니다. 그러나 그것은 꿈을 가진 자가 감수해야 할 아픔이요, 건너야 할 강인 것을 알아야 합니다.

● ● ●

## 하나님의 꿈은 결코 실패할 수 없다

요셉은 한 번이 아닌 두 번 팔려 갑니다. 처음에는 이스마엘 상고에게, 그 다음에는 보디발의 집으로 팔려 갑니다. 버림받은 인생, 가슴에 큰 상처를 안고 꿈이 좌절되는 경험을 하면서 그는 보디발의 집으로 팔려 갑니다. 36절을 보십시오.

미디안 사람이 애굽에서 바로의 신하 시위대장 보디발에게 요셉을 팔았더라.

이런 시련의 순간에 가장 큰 은혜는, 하나님은 꿈꾸는 사람을 보호하신다는 사실입니다. 하나님이 주신 꿈은 결코 실패할 수 없습니다. 하나님은 시련의 소용돌이 속에서 구원의 손길을 베푸십니다.

형제들이 요셉을 죽이려고 할 때 누가 등장합니까? 르우벤이 등장합니다. 하나님께서 그 와중에 르우벤의 마음을 움직이셨습니다. "우리가 죽이지 말고 구덩이에 던지자"라고 르우벤이 말합니다. 나중에 요셉을 건져 주려고 한 것입니다. 거기서 요셉은 죽음의 고비를 한 번 넘깁니다.

그 다음에 유다가 등장합니다. 유다는 항상 사람을 구원하는 일을 합니다. 예수님께서 이스라엘의 열두 지파 가운데서 유다의 후손으로 오신 것도 그 때문입니다. 나중에 언급하겠지만, 유다는 누군가를 구원하는 데 헌신된 삶을 살았습니다. 바로 그때 하나님께서 또 미디안 상고를 보내셨습니다.

이것을 우연이라고 생각하십니까? 인생의 시련의 순간마다 하나님께서는 사람을 보내십니다. 하나님은 사람의 마음을 감동시키셔서 우리를 도우십니다. 하나님은 꿈꾸는 자를 보호하십니다. 하나님의 보이지 않는 손길 안에 우리의 생애가 있습니다.

하나님의 관심은 성급한 꿈의 성취보다 꿈꾸는 자의 성숙에 있습니다. 그래서 꿈꾸는 자를 시련의 길로 인도하십니다. 17세의 나이에 꿈꾸는 요셉이 성숙하려면 하나님의 시련의 손길이 필요했습니다. 꿈과 함께 꿈꾸는 자를 성숙시키는 데 하나님의 관심이 있습니다.

> 시련의 순간에 가장 큰 은혜는, 하나님은 꿈꾸는 사람을 보호하신다는 사실입니다. 하나님이 주신 꿈은 결코 실패할 수 없습니다.

꿈꾸는 자가 성숙되지 않고 그 꿈을 성취하게 되면, 그 꿈을 통해 악한 일을 할 수가 있습니다. 섬김을 위해 주어진 중요한 권세를 가지고, 사람들을 지배하고 괴롭히는 사람들을 많이 봅니다. 꿈이 성취되는 것보다 꿈꾸는 자가 성숙하는 것이 더 중요하기 때문에 하나님은 요셉을 훈련시키시고 시련으로 단련하십니다.

## 섬세한 하나님의 손길

하나님의 손길은 섬세하십니다. 요셉이 팔려 가도 시위대장의 집에 팔려 갑니다. 애굽 왕의 시위대장이란 왕의 비서실장이요 경호실장입니다. 하나님의 섬세한 손길입니다.

요셉이 애굽에서도 팔려 갈 곳이 많지 않겠습니까? 그러나 그 중에서도 하나님은 시위대장의 집을 예비하셨습니다.

하나님의 사람에게 우연이란 없습니다. 다 필연일 뿐입니다. 하나님이 모든 일에 간섭하십니다. 우리가 예수님을 믿고 교회에 출석하는 것도 우연이라고 생각하지 마십시오. 하나님의 섭리와 계획 속에 있는 것입니다. 길 위에 있는 돌도 인연이 없으면 우리 발에 치일 수가 없습니다. 그런데 하물며 사람의 만남이 우연일 수 있겠습니까?

하나님은 꿈꾸는 자가 시련을 당할 때, 그것을 다 보고 계십니다.

시편 37편 23-24절을 보면 "여호와께서 사람의 걸음을 정하시고 그 길을 기뻐하시나니 저는 넘어지나 아주 엎드러지지 아니함은 여호와 께서 손으로 붙드심이로다"라고 말씀합니다. 넘어지는데 아주 넘어지 지는 않습니다.

저도 살면서 이런 경험을 많이 했습니다. 넘어질 것 같은데 안 넘어 집니다. 사람들이 볼 때는 넘어질 것 같습니다. '이번에는 어렵겠는 데'라고 생각할 때도 오뚜기처럼 다시 일어납니다. 하나님이 붙잡아 주시기 때문입니다.

## 하나님의 거친 사랑의 손길

하나님의 사랑은 거친 사랑입니다. 고난의 손길로 거칠게 사랑하시 는 신비로운 사랑입니다. 이사야 48장 10절에서는 "보라 내가 너를 연단하였으나 은처럼 하지 아니하고 너를 고난의 풀무에서 택하였노 라"고 말씀하십니다. 시련 중에 좌절하지 마십시오. 하나님은 꿈보다 는 꿈을 꾸며 살아가는 당신에게 더 관심이 있으십니다. 꿈꾸는 자의 성숙 없이 꿈이 성취되는 것을 하나님은 기뻐하지 않으십니다.

인생의 시련 앞에 두려워하지 마십시오. 시련이라는 여러 개의 밧 줄이 때로는 당신의 생애를 얽어 매는 것처럼 느낄 것입니다. 밧줄의 마디마디가 당신을 묶고 있는 것 같은 경험을 했을 것입니다. 저도 그 런 경험을 했습니다. 그러나 하나님께서 때가 되면 밧줄의 마디를 풀 어 주십니다. 밧줄에 있는 마디는 그냥 있는 것이 아닙니다. 마디는 풀리게 되어 있고, 풀기 위해서 마디가 있는 것입니다.

하나님께서 우리 인생의 마디마디에 하시는 일은 우리를 훈련시키 시는 것입니다. 당신에게 시련이 없습니까? 시련을 달라고 기도하지는 마십시오. 기도하면 정말 주십니다. 하나님은 구하면 주시기 때문입니다. 다시 부탁하건대 시련을 달라고 애써 기도하지 마십시오. 왜냐하면 당신이 기도하지 않아도 당신 앞에는 인생의 시련이 많이 기다리고 있기 때문입니다. 그러나 시련이 찾아왔을 때는 감사하십시오. 그것은 하나님이 당신을 사랑하신다는 증거입니다. 연단시켜 위대한 인물로 사용하시겠다는 계획이 담겨 있는 사랑입니다.

모세를 보십시오. 다윗을 보십시오. 욥을 보십시오. 예수님을 보십시오. 그들은 한결같이 시련을 통과했습니다. 그러므로 때가 되면 분명 하나님은 당신의 매듭, 그 시련의 매듭을 풀어 주십니다. 생각지도 못한 때 하나님께서 그 매듭을 풀어 주십니다. 하나님에게는 다 때가 있습니다. 정하신 때 하나님은 빠져 나갈 길을 열어 주십니다.


## 하나님은 실수도 선용하신다

하나님은 사람들의 실수도 선용하십니다. 하나님은 형제들의 실수마저도 선용하셨습니다. 사람의 생각과 하나님의 생각이 다릅니다. 요셉의 소식을 듣고 야곱은 옷을 찢으면서 울었습니다. 요셉도 좌절했습니다. 르우벤도 "나는 나는 어찌 할꼬"라고 절규했습니다. 그러나 바로 그때 하나님은 요셉의 꿈이 성취될 수 있는 자리로 인도하고 계셨습니다. 시련이라는 수레를 타고 꿈을 성취하는 자리로 올라가는 것입니다.

당신의 가슴속에 하나님이 주신 꿈이 있습니까? 절대로 포기하지 마십시오. 꿈을 붙잡으십시오. 희망을 붙잡으십시오. 미래를 붙잡으십시오.

꿈이 없습니까? 하나님께 꿈을 달라고 기도하십시오. 꿈이 없는 것이 아닙니다. 아직 발견하지 못한 것뿐입니다. 당신 안에 가능성이 없는 것이 아닙니다. 아직 발견하지 못한 것입니다. 꿈을 발견할 시간을 가지십시오. 이 말씀을 들으면서 하나님 앞에서 기도할 시간을 가지십시오.

너무 분주해서 하나님의 음성을 들을 수 있는 시간이 없었다면 지금 시간을 내십시오. 조용히 침묵 중에 당신이 정말 소원하는 것이 무엇인지 점검해 보십시오. 하나님이 모든 자원을 다 공급해 주신다면, 정말 되고 싶고 정말 이루고 싶은 것이 무엇입니까? 단순히 자신을 위해서가 아니라 하나님의 영광을 위해 불쌍한 이웃들을 위해 성취하고 싶은 것이 무엇입니까?

당신 안에 있는 아름다움을 보십시오. 넘치는 가능성을 보십시오. 젊은 날에 가졌던 꿈을 성취한 분이 있습니까? 그 꿈으로 만족하지 마십시오. 거룩한 불만족을 가지고 또 다른 꿈을 꾸십시오. 꿈을 갖는 한 인간은 계속 발전합니다. 하나님께 기도하시고, 하나님의 음성을 들으십시오.

## 어두움마저도 사랑하는 법을 터득하라

꿈꾸는 자가 지불해야 할 시련과 역경의 대가 앞에 절대로 당황하지 마십시오. 오히려 시련을 사랑하는 법을 배우십시오. F. B. 마이어는 "영광스런 황금의 면류관에 앞서 반드시 고난의 강철 면류관이 있어야 한다"고 말했습니다. 어두움마저도 사랑하는 법을 터득하십시오. 귀용 부인은 "나는 어두움을 좋아하도록 배웠다. 처해 있는 환경이 어두울수록 주의 얼굴은 더욱 밝게 빛나기 때문이다"라고 말했습니다.

그렇습니다. 고난 중에 있는 분이 있습니까? 꿈을 생각하십시오. 꿈을 주신 하나님을 생각하십시오. 꿈을 생각하면 시련을 이길 수가 있습니다.

고난의 수레를 타고 애굽으로 내려가는 요셉은 하나님을 생각했습니다. 하나님이 주신 꿈을 생각했습니다. 따뜻한 아버지 야곱의 사랑을 생각했습니다. 요셉은 하나님, 꿈, 사랑을 붙잡고 고난을 통과하고 있습니다. 요셉 혼자서 애굽을 내려가는 것이 아닙니다. 하나님이 함께 내려가십니다. 오스왈드 챔버스는 "하나님은 우리가 처한 상황의 기관사이시다"라고 말했습니다. 하나님이 기관사가 되셔서 요셉을 이끌고 애굽으로 내려가십니다. 그러나 그 길이 축복의 길임을 요셉이 처음에는 어찌 알았겠습니까?

당신의 삶의 현장을 요셉의 하나님의 안목으로 보시길 바랍니다. 하나님은 지금 당신과 함께 하고 계십니다!

# 3 꿈은 시련의 터널을 통과한다

요셉이 이끌려 애굽에 내려가매 바로의 신하 시위대장 애굽 사람 보디발이 그를 그리로 데려간 이스마엘 사람의 손에서 그를 사니라 여호와께서 요셉과 함께 하시므로 그가 형통한 자가 되어 …(창 39:1-6).

## 꿈꾸는 것은 선택이 아니라 필수이다

트루만 카포우트는 "꿈꾸지 않는 인간은 땀 흘리지 않는 사람과 같다. 그런 사람은 많은 독을 쌓을 뿐이다"라고 말했습니다. 꿈은 소유해도 되고 소유하지 않아도 되는 문제가 아닙니다. 꿈은 꼭 소유해야만 하는 것입니다. 하나님이 주신 꿈을 품지 않으면 그 사람은 그 마음에 오히려 독을 쌓고 있을 뿐입니다. 무서운 이야기입니다. 그래서 하나님은 꿈이 없는 백성은 망한다고 말씀했습니다.

우리는 꿈을 가진 백성이 되어야 합니다. 하나님은 꿈을 주십니다.

꿈을 가진 사람과 함께 일하십니다. 꿈을 가진 사람의 삶의 현주소에 함께 계십니다. 하나님은 꿈 없이 살아가는 가나안 땅의 열한 형제보다도 꿈 때문에 애굽에 팔려 간 요셉에게 관심이 있으십니다. 꿈 없이 살아가는 열한 형제의 이야기는 쓸 것이 없습니다. 그러나 꿈 때문에 애굽에 팔려 간 요셉의 생애는 너무나도 드라마틱한 이야기로 가득 차 있습니다. 꿈꾸는 자는 풍성한 삶을 살아갑니다. 장소가 문제가 아닙니다. 하나님의 관심은 사람에게 있으십니다. 하나님의 꿈을 펼칠 수 있는 사람에게 관심이 있으신 것입니다.

시대와 장소가 중요하지 않다는 것은 물론 아닙니다. 그러나 하나님은 시대와 장소를 따라 역사하시기보다 사람을 따라 역사하십니다. 꿈과 비전이 있는 사람이 있는 시대와 장소는 하나님의 축복을 받았습니다. 하나님은 항상 사람을 찾고, 사람을 기다리고 계십니다. 바로 꿈꾸는 사람입니다.

## 하나님의 눈길은 꿈꾸는 자에게 있다

요셉은 꿈꾸는 소년이었습니다. 17세의 소년이었습니다. 하나님은 나이가 많고 적음을 따지지 않으십니다. 하나님의 관심은 그 사람에게 꿈이 있느냐 없느냐에 있습니다. 하나님의 눈길은 꿈꾸는 자에게 있습니다. 하나님은 꿈을 가진 17세 소년 요셉과 함께 하셨습니다. 또한 하나님은 비전을 가진 70세의 아브라함과 85세의 노인 갈렙과 함께 하셨습니다.

꿈을 가진 사람은 나이를 초월합니다. 칸트는 그의 나이 74세에 유명한 철학 책을 썼습니다. 베르디는 85세에 "아베 마리아"를 작곡했습니다. 시인 테니슨은 80세가 되어 "죽음을 향해"라는 시를 세상에 내놓았습니다. 또한 괴테는 80세에 「파우스트」를 완성했습니다. 미켈란젤로는 85세로 죽을 때까지 성 베드로 성당의 공사를 감독했습니다. 그리고 "피에타"라는 작품을 조각했습니다. 꿈은 나이를 초월하게 만드는 능력이 있습니다. 하나님이 생명처럼 찾으시는 것은 꿈입니다.

## 꿈꾸는 자를 인도하시는 하나님의 방법

하나님은 꿈을 가진 사람들을 어떻게 인도하십니까? 하나님은 꿈을 가진 사람들을 어떻게 다루십니까? 이것은 꿈을 가진 사람들의 관심사입니다. 당신이 꿈을 가지고 있다면 이 말씀은 생명처럼 귀하게 여겨질 것입니다. 그러나 꿈을 갖고 있지 않다면 수면제가 되고 말 것입니다. 왜냐하면 인간은 항상 필요한 정보만을 섭취하는 경향이 있기 때문입니다.

아직도 꿈을 갖지 못했거나, 가지고 있던 꿈을 다 이루어서 더 이상 꿈이 없다면 새로운 꿈을 달라고 기도하는 마음으로 이 말씀에 귀를 기울이십시오. 우리는 계속해서 꿈을 꾸며 살아야 하는 하나님의 사람들입니다.

요셉의 생애를 통해서 배우는 것은 하나님은 꿈꾸는 자를 시련 가운데로 인도하신다는 것입니다. 꿈꾸는 자를 편안하게 두시는 것이 아니라 시련과 역경이라는 삶의 현장으로 인도하십니다. 이 사실을 성경이 증거합니다. 모세와 다윗의 생애를 통해서, 우리 주님과 사도 바울의 생애를 통해서 증명하고 있는 사실입니다. 하나님은 꿈꾸는 사람들을 왜 시련의 장소로, 황량한 광야로 인도하십니까?

# 꿈꾸는 자는 시련이라는 물을 먹고 성숙한다

하나님은 꿈꾸는 사람의 성숙에 관심이 많으십니다. 그래서 꿈꾸는 사람에게 시련이라는 물을 마시게 하십니다. 꿈꾸는 사람은 시련이라는 물을 먹고 성장하기 때문입니다. 하나님은 요셉을 애굽에 팔려 가게 만드십니다. 1절을 보십시오.

요셉이 이끌려 애굽에 내려가매 바로의 신하 시위대장 애굽 사람 보디발이 그를 그리로 데려간 이스마엘 사람의 손에서 그를 사니라.

요셉이 이끌려 간 곳은 애굽 사람 보디발의 집이었습니다. 여기서 '이끌려 갔다'는 것은 '손발을 묶어서 데려갔다'는 의미입니다. 하나님은 왜 꿈이 있는 사람을 이렇게 다루십니까? 예수님의 생애를 보아도 똑같은 일이 일어납니다. 마태복음 4장 1절에서 "그때에 예수께서 성령에게 이끌리어 마귀에게 시험을 받으러 광야로 가사"라고 말씀합니다. 인류 구원의 꿈을 가지신 예수님께서 이끌려 간 곳은 바로 광야입니다. 시련의 장소, 고난의 장소입니다.

또한 요셉은 애굽으로 내려갔습니다. 이것이 하나님의 방법입니다. 꿈꾸는 자를 철저하게 내려가게 하십니다. 예수님도 내려가는 삶을 사셨습니다. 하늘에서 땅으로, 말구유로, 십자가로, 음부에까지 내려가셨습니다. 하나님의 꿈을 이루시기 위해 먼저 내려가셔야 했습니다. 우리는 위로 올라서고, 겉으로 드러나길 원합니다. 그러나 하나님은 꿈꾸는 우리를 먼저 내려가게 하십니다. 잊혀진 존재로 감추십니다.

## 고난은 꿈꾸는 자를 성숙하게 한다

요셉은 도단 땅에 있는 구덩이로부터 애굽에 있는 노예의 구덩이로 옮겨졌습니다. 왜 요셉은 애굽으로 이끌려 갔을까요? 그가 가진 꿈 때문입니다. 꿈을 소유하게 되면 두 가지 현상이 나타납니다. 꿈을 이룰 수 있는 환경이 조성되든지 아니면 꿈을 이룰 수 있는 환경으로 꿈꾸는 자의 삶의 터전이 옮겨지든지 합니다. 꿈 때문에 변화를 경험하는 것입니다.

요셉이 가진 꿈은 너무나 컸습니다. 가나안 땅은 그 꿈을 감당할 수가 없었습니다. 그래서 그의 꿈을 감당할 수 있는 애굽 땅으로 던져진 것입니다. 요셉의 꿈을 이룰 수 있는 큰 땅으로 옮겨진 것입니다. 그러나 동시에 그 땅은 요셉을 연단하는 땅이었습니다. 요셉에게 시련이라는 쓴 물을 마시게 한 땅이었습니다.

꿈꾸는 사람은 시련이라는 물을 먹고 자랍니다. 이것이 하나님이 사람을 키우는 원리요 방법입니다. 하나님의 섭리의 손길입니다. 사람들은 꿈은 좋아해도 꿈을 성장하게 하는 시련과 훈련과 연단은 싫어합니다. 꿈꾸는 사람은 고난이라는 대가를 지불해야 합니다. 대가를 지불하지 않고 꿈을 성취하기 원하는 사람은 꿈꾸는 자가 아니라 몽상가에 불과합니다. 하나님은 꿈꾸는 자가 성숙하기 전까지 하나님의 꿈을 성취시키지 않으십니다.

하나님의 사람들을 연구한 로버트 클린턴 교수는 그가 쓴 「영적 지도자 만들기」(베다니 출판사)라는 책에서, 하나님이 귀히 쓰셨던 영적 지도자들은 대부분 이런 시련을 통과했다는 것을 강조합니다.

하나님이 귀히 쓰셨던 허드슨 테일러도 시련을 통해 성숙했습니다. 하나님은 한 시대뿐만 아니라 여러 시대에 영향을 끼칠 선교사로 쓰

> 꿈꾸는 사람은 시련이라는 물을 먹고 자랍니다.
> 이것이 하나님이 사람을 키우는 원리요 방법입니다.
> 꿈꾸는 사람은 고난이라는 대가를 지불해야 합니다. 대가를 지불하지 않고
> 꿈을 성취하기 원하는 사람은 꿈꾸는 자가 아니라 몽상가에 불과합니다.
> 하나님은 꿈꾸는 자가 성숙하기 전까지 하나님의 꿈을 성취시키지 않으십니다.

시기 위해 허드슨 테일러를 혹독하게 다루십니다. 그때마다 그를 공격했던 것은 부정적인 생각이었습니다. 허드슨 테일러는 그의 자서전에서 이렇게 말합니다.

"하나님을 신뢰하는 것을 방해하는 최대의 적은 모든 상황이 내게 불리하게 보이는 듯한 부정적인 생각입니다. 문제와 어려운 상황이 하나님보다 더 크게 보이는 것입니다. 그러나 이때 기억합시다. 하나님의 세미한 음성을 …. '내가 결코 너를 떠나지 아니하며 버리지 아니하리라. 보라 내가 세상 끝 날까지 너와 함께 하리라.' '모든 상황이 내게는 불리하다'는 생각을 버리고 '모든 것을 합력하여 선을 이룬다'고 생각합시다."

또한 그는 "하나님께서는 때로 우리가 알지 못하는 방법으로 우리를 인도하신다. 그러나 그 길도 하나님의 길이다"라고 말했습니다.

하나님의 사람들은 시련의 신비를 알았기 때문에 시련의 순간에도 낙심하지 않았습니다. 오히려 하나님을 바라보았습니다. 시련이 축복이 되는 날이 올 줄로 확신했습니다. 그 시련을 통해서 위대한 하나님의 사람으로 성장했던 것입니다.

폴 투르니에도 "사람의 성숙은, 성공보다는 실패나 시련을 거쳐서

만 실현될 수 있다고 할 수 있습니다. 그리고 건강한 사람보다는 병든 사람 중에서 참된 인생을 사는 사람이 많습니다"라고 말했습니다.

이것은 하나님의 신비입니다. 이해하기 어려운 하나님의 손길입니다. 예수님의 생애도 고난만큼은 예외가 아니었습니다. 고난을 통해서 순종하게 되었습니다. 온전히 하나님을 의지하기 위해 육신의 힘도, 자신의 명철도, 세상의 물질도, 세상의 권력도 의지하지 않은 철저한 복종이 이루어진 삶은 바로 고난을 통해서 연단되신 것입니다. 히브리서 5장 8절에서 "그가 아들이시라도 받으신 고난으로 순종함을 배워서"라고 말씀하고 있습니다.

그러므로 꿈을 가진 하나님의 사람은 시련과 역경을 두려워해서는 안됩니다. 훌륭한 항해사는 거친 바다에서 나옵니다. 가장 선율이 아름다운 공명을 내는 바이올린은 고통스런 환경에서 자란 나무를 통해서 만들어집니다.

## 무릎 꿇는 나무

로키 산맥 해발 3,000미터 높이에 수목 한계선인 지대가 있습니다. 이 지대의 나무들은 매서운 바람으로 인해 곧게 자라지 못하고 '무릎을 꿇고 있는 모습'을 한 채 있어야 합니다. 이 나무들은 열악한 조건이지만 생존을 위해 무서운 인내를 발휘합니다. 그런데 세계적으로 가장 공명이 잘되는 명품 바이올린은 바로 이 '무릎을 꿇고 있는 나무'로 만들어진다고 합니다.

아름다운 영혼을 갖고 인생의 절묘한 선율을 내는 사람은, 아무런 고난 없이 좋은 조건에서 살아온 사람이 아니라 온갖 역경과 아픔을 겪어 온 사람입니다. 꿈꾸는 자의 삶도 마찬가지입니다. 때로 찾아오는 매서운 바람 때문에 무릎을 꿇고 기도하다가 가장 아름다운 선율을 내는 사람이 됩니다.

시련의 때에도 하나님의 말씀을 신뢰하십시오. 혼돈의 때에도 하나님이 곁에 계심을 믿으십시오. 야고보서 1장 2절 말씀을 마음에 새기십시오. "내 형제들아 너희가 여러 가지 시험을 만나거든 온전히 기쁘게 여기라."

● ○ ●

# 꿈꾸는 자는 시련 중에 미래를 준비한다

꿈꾸는 사람이라고 다 꿈을 실현하는 것은 아닙니다. 꿈을 이루기 위해서는 값을 지불해야 합니다. 하나님은 행운을 기다리며 아무것도 하지 않는 사람에게 축복을 주시는 분이 아니십니다. 매일 밤 복권에 당첨되게 해달라고 기도했다는 한 남자에 대한 이야기를 읽

> 시련을 만난다고 인간이
> 다 위대해지는 것은 아닙니다.
> 시련에 어떻게 반응하느냐에 따라
> 시련당하는 자의 미래가
> 결정됩니다.

었습니다. "하나님이여, 제발 한 번만 복권에 당첨되게 해주시옵소서 … 제가 다른 것을 원하는 것을 보셨습니까? 제발 좀 당첨되게 해주셔서 다시는 당신을 귀찮게 하는 일이 없도록 하소서!"

몇 년 동안 이렇게 기도하고 또 기도하던 어느 날 밤, 꿈에 하나님이 나타나셔서 이렇게 말씀하셨다고 합니다. "네가 최소한 복권 한 장이라도 산다면 복권 당첨을 고려해 보겠다!" 복권 한 장 사는 값도 지

불하지 않고 복권에 당첨되게 해달라고 하는 사람들이 얼마나 많은가 생각해 보십시오.

시련을 만난다고 인간이 다 위대해지는 것은 아닙니다. 시련에 어떻게 반응하느냐에 따라 시련당하는 자의 미래가 결정됩니다. 시련 중에 무엇을 하느냐가 더 중요합니다.

히브리 사람 가운데 애굽에 팔려 간 사람이 요셉만은 아니었을 것입니다. 그런데 요셉만이 애굽의 국무총리가 된 것은 무엇 때문입니까? 다른 종들이 원망하며 안일하게 살아갈 때 요셉은 미래를 위해 피나는 준비를 하고 있었다는 사실을 기억해야 합니다.

## 형통은 하나님의 기회와 인간의 준비가 만나는 곳에 있다

형통이란 하나님의 기회와 인간의 준비가 만나는 자리에 있습니다. 인간에게 찾아오는 불행은 예측할 수 없습니다. 그러나 기회는 준비된 자에게 찾아옵니다. 준비하고 있는 자를 위해 기회는 기다리고 있습니다. 오늘 하루하루를 성실하게 준비하는 것이 중요합니다.

제프리 스템프스는 "미래란 앞으로 우리에게 일어날 어떤 것이 아니다. 우리가 살아가고 있는 현재의 한 순간 한 순간이 우리의 미래를 만들어 나가고 있는 것이다"라고 말했습니다. 시간만 흘러 가면 저절로 그 꿈이 이루어질 것이라는 착각을 버려야 합니다. 한 순간 한 순간을 어떻게 준비하고 있느냐가 우리의 미래를 결정합니다. 또한 우

> 형통이란 하나님의 기회와 인간의 준비가 만나는 자리에 있습니다. 기회는 준비된 자에게 찾아옵니다. 준비하고 있는 자를 위해 기회는 기다리고 있습니다.

리의 시간을 얼마나 가치 있는 일에 투자하고 있느냐가 중요합니다.

단테는 "한걸음 한걸음 그저 걸어가기만 하면 목적지에 다다를 수 있다고 생각해서는 안된다. 한걸음 한걸음 그 자체에 가치가 있어야 한다. 큰 성과는 가치 있는 작은 일들이 모여 이루어진다"고 말했습니다.

## 한 가지 목표에 집중하라

시련 중에도 꿈의 성취를 위해 준비했던 요셉의 모습에서 발견할 수 있는 것은 그의 소박한 성품입니다. 그는 자신을 언제나 대단하게 생각하지 않습니다. 주어진 환경에 순종하며, 잘 적응해 나갑니다. 바로 이것이 소박함입니다.

에머슨은 "소박한 자세보다 더 위대한 것은 없다. 다시 말해서 소박한 자세를 가지면 위대한 자가 된다"고 말했습니다. 소박한 자세란 한 번에 한 가지 목표를 달성하는 것을 말합니다. 쌀 한 가마니를 한 입에 털어 넣을 수 없듯이 많은 목표를 단숨에 달성하려는 생각은 오산입니다. 요셉은 비록 그가 가진 꿈이 컸지만 하루하루 최선을 다하는 삶을 살았습니다. 소박한 사람은 자기가 할 수 없는 일을 탓하지 않고 자기가 할 수 있는 일을 찾아서 합니다. 소박한 마음이 축복이 됩니다.

요셉은 보디발의 집에 들어가는 날부터 철저히 자신을 준비시켰습니다. 그는 실력을 쌓아 갔습니다. 그래서 보디발이 요셉에게 자기 집안의 모든 일을 맡긴 것입니다. 그는 보디발의 신뢰를 받는 실력 있는 사람이 되었습니다. 4절을 보십시오.

요셉이 그 주인에게 은혜를 입어 섬기매 그가 요셉으로 가정 총무를 삼고 자기 소유를 다 그 손에 위임하니.

계속해서 6절을 보십시오.

주인이 그 소유를 다 요셉의 손에 위임하고 자기 식료 외에는 간섭하지 아니하였더라 요셉은 용모가 준수하고 아담하였더라.

보디발은 그 당시 애굽 바로 왕의 시위대장이었습니다. 시위대장이란 비밀 경찰의 책임자와 같은 사람입니다. 중앙정보부장 또는 경호실장과 같은 것입니다. 사람을 보는 눈을 가진 사람입니다. 그는 노예 가운데 능력 있는 요셉을 뽑아 자기의 소유를 맡겼습니다.

요셉은 성실한 사람이었습니다. 요셉은 자기 위치를 지키며 섬기는 삶을 살았습니다. 요셉은 권력 지향적인 사람이 아니라 봉사 지향적인 사람이었습니다. 젊은 나이 때부터 그런 모습이 몸에 배었습니다. 나중에 애굽의 국무총리가 되었을 때도 권력을 휘두른 것이 아니라 사람들을 섬기는 봉사자의 위치에서 그의 직무를 감당했습니다.

## 실력은 과업 성취 능력이다

요셉은 실력을 쌓을 줄 알았던 사람입니다. 요셉이 가진 실력 중에 하나는 적응 능력입니다. 어떤 환경에 처하든지 적응할 수 있는 능력은 아주 중요한 실력입니다. 또한 실력은 일을 처리하는 능력입니다. 요셉은 일을 처리하는 실력을 가졌습니다. 단순히 지식만이 아니라 실무를 감당할 수 있는 능력입니다.

무엇보다도 요셉의 삶의 특징은 부지런했음이 틀림이 없습니다.

만약 그가 게을렀다면 결코 실력을 쌓을 수 없었을 것입니다. 다른 종들이 잠자고 있을 때도 그는 애굽의 문화와 언어를 익혔을 것입니다. 또한 여러 사람들을 움직이기 위해서 지도력을 키웠을 것입니다. 다른 사람들은 원망하고 틈만 있으면 쉬기를 원할 때에도 요셉은 달랐습니다.

세상을 성공적으로 살아가는 사람들의 특징은 부지런하게 살았다는 것입니다. 근면이 성공하는 사람들의 특징입니다. 영국의 가장 어두운 시기였던 2차 세계 대전 당시의 1940년 겨울 어느 날 밤, 윈스턴 처칠은 그의 비서 메리 톰슨과 함께 다음날에 필요한 중요한 연설문을 준비하고 있었습니다. 새벽 3시가 되어 마지막 문장이 완성되었습니다.

처칠 수상은 "자! 이걸 지금 당장 타이핑하려고 애쓸 필요는 없어요, 메리. 아침 8시까지만 준비되면 되니까"라고 말했습니다. 몇 년 후, 메리 톰슨은 그 당시 자신의 반응을 이렇게 기억합니다.

"그 원고는 적어도 30페이지는 되었어요. 처칠의 말은 매우 놀라운 면이 있었죠. 하지만 그의 평소 성격과 경향은 나로 하여금 당장 일을 시작하도록 만들었어요. 원고를 다시 치는 데 그날 밤의 나머지 시간이 모두 소비될 것이라는 걸 알았으니까요. 8시 전에 일이 끝났고, 그것은 매우 중요한 문제였죠. 그는 자신이 원하는 것을 얻었고, 나는 내가 해야 할 일을 해냈다는 만족감을 얻었죠."

이 두 사람의 모습을 보십시오. 그들이 얼마나 부지런했으며, 주어진 일을 위해 최선을 다했는지를 보십시오. 대부분의 사람들은 하루에 8시간 근무와 일주일에 40시간 근무를 생각합니다. 그러나 최고의 자리에 오른 사람들은 성공을 위한 투자에 어떠한 제한도 두지 않습니다. 중요한 진리는 성공하는 사람들은 끝까지 노력한다는 사실입니다.

## 집중된 힘은 무섭다

요셉은 모든 힘을 꿈을 성취하기 위해 준비하는 데 기울였습니다. 그는 인생을 원망하며 불평하는 데에 에너지를 허비하지 않았습니다. 그는 그의 목표에 힘을 집중시켰습니다. 우리가 꿈과 목표를 가지고 살면 우리의 힘을 쓸데없는 데 낭비하지 않습니다. 또한 우리가 힘을 한곳에 모으면 상상할 수 없는 능력을 체험하게 됩니다.

레이저 기술은 집중된 에너지에 대한 가장 좋은 예입니다. '방사선 발산으로 자극을 받은 빛의 확장(Light Amplification by Stimulated Emission of Radiation)'의 약자로 이루어진 레이저(LASER)는, 모든 파가 일정한 파장을 가진 아주 순수한 빛으로 이루어진 전파를 만들어 냅니다.

보통의 백열 전구는 일반적인 공간을 비춥니다. 반면, 레이저는 정교한 안구 수술에서 열핵 폭발을 일으키는 것에 이르기까지 광대한 범위로 다양한 일들을 할 수 있습니다. 레이저는 전화선의 백만 배 이상의 정보를 우송할 수 있고, 60초 안에 20,000줄을 인쇄할 수 있으며, 다이아몬드처럼 단단한 물질에서부터 고무처럼 부드러운 물질에 이르기까지 모든 물질에 구멍을 뚫을 수 있습니다.

우리의 진짜 문제는 집중입니다. 집중된 목표를 가진 사람은 레이저빔과 비슷합니다. 그런데 보통 사람은 할 수 있는 일에 집중하기보다는 할 수 없는 일을 걱정하는 데 너무 많은 시간을 허비합니다.

데니스 웨이틀리는 인생에서 성공하는 비결로서 DOT를 이야기합니다. 결단력(determination), 낙천주의(optimism), 강인함(toughness)의 첫 글자를 따서 만든 것입니다. 결단력은 장애물에도 불구하고 계속해서 전진할 것을 결정하게 해줍니다. 낙천주의는 에너지를 뒷받침해 주고, 장애물 속에서 뒹구느니 목표를 달성하겠다는 시각에 초점을 맞추게 합니다. 강인함은 결단력과 낙천주의가 시들해졌을 때조차 우리가 계속 나아갈 수 있는 회복력을 제공해 줍니다.

요셉에게는 이 세 가지가 있었습니다. 그는 하나님을 신뢰하면서 이 세 가지를 소유했습니다. 이것은 우리에게도 필요한 것입니다. 결단력을 가지십시오. 하나님 안에서 낙천주의자가 되십시오. 모든 것을 긍정적으로 해석하십시오. 모든 것을 기회로 보십시오. 그리고 강인함을 가지십시오.

● ● ●

## 꿈꾸는 자는 시련 중에도 형통한다

요셉은 보디발의 집에서도 형통했습니다. 비록 노예로 끌려갔지만 그는 형통한 삶을 살았습니다. 2-3절을 보십시오.

여호와께서 요셉과 함께 하시므로 그가 형통한 자가 되어 그 주인 애굽 사람의 집에 있으니 그 주인이 여호와께서 그와 함께 하심을 보며 또 여호와께서 그의 범사에 형통케 하심을 보았더라.

한 번의 형통보다 더 중요한 것은 형통한 사람이 되는 것입니다. 형통한 사람이 될 때 형통은 그림자와 같이 따라다닙니다. 요셉은 형통한 자가 되었습니다. 그가 어떻게 형통한 자가 되었습니까? 그것은 하나님이 함께 하셨기 때문입니다. 하나님이 함께 하실 때 형통한 자가 될 수 있습니다.

'형통한 자'를 어떻게 정의할 수 있습니까? 그는 하나님이 함께 하시는 사람입니다. 하나님이 함께 하신다는 것은 하나님이 그의 인생의 모든 자원이 되시고 모든 기회가 되신다는 것입니다. 하나님은 사람보다, 환경보다 중요하십니다. 인간의 꿈보다 중요하십니다. 하나님은 모든 것을 초월하시고, 모든 환경을 조성하시기 때문입니다.

그런데 요셉은 하나님이 함께 하심을 언제 경험합니까? 고통의 현장에서입니다. 요셉이 아버지 야곱과 함께 있을 때는 하나님이 보이지 않았습니다. 그의 눈에는 아버지만 보였습니다. 그러나 야곱이 그의 눈에서 사라질 때 하나님이 보이기 시작했습니다. 하나님의 임재를 체험하게 되었습니다. 이것이 고난의 축복입니다. 고난이 없으면 결코 경험할 수 없는 하나님의 임재를 요셉이 경험하게 된 것입니다.

요셉은 하나님이 함께 하신다는 임재 속에 살았습니다. 이 사실은 요셉만 안 것이 아니라 보디발도 알았습니다. 3절을 보십시오.

그 주인이 여호와께서 그와 함께 하심을 보며 또 여호와께서 그의 범사에 형통케 하심을 보았더라.

우리는 하나님께 복을 받는 자들이 되기를 간절히 소원해야 합니다. 하나님이 복을 주시기로 작정하시면 우리 인생의 모든 것이 달라집니다. 그래서 우리는 항상 하나님의 축복을 구해야 합니다. 하나님의 긍휼을 구해야 합니다.

하나님의 축복은 요셉에게 어떻게 임했습니까?

## 주인의 인정을 받는 축복을 받는다

하나님께 인정받았던 요셉은 주인 보디발에게도 인정을 받았습니다. 인간의 행복과 갈망은 인정받고 싶은 것에 있습니다. 윌리암 제임스는 "인정받으려고 하는 갈망은 인간의 뿌리 깊은 본능이다"라고 말했습니다. 인간은 누군가의 인정을 받을 때 자기 존재의 가치를 더욱 느끼게 됩니다.

이런 축복을 잠언 3장 3-4절에서는 "인자와 진리로 네게서 떠나지 않게 하고 그것을 네 목에 매며 네 마음 판에 새기라 그리하면 네가 하나님과 사람 앞에서 은총과 귀중히 여김을 받으리라"고 말씀합니다.

하나님과 사람 앞에서 은총과 귀중히 여김을 받는 것은 귀중한 축복입니다. 누가복음 2장 52절에서 예수님의 성장 모습을 보면 "예수는 그 지혜와 그 키가 자라 가며 하나님과 사람에게 더 사랑스러워 가시더라"고 말씀합니다. 우리는 하나님 앞에서만 인정받는 사람이 아니라 사람들에게도 인정받는 축복을 경험해야 합니다.

## 일할 수 있는 축복을 받는다

형통하는 자에게 주어지는 것은 과업입니다. 일입니다. 보디발이 그에게 가정 총무의 일을 맡겼습니다. 일을 맡긴다는 것과 인정을 받았다는 것은 같은 말입니다. 또한 일을 맡긴다는 것은 실력을 인정한다는 것입니다. 사람이 아무리 준비해도 기회가 주어지지 않으면 괴로운 것입니다. 그런데 요셉에게는 일할 기회가 주어졌습니다. 가정의 중요한 일을 다 감당하는 총무의 일을 맡게 된 것입니다.

일을 한다는 것은 책임이 주어진다는 것입니다. 다른 사람들이 휴식을 취할 때 쉬지 못할 수도 있습니다. 더욱 부지런해야 합니다. 더욱 연구해야 합니다. 그런데도 일을 할 수 있다는 것은 분명한 축복입니다.

## 다른 사람을 복되게 하는 축복을 받는다

요셉은 혼자서 형통한 것이 아니라 요셉 때문에 그 주인이 복을 받았습니다. 이처럼 행복한 경험이 어디 있겠습니까? 5절을 보십시오.

그가 요셉에게 자기 집과 그 모든 소유물을 주관하게 한 때부터 여호와께서 요셉을 위하여 그 애굽 사람의 집에 복을 내리시므로 여호와의 복이 그의 집과 밭에 있는 모든 소유에 미친지라.

하나님은 애굽 사람의 집에 복을 내리신 때를 확실하게 획을 그어 구분해 놓으셨습니다. "그가 요셉에게 자기 집과 그 모든 소유물을 주관하게 한 때부터"라고 말씀합니다.

사실, 가정이나 교회, 직장에서도 이런 일들이 있습니다. 어떤 분이 오신 뒤로부터 모임이 달라집니다. 전도회가 달라지기도 하고, 찬양팀이 달라지기도 하고, 성가대가 달라지기도 하고, 교육부가 달라지기도 합니다. 각 부서가 달라집니다. 물론 모든 것을 하나님이 하십니다만, 하나님은 형통하는 사람 때문에 일의 전환점을 가져오게 하십니다.

하나님이 주시는 축복은 영적인 영역만이 아니라 환경적인 영역도 포함합니다. 하나님의 축복이 보디발의 집과 밭에 있는 모든 소유물에 임했다고 말씀합니다. 요셉은 비록 노예였지만, 요셉 때문에 주인의 집이 복을 받게 되었습니다.

우리는 이런 일들을 위해서 기도해야 합니다. 우리 때문에 하나님이 복을 주시는 일들이 우리 주위에서 계속해서 일어나야 합니다. 그 일을 통해서 하나님을 증거할 수가 있기 때문입니다.

예수님은 이 땅에 오셔서 시련 중에 있을 때도 형통하셨습니다. 사람들의 배척과 멸시와 천대를 받으실 때도 예수님은 형통하셨습니다. 예수님이 손을 대는 것마다 변화되었습니다. 죄인은 회개하고, 병 든 자는 치료되고, 포로 된 자는 자유케 되고, 가난한 자는 부요케 되었습니다. 귀신은 떠나가고, 관계는 회복되고, 저주와 심판 아래 있는 자들이 축복을 받았습니다. 예수님의 손은 형통의 손, 치료의 손, 권능의 손이었습니다. 예수님의 형통의 비결은 하나님이 함께 하셨기 때문입니다. 예수님은 "나를 보내신 이가 나와 함께 하시도다 내가 항상 그의 기뻐하시는 일을 행하므로 나를 혼자 두지 아니하셨느니라"(요 8:29)고 말씀하셨습니다.

예수님을 믿는 우리는 이미 형통한 자입니다. 왜냐하면 형통케 하시는 예수님을 우리 안에 모셨기 때문입니다.

## 하나님을 경험하는 축복을 받는다

요셉의 승리와 형통의 비결은 하나님이 함께 하시는 임재였습니다. 그가 누린 축복은 임마누엘의 축복이었습니다. 성경에는 하나님이 함께 하신다는 말씀이 144번 나옵니다. 요셉을 붙잡고 인도하시는 분은 하나님이셨습니다. 그래서 요셉은 시련을 넉넉히 이길 수가 있었습니다. 하나님은 이 약속을 우리에게도 주셨습니다. 우리를 결코 버리지 아니하시고 떠나지 아니하신다는 약속입니다.

히브리서 13장 5절에는 "돈을 사랑치 말고 있는 바를 족한 줄로 알라 그가 친히 말씀하시기를 내가 과연 너희를 버리지 아니하고 과연 너희를 떠나지 아니하리라 하셨느니라"고 약속하고 있습니다. 하나님은 요셉을 축복하셨듯이 우리를 축복하십니다.

우리는 요셉의 생애를 통해서 하나님이 자기를 의지하는 자를 어떻게 축복하시는지 배웠습니다. 하나님은 그를 위해 헌신하는 사람에게 하늘의 영원한 상급을 약속하셨습니다. 동시에 하나님은 이 땅에 사는 동안에도 많은 상급을 주십니다. 그 모습이 요셉의 생애 속에 나타납니다.

## 시련 중에도 준비하라

꿈을 꾸고 계십니까? 꿈꾸는 자이기에 시련과 역경을 통과하고 있습니까? 안락한 삶을 포기하고 모험하는 인생으로 살아가십니까? 하나님을 의지하십시오. 하나님을 바라보십시오. 인도하시는 하나님의 손길에 순종하십시오. 예레미야 10장 23절에는 "여호와여 내가 알거니와 인생의 길이 자기에게 있지 아니하니 걸음을 지도함이 걷는 자에게 있지 아니하니이다"라고 말씀합니다.

하나님은 지혜가 있으시고 전능하시기 때문에 그의 뜻을 이루시기 위해서는 원수라도 사용하실 수가 있습니다. 요셉의 꿈은 시련이라는 물을 먹고 성장했습니다. 꿈꾸는 요셉은 시련이라는 자양분을 먹고 성숙했습니다. 꿈을 가진 사람은 시련을 두려워해서는 안됩니다. 왜냐하면 하나님은 시련 중에도 형통하도록 도우시기 때문입니다.

형통이란 일이 잘되는 것입니다. 자기가 선 자리에서 인정받는 것입니다. 어떤 과업이 주어지고 그것이 아름답게 성취되는 것입니다. 또한 환경적인 축복을 받는 것입니다.

요셉처럼 형통한 자가 되십시오. 어떤 환경 속에서도 꿈과 목표를 잃지 마십시오. 그 목표에 초점을 맞추십시오. 그리고 최선을 다하십시오. 하나님은 기필코 하나님의 뜻을 이루고야 마십니다. 가슴에 꿈을 품고, 시련 중에도 준비하십시오. 시련 중에도 전진하십시오. 시련 중에도 형통하시길 바랍니다. 하나님이 바로 당신 곁에 계십니다.

# 4 유혹의
## 덫을
## 피하라

그 후에 그 주인의 처가 요셉에게 눈짓하다가 동침하기를 청하니 요
셉이 거절하며 … 이에 요셉의 주인이 그를 잡아 옥에 넣으니 그 옥
은 왕의 죄수를 가두는 곳이었더라 요셉이 옥에 갇혔으나 여호와께
서 요셉과 함께 하시고 … (창 39:7-23).

한 사람이 갖고 있는 꿈은 그의 생명과 같습니다. 그 꿈은 그의
미래입니다. 그 꿈은 그의 인격을 결정합니다. 그 꿈은 그 사
람의 인생의 크기를 결정합니다. 그 꿈은 인생의 방향을 결정합니다.
그러므로 한 사람 안에 꿈틀거리는 꿈을 보면 그 사람의 내일을 알
수 있습니다. 꿈의 크기가 중요합니다. 그렇지만 꿈의 성격 또한 중
요합니다. 꿈의 성격이 한 사람에게 끼치는 영향력이 엄청나기 때문
입니다.

## 유혹은 계절마다 다른 모습으로 찾아온다

그런데 꿈꾸는 사람에게 가장 혹독한 시험이 있습니다. 그것은 고난이 아닙니다. 견디기 어려운 시련도 아닙니다. 고통스러운 질병이나 실패의 순간도 아닙니다. 꿈꾸는 사람에게 가장 무서운 시험은 바로 유혹입니다. 시련을 견디는 사람들도 유혹 앞에 쓰러지는 경우가 수없이 많습니다.

인간은 역경의 순간이 아니라 번영의 순간에 약합니다. 토마스 칼라일은 "역경은 인간으로서 견뎌 내기 힘든 상대이다. 그러나 역경을 견뎌 내는 사람이 백 명이라면, 번영을 견뎌 낼 수 있는 사람은 한 사람에 불과하다"라고 말했습니다. 그만큼 유혹 앞에 넘어지기 쉽다는 것을 표현해 준 말입니다. 인간은 인정받기 위해서 최선을 다하는 반면, 인정받은 후 찾아오는 유혹 앞에는 약합니다.

요셉에게 찾아온 혹독한 시험은 바로 보디발의 아내의 유혹이었습니다. 오스카 와일드는 "나는 유혹을 빼놓고는 모든 것을 이길 수 있다"라고 말했습니다. 이처럼 유혹은 무섭습니다.

또한 유혹은 한 순간 극복했다고 끝나는 것이 아닙니다. 유혹은 인생의 계절마다 다른 모습으로 찾아옵니다. 보통 20대와 30대의 젊은 날에 찾아오는 유혹은 성적인 유혹입니다. 40대에 찾아오는 유혹은 명예라는 유혹입니다. 성취를 통해서 명예를 얻고 싶어하는 유혹입니다. 50대 이후에 찾아오는 유혹은 물질입니다. 인생의 마지막을 안전하게 보내고 싶은 욕구 때문에 이런 유혹에 부딪히게 되는 것입니다.

꿈이 있는 사람에게 찾아오는 유혹의 손길은 사탄의 마수입니다. 왜냐하면 그에게는 그를 통해서 이루게 될 하나님의 위대한 계획이 있기 때문입니다. 꿈꾸는 한 사람은 마치 원자력 발전소와 같습니다.

그에게는 엄청난 가능성이 있습니다. 원자력이 폭발하는 것과 같은 엄청난 위력이 있습니다.

1986년 4월 26일에 구 소련 체르노빌원전 폭발 사고가 있었습니다. 키예프시(현 우크라이나 수도) 북부 피리파티시에 있는 체르노빌원전의 제4원자로에서 갑자기 열출력이 상승하면서 일어난 사건이었습니다.

1995년 유엔 보고서에 따르면 이 사고 피폭자는 약 80만 명으로 추정되며 오염 지역은 총 16만km에 이르렀다고 합니다. 또 러시아와 우크라이나에 약 40만 명의 난민이 발생했으며 900만 명 이상이 직간접적으로 피해를 당한 것으로 집계되었습니다. 특히 벨로루시의 경우 전국토의 3분의 1이 오염되어 사태 수습에만 국가 예산의 20퍼센트를 쏟아 부은 것으로 나타났습니다. 이 원자력 폭발 사고로 피해를 입은 주토미르주에서는 머리가 두 개 달린 염소나 다리가 여덟 개인 망아지 등, 이상 가축에 대한 보고가 이 사건 발생 2년 만에 2,000여 건이나 되었습니다. 신생아의 기형아 발생률은 사고 전에 비해 2.5배나 늘어났습니다.

원자력 발전소는 엄청난 파워를 가지고 있지만 이것이 잘못 폭발되었을 때는 엄청난 피해를 줄 수 있습니다. 힘이 조절되고 통제될 때 그것은 생산적으로 나타나지만, 통제되지 않고 방치되거나 폭발해 버릴 때 무서운 결과를 가져오는 것입니다.

이 사건에서 배울 수 있는 중요한 메시지는, 훌륭한 꿈을 가진 사람은 원자력 발전소와 같다는 것입니다. 그렇기 때문에 집요하게 공격하는 유혹을 잘 이길 수 있는 저력을 키워야 합니다. 우리가 인생에서 참으로 승리하기 위해서는 유혹을 정복하는 비결을 배워야 합니다.

유혹을 정복하는 길은 두 가지입니다. 유혹의 성격에 따라, 싸우고 정복해야 할 것이 있고 피해야 할 것이 있습니다. 요셉에게 찾아온 유혹은 싸우거나 정복해야 할 유혹이 아니라 피해야 할 유혹이었습니다. 그런데 요셉은 어떻게 이런 유혹을 극복할 수 있었습니까?

> 꿈꾸는 사람에게 가장 무서운 시험은 바로 유혹입니다.
> 인간은 역경의 순간이 아니라 번영의 순간에 약합니다.

## 하나님의 꿈을 가진 자는 유혹을 극복할 수 있다

요셉에게 찾아온 유혹은 쉽게 극복할 수 있는 것이 아니었습니다. 7절을 보십시오.

그 후에 그 주인의 처가 요셉에게 눈짓하다가 동침하기를 청하니.

보디발의 아내가 요셉에게 눈짓을 해왔습니다. 여인의 다정하고 매혹적인 눈짓이 요셉을 괴롭혔습니다. 이 여인의 마음도 어느 정도 이해는 할 수 있습니다. 요셉이 너무나 잘 생겼기 때문입니다. 39장 6절을 보면 "주인이 그 소유를 다 요셉의 손에 위임하고 자기 식료 외에는 간섭하지 아니하였더라 요셉은 용모가 준수하고 아담하였더라"고 말씀합니다.

요셉은 비록 노예로 팔려 왔지만 유능했습니다. 보디발의 신임을 받을 만큼 탁월했습니다. 거기에다가 보통 사람과 다른 거룩함이 있었습니다. 그것이 이 여인의 마음을 설레게 했습니다. 다른 노예들이 그녀에게 와서 아첨하고 주위를 맴돌 때에도 요셉에게는 전혀 그런 모습이 없었습니다. 그녀는 자기 일에 최선을 다하고 있는 그의 모습에서 더욱 매력을 느꼈습니다. 요셉에게는 내적인 아름다움이 있었을 뿐만 아니라 외적인 용모 또한 준수했습니다. 리처드 범브란트 목사님이 쓴 「저 높은 곳을 향하여」(줄과추)에서는, 유대의 「세퍼 이에라밀」이라는 책에 나오는 요셉에 관한 이야기를 다음과 같이 소개합니다.

이집트의 내로라 하는 귀부인들이 이 잘 생긴 히브리 청년의 소문을 듣고 그를 직접 보기 위하여 보디발의 집으로 갔다. 보디발 부인은 손님들에게 각각 사과 한 개와 사과를 깎을 칼을 한 자루씩 주었다. 요셉이 그들의 시중을 들기 위하여 방으로 들어섰을 때, 그의 모습에 반한 귀부인들은 모두 정신이 팔려 손가락을 칼에 베이고 말았다. 그러자 보디발 부인이 그들에게 말하였다. "당신들은 그를 한 순간만 보고도 매혹당하지 않으셨습니까? 이제 당신들은, 그를 매일같이 보는 내가 어째서 이토록 정열로 불타오르고 있는지 이해하실 수 있을 것입니다."

이렇게 잘 생기고 매혹적인 요셉, 애굽의 귀부인들이 모두 정신이 팔려 손가락을 칼에 베일 만큼 준수한 요셉에게 찾아온 이 유혹은 결코 쉬운 것이 아니었습니다. 이 여인이 한 번만 유혹한 것이 아닙니다. 10절을 보십시오.

여인이 날마다 요셉에게 청하였으나 요셉이 듣지 아니하여 동침하지 아니할 뿐더러 함께 있지도 아니하니라.

한 번의 유혹이 아닙니다. 여인이 날마다 요셉에게 청했던 것입니다. 그런데 더욱 결정적인 날이 왔습니다. 11-12절을 보십시오.

그러할 때에 요셉이 시무하러 그 집에 들어갔더니 그 집 사람은 하나도 거기 없었더라 그 여인이 그 옷을 잡고 가로되 나와 동침하자 요셉이 자기 옷을 그 손에 버리고 도망하여 나가매.

가장 무서운 유혹의 날은 그 집에 아무도 없을 때 찾아왔습니다. 그 날 보디발의 아내는 소극적이 아니라 적극적으로 요셉을 붙잡았습니다. 그 격렬한 유혹을 어떻게 이길 수가 있었을까요? 이런 유혹을 극복하는 것이 요셉에게 쉬웠을 것이라고 생각하지는 마십시오.

요셉은 젊고 성욕이 왕성한 나이입니다. 인간이 가진 욕망 가운데 성적 욕망보다 강한 것이 없습니다. 더군다나 지금은 아무도 보는 사람이 없다는 것입니다. 그리고 이것은 자기의 지속적인 출세와 밀접한 관계가 있었습니다. 이 여인에게 잘못 보이면 앞으로의 진로가 어떻게 될지 예측할 수 없는 일입니다. 이 여인의 부탁을 거절할 경우에는 그의 미래가 아득할 수도 있습니다. 아름다운 연상의 여인의 따뜻함과 매력은 과히 고통스러우리만큼 요셉을 괴롭혔을 것입니다. 그 당시 상황에서 주인집 여인들의 성적인 타락상을 보았을 때, 이것은 너무나 평범한 유혹 중에 하나였을 수도 있습니다.

또한 이 여인의 경우에 동정이 가는 부분도 있습니다. 왕성한 성적인 충동을 느끼는 아내를 두고 보디발이 자주 집을 비운다는 것입니다. 인간적으로 요셉에게 이 여인은 동정의 대상이 될 수도 있습니다. 주인이 소홀히 하는 여인에 대한 어떤 책임감마저 느낄 수 있었는지도 모릅니다. 이것은 영화에 나오는 어떤 이야기와 흡사한 내용일 수 있다는 것입니다.

## 꿈은 곧 사명이다

그런데 무엇이 요셉으로 하여금 이런 유혹을 이기게 만들었습니까? 그것은 그가 가진 꿈 때문입니다. 그의 꿈은 단순히 세상에서 출세하고 성공하는 것이 아니었습니다. 그의 꿈은 그의 사명이었습니다. 그의 사명은 자신만을 위한 것이 아니라 온 가족과 그 당시 전세계를 구원해야 할 꿈이었습니다. 한 순간의 정욕에 자신을 내어 던질 수 없는 엄청난 꿈이었습니다.

요셉은 그 꿈을 보았습니다. 하루에도 몇 번씩 그 꿈을 생각했습니다. 그 꿈이 그를 사로잡았습니다. 그 꿈의 힘이 한 여인의 유혹보다 더 강렬했습니다. 하나님의 꿈을 이루어야 한다는 강한 열망이 이 여인의 유혹을 단호히 뿌리치게 할 수가 있었습니다.

예수님이 40일을 금식하시고 굶주리셨을 때 돌로 떡을 만들어 먹으라고 하는 사탄의 유혹을 어떻게 이기실 수가 있었습니까? 그것은 바로 예수님이 가지신 선명한 꿈 때문이었습니다. 예수님이 가지신 사명 때문이었습니다. 인류를 구원하시기 위한 십자가와 부활의 꿈이었습니다. 자신의 실패는 자신만의 실패가 아니라 전인류의 실패가 될 수 있다는 사실을 주님은 아셨던 것입니다.

유혹을 이길 수 있는 것은 유혹보다 강렬한 하나님의 꿈을 갖는 것입니다. 자신만이 아니라 모든 사람을 유익하게 할 수 있는 꿈을 갖는 것입니다. 우리 자녀들에게 유혹을 이기는 길을 가르쳐 주려면 먼저 꿈을 심어 주어야 합니다.

모세의 가슴에 그의 어머니 요게벳은 꿈을 심어 주었습니다. 그래서 모세는 애굽의 궁전에서도 자신의 몸을 방종과 타락에 내어 던지지 않았습니다. 모세에게도 무수히 많은 유혹들이 있었을 것입니다. 그러나 그가 말과 행사가 능한 인물로 애굽의 모든 학문을 익혔다는 것은 그가 값싼 쾌락에 자신을 방치시키지 않았다는 것입니다.

잠언 29장 18절에는 "묵시가 없으면 백성이 방자히 행하거니와 율법을 지키는 자는 복이 있느니라"고 말씀합니다. 묵시라는 말은 비전이라는 말입니다. 비전이 없고, 꿈이 없으면 사람들이 방자히 행한다는 것입니다. 방자히 행한다는 말은 "망할 짓을 골라서 하거니와"라는 뜻입니다. 비전이 없는 사람들은 '마땅히 해야' 할 일을 찾아 하는 것이 아니라 '망할 짓'을 골라서 한다는 말입니다. 그래서 한 민족, 한 백성이 망하고 흥함은 비전이 있느냐 없느냐에 따라 결정되는 것입니다.

> 유혹을 이길 수 있는 것은 유혹보다 강력한 하나님의 꿈을 갖는 것입니다. 자신만이 아니라 모든 사람을 유익하게 할 수 있는 꿈을 갖는 것입니다.

## 시시한 쾌락에 넘어가지 말라

사람이 크다는 것은 꿈이 크다는 것입니다. 또한 그 꿈이 올바르다는 것입니다. 꿈이 큰 사람들은 자신을 지킬 줄 압니다. 시시한 쾌락에 자신을 맡기지 않습니다. 시시한 쾌락만큼 인간을 작게 만드는 것은 없습니다.

모세도, 요셉도 인간을 작게 만드는 시시한 쾌락에 넘어가지 않았습니다. 그것은 그들 안에 성적 욕망이 없어서가 아닙니다. 그 욕망을 넘어설 수 있는 큰 꿈이 있었기 때문입니다. 큰 꿈을 갖기를 거절하는 사람들은 그의 삶의 모습 속에서 무절제하게 자신을 방치하곤 합니다.

하나님이 주신 꿈을 소유하십시오. 위대한 야망을 가지십시오. 하나님께 그 꿈을 받으십시오. 처음에는 우리가 꿈을 꾸는 것 같지만 결국은 그 꿈이 우리를 만들어 나가는 것입니다.

● ● ●

## 올바른 선택과 결단이 유혹을 극복할 수 있게 한다

요셉은 유혹에 대한 분별력이 있는 지혜로운 사람이었습니다. 유혹에는 두 종류의 유혹이 있습니다. 하나는 싸워서 이겨야 할 유혹이 있고, 또 하나는 피해야 할 유혹이 있습니다. 대부분의 유혹은 싸워야 하고 정복해야 합니다. 탐욕을 타고 찾아오는 유혹들이나 물질과 명예와 권세와 같은 유혹들은 싸워야 합니다.

그러나 피해야 할 유혹은 성적인 유혹입니다. 성경은 이 점에 대해서 명백하게 선을 그어 줍니다. 고린도전서 6장 18절에는 "음행을 피하라 사람이 범하는 죄마다 몸 밖에 있거니와 음행하는 자는 자기 몸에게 죄를 범하느니라"고 말씀합니다. 그 이유를 고린도전서 6장 19절에서는 "너희 몸은 너희가 하나님께로부터 받은바 너희 가운데 계신 성령의 전인 줄을 알지 못하느냐 너희는 너희의 것이 아니라"고 말씀합니다.

바울이 사랑하는 영의 아들 디모데에게 쓴 편지에도 같은 권면을 합니다. 디모데후서 2장 22절에서 "또한 네가 청년의 정욕을 피하고 주를 깨끗한 마음으로 부르는 자들과 함께 의와 믿음과 사랑과 화평을 좇으라"고 말씀하고 있습니다. 청년의 정욕을 싸우라고 권면한 것이 아니라 청년의 정욕을 피하라고 권면하고 있습니다.

요셉은 자기에게 찾아온 유혹이 싸워야 할 것이 아니라 피해야 할 것임을 알았습니다.

## 유혹을 보는 것과 듣는 것을 피하라

요셉은 보는 것과 듣는 것을 피함으로 유혹을 극복했습니다. 본문 7절에서 여인이 요셉에게 눈짓을 했습니다. 눈은 마음의 창입니다. 사람은 언어의 대화보다 눈의 대화를 더 많이 합니다. 모든 유혹은 보는 데서 출발하게 됩니다. 유혹을 이기는 길은 보는 것을 주의하고 선택하는 것입니다.

다윗의 잘못도 우리아의 아내가 목욕한 것을 보는 데서 시작되었습니다. 그런데 요셉은 보디발의 아내의 눈빛을 피할 줄 아는 지혜가 있었습니다. 요셉은 그 여인의 눈길 대신에 하나님의 눈길을 의식했고 자신의 눈을 하나님의 눈에 고정시켰습니다. 9절을 보십시오.

이 집에는 나보다 큰 이가 없으며 주인이 아무것도 내게 금하지 아니하였어도 금한 것은 당신뿐이니 당신은 자기 아내임이라 그런즉 내가 어찌 이 큰 악을 행하여 하나님께 득죄하리이까.

요셉은 하나님의 임재 가운데 산 사람입니다. 하나님 앞에 살고 있다는 거룩한 영적 훈련을 쌓았던 사람입니다. 요셉은 유혹하는 여인을 보지 않았을 뿐만 아니라 그의 말을 듣지도 않았습니다. 10절을 보십시오.

여인이 날마다 요셉에게 청하였으나 요셉이 듣지 아니하여 동침하지 아니할 뿐더러 함께 있지도 아니하니라.

요셉은, 인간의 유혹이 보는 것과 듣는 것을 통해서 들어온다는 사실을 알았던 지혜로운 사람이었습니다.

## 성적인 유혹을 받는 생각을 피하라

요셉은 자신의 생각을 정복함으로 유혹을 피했습니다. 보이는 것 자체를 어찌할 수 없을 때가 있습니다. 눈에 보이고 귀에 들리는 것을 어떻게 하겠습니까? 인간의 성욕 자체도 죄는 아닙니다. 하나님이 세우신 가정에서 건전한 부부간의 성은 하나님의 선물입니다. 그러나 그것이 집 밖으로 넘어갈 때 문제가 됩니다.

성욕 자체가 문제가 아니라 그것을 어떻게 다스리느냐가 문제입니다. 어떤 범죄든지 한 순간에 이루어지는 것은 없습니다. 성적인 범죄가 한 순간에 이루어질 수 있는 위험이 있기도 하지만 사실은 생각의 씨앗을 미리 심었기 때문이기도 합니다. 그런데 요셉은 그 생각을 단호하게 거절했습니다.

생각의 중요성과 위력을 아시는 주님은 마태복음 5장 27-28절에서 "또 간음치 말라 하였다는 것을 너희가 들었으나 나는 너희에게 이르노니 여자를 보고 음욕을 품는 자마다 마음에 이미 간음하였느니라"고 말씀하셨습니다.

더러운 생각의 씨앗을 가슴에 품지 마십시오. 악한 생각을 빨리 없애야 합니다. 이솝은 "악의 씨앗을 없애지 않으면 그것은 당신이 파멸에 이를 때까지 자랄 것이다"라고 말했습니다.

우리의 생각을 검열해서 잘못된 씨앗들을 뽑아 내지 않으면 그 생각은 무서운 힘을 가지고 우리를 공격하게 될 것입니다. 생각은 스스로 연출하고 그 연출한 것을 행동으로 옮기고자 하는 무서운 힘이 있다는 것을 기억하십시오. 요셉은 성적인 생각을 피하고 하나님이 주신 꿈을 생각했습니다. 하나님을 생각했습니다.

## 유혹의 장소를 피하라

본문 10절을 보면 "여인이 날마다 요셉에게 청하였으나 요셉이 듣지 아니하여 동침하지 아니할 뿐더러 함께 있지도 아니하니라"고 말씀합니다. 또 12절을 보십시오.

그 여인이 그 옷을 잡고 가로되 나와 동침하자 요셉이 자기 옷을 그 손에 버리고 도망하여 나가매.

요셉은 이 여인과 함께 있는 것도 거부했습니다. 자기 옷을 버리고 도망하였습니다. 성적인 유혹은 싸워서는 이길 수가 없습니다. 너무나 강렬하기 때문에 피해야 합니다. 도망가야 합니다. 기도를 부탁하지 마십시오. 성적인 유혹 앞에 있다면 기도로도 안됩니다.

주님이 주기도문에서 가르쳐 주신 것처럼 우리가 유혹에 들기 전에 기도해야 합니다. 그러나 일단 성적인 유혹을 받고 있다면 기도하지 마십시오. 기도보다는 도망가는 것이 훨씬 지혜롭습니다. 철저하게 피해야 합니다.

다윗이 밧세바의 유혹을 받고 그와 동침하던 날에 기도했겠습니까? 안 했겠습니까? 고든 맥도날드는 다윗이 분명히 기도했을 것이라고 합니다. 기도하고, 전도하고, 큐티를 하면서도 이런 유혹에 빠질 수 있다는 사실을 우리는 겸허하게 인정해야 합니다. 유혹의 문제에 관한 한 성자가 따로 없습니다. 오직 한 가지 길만 있습니다. 피하는 것입니다.

최근에 김남준 목사님이 쓴 「목회자의 아내가 살아야 교회가 산다」(도서출판 두란노, 231-232쪽)에서는, 1995년 「미니스트리즈 투데이(*Ministries Today*)」 3/4월호에 실린 마이크 펠라우어(Mike Felauer)의 수기를 소개하고 있습니다. 이분은 섹스 중독증에 걸렸다가 회복된 목회자로서, 그가 악마적인 타락에 들어서게 된 시작을 이렇게 기록하고 있습니다. 그의 비극은 아주 작은 자극으로부터 출발하였습니다.

새로운 자리에서 목회자로서 감당해야 할 수많은 책임들을 수행하면서 우리 부부는 활기 넘치는 삶을 살고 있었다. 나는 앞뜰의 쓰레기더미를 곧 치워야겠다고 생각했다. 내가 처음으로 쓰레기를 처리하려고 나선 것은 어느 토요일 아침이었다. … 나는 앞뜰에서 사람들이 함부로 버린 맥주병들을 치우고 있었는데, 우연히 길가에 책 한 권이 떨어져 있는 것을 보게 되었다. 호기심을 느낀 나는 그 책을 집어 들고 훑어보기 시작하였다. 조금만 훔쳐보아도 그 책이 포르노 서적인 것을 쉽게 알 수 있었다. 지저분한 사진들은 없었지만 포르노적인 이야기들을 모아 놓은 책이었는데, 그 내용들이 나의 머리 속에서 순식간에 성적인 이미지로 뚜렷하게 새겨졌다. … 한두 주간이 지난 후 그 이미지들이 다시 나의 머리 속에 맹렬하게 떠오르기 시작했다. … 결국 얼마 지나지 않아 나는 포르노 잡지와 비디오의 세계에 빠져 들고야 말았다. … 투쟁하고는 있었지만, 나의 의지력은 점점 더 패퇴하고 있다는 것을 느낄 수 있었다. … 시간이 지날수록 더 강한 자극을 추구하게 되었다. 그러면서 나는 안마 시술소에 출입하게 되었다. 처음에는 겁이 나서 두세 번 갔다가 가격과 예약하는 방법만 물어 보고 나왔다. … 그러나 오래지 않아 나는 예약을 했고 간음죄를 범하고 말았다. 안마 시술소에서의 이 첫 경험은 죄악의 강으로 나아가는 수문을 열어 준 셈이 되었다.

성적 유혹의 문제에서는 목회자도 예외일 수 없다는 교훈입니다. 이것에 관해서는 누구도 스스로를 신뢰할 수 없다고 생각합니다. 철저히 하나님을 의지하고 하나님의 눈길을 의식하면서 매일 매일 살아가야 합니다. 그렇지 않는 한 승리는 쉽게 보장될 수 없다는 것입니다.

## 미리 선택하고 결단하라

요셉이 단호하게 유혹을 물리칠 수 있었던 것은 그가 평소에 그렇게 살기로 선택하고 결단했기 때문입니다. 그는 성적인 범죄가 하나님 앞에서 얼마나 무서운 것인지 알았습니다. 죄가 하나님 앞에서 가공할 만하다는 것을 알았습니다.

요셉은 애굽 사람의 문화에 따라 죄를 평가하지 않았습니다. 하나님의 입장에서 죄를 보았습니다. 9절 말씀을 다시 보십시오.

이 집에는 나보다 큰 이가 없으며 주인이 아무것도 내게 금하지 아니하였어도 금한 것은 당신뿐이니 당신은 자기 아내임이라 그런즉 내가 어찌 이 큰 악을 행하여 하나님께 득죄하리이까.

요셉은 그의 주인에게 의리가 있는 사람이었습니다. 주인의 은혜를 잊지 않았습니다. 또한 요셉은 하나님께 의리가 있는 사람이었습니다. 하나님의 은혜를 잊지 않았습니다. 요셉은 그의 범죄가 하나님 앞에 큰 악임을 알았습니다. 사람들의 평가나 기준보다는 하나님의 평가와 기준을 따라 살았습니다. 잠언 14장 12절에서 "어떤 길은 사람의 보기에 바르나 필경은 사망의 길이니라"고 말씀하고 있습니다. 사람의 보기에 바른 것처럼 보이는 유혹을 그는 극복했습니다.

헌신이라는 것은 뜻을 정하는 것입니다. 다니엘과 세 친구가 그랬습니다. 뜻을 정하고 왕의 진미를 먹지 않기로 했습니다. 우상의 제물에 자신의 몸을 더럽히지 않기로 했습니다. 헌신의 결과로 오는 어떤 대가라도 지불하기로 결정하고 그럴 준비가 되어 있었습니다. 그것은 죄악의 결과가 가져다 줄 미래를 전망할 줄 알았기 때문입니다.

헌신된 사람은 사람을 두려워하기보다는 하나님을 두려워합니다. 요셉은 보디발의 아내를 두려워하지 않았습니다. 다니엘과 세 친구도 왕들과 그 나라 방백들의 모함을 두려워하지 않았습니다. 다만 하나님을 경외했습니다. 그 결과는 승리요 축복이었습니다. 잠언 29장 25절에서는 "사람을 두려워하면 올무에 걸리게 되거니와 여호와를 의지하는 자는 안전하리라"고 말씀합니다.

요셉은 보디발의 아내의 손에 빠지는 것보다는 하나님의 손에 빠지는 것이 더욱 좋은 것임을 알았습니다. 13-20절을 보십시오.

그가 요셉이 그 옷을 자기 손에 버려두고 도망하여 나감을 보고 집 사람들을 불러서 그들에게 이르되 보라 주인이 히브리 사람을 우리에게 데려다가 우리를 희롱하게 하도다 그가 나를 겁간코자 내게로 들어오기로 내가 크게 소리질렀더니 그가 나의 소리질러 부름을 듣고 그 옷을 내게 버려 두고 도망하여 나갔느니라 하고 그 옷을 곁에 두고 자기 주인이 집으로 돌아오기를 기다려 이 말로 그에게 고하여 가로되 당신이 우리에게 데려온 히브리 종이 나를 희롱코자 내게로 들어왔기로 내가 소리질러 불렀더니 그가 그 옷을 내게 버려 두고 도망하여 나갔나이다 주인이 그 아내가 자기에게 고하기를 당신의 종이 내게 이같이 행하였다 함을 듣고 심히 노한지라 이에 요셉의 주인이 그를 잡아 옥에 넣으니 그 옥은 왕의 죄수를 가두는 곳이었더라 요셉이 옥에 갇혔으나.

## 옷을 잃는 것이 양심을 잃는 것보다 낫다

요셉이 유혹을 거절한 결과로 오해를 받고 감옥에 들어가게 되었습니다. 요셉은 어려운 길을 선택했습니다. 죄악에 빠지기보다는 하나님께 빠지기를 원했습니다. 요셉은 외투 한 벌을 잃는 것이 그의 꿈을 잃는 것보다 나은 것임을 알았습니다. 요셉은 두 번째 옷을 빼앗겼습니다. 요셉의 선택은 잘한 것이었습니다. 매튜 헨리는 "선한 양심을 잃는 것보다 좋은 옷 한 벌을 잃는 것이 낫다"라고 말했습니다. 그러나 그의 순결에 대한 대가는 무엇이었습니까? 투옥이었습니다.

그는 평소에 유혹이 오기 전부터 그의 삶의 방식을 선택한 사람이었습니다. 그리고 그의 삶의 가치 기준에 따라 산 사람이었습니다. 중요한 것은 이것입니다. 우리가 어떤 삶의 방식을 선택하며 살고 있느냐 하는 것입니다. 우리에게는 넘어서는 안될 선이 있습니다. 사람들을 그리스도 안에서 순수하게 형제와 자매와 같이 사랑하고 존경할 수 있습니다. 그러나 그것이 유혹의 대상이 되어서는 절대로 안됩니다.

하루아침에 살이 찔 수는 없습니다. 하루아침에 살이 빠질 수도 없습니다. 로마는 하루아침에 세워진 것도 아니고 하루아침에 망한 것

도 아닙니다. 가장 무서운 붕괴는 우리 밖에서 오기 전에 우리 안에서
부터 시작된다는 것을 알아야 합니다. 행동으로 나타나기 전에 생각
에서부터 시작됩니다. 상대방이나 환경을 탓하지 마십시오. 어떤 사
람은 잘못해 놓고 귀신이 흘려서 그랬다고 말하는 사람도 있습니다.
사탄의 유혹이 집요하지만 그것을 받아들였다면 그 죄에 대한 책임은
자신이 져야 합니다.

요셉의 승리는 자기와의 싸움에서의 승리입니다. 유혹을 이기기 전
에 자신을 이겼습니다. 자신을 정복했습니다. 그는 애굽을 정복하기
전에 자신을 정복했던 사람입니다.

● ○ ●

## 하나님께서 꿈꾸는 요셉을 유혹으로부터 지켜 주셨다

요셉이 어떻게 보디발의 아내의 유혹을 이길 수가 있었을까요? 가
장 소중한 비결은 하나님이 그와 함께 하셨기 때문입니다. 많은 것으
로 설명할 수 있습니다만 우리가 겸손하게 받아들여야 할 사실은, 하
나님의 은혜로 승리할 수 있다는 사실입니다.

요셉은 유혹의 현장에 홀로 서야 했습니다. 그의 곁에서 그를 도와
주고 방향을 잡아 줄 사람은 없었습니다. 그런데 하나님이 그의 곁에
계셨습니다. 하나님이 그와 동행하셨습니다. 39장 2절에는 "여호와께
서 요셉과 함께 하시므로 그가 형통한 자가 되어 그 주인 애굽 사람의
집에 있으니"라고 말씀합니다.

41장 38절에서는 바로가 요셉에 대해서 이렇게 말하고 있습니다.
"바로가 그 신하들에게 이르되 이와 같이 하나님의 신이 감동한 사람

을 우리가 어찌 얻을 수 있으리요 하
고." 하나님의 성령의 감동을 따라
요셉은 살았습니다.

하나님이 요셉과 함께 하셨을 뿐
만 아니라 요셉도 하나님과 동행했습
니다. 이것이 승리의 비결입니다. 요
셉은 정욕을 좇아 행한 것이 아니라
성령을 좇아 행했습니다. 갈라디아서

> 하나님이 요셉과 함께
> 하셨을 뿐만 아니라
> 요셉도 하나님과 동행했습니다.
> 이것이 승리의 비결입니다.

5장 16절에서는 "내가 이르노니 너희는 성령을 좇아 행하라 그리하면
육체의 욕심을 이루지 아니하리라"고 말씀합니다. 요셉은 성령님의
감동 속에 살기를 자원했습니다.

성령님께서 도우실 때 우리는 하나님을 경외할 수가 있습니다. 이
사야 11장 2절에는 성령님을 가리켜 "여호와를 경외하는 신"이라고
말씀합니다. 요셉은 하나님을 경외했습니다. 하나님을 두려워했습니
다. 하나님의 눈길을 의식하며 살았습니다. 이렇게 하나님을 경외하
는 사람을 향한 약속이 시편 34편 7절에 나옵니다. "여호와의 사자가
주를 경외하는 자를 둘러 진 치고 저희를 건지시는도다."

요셉은 자신의 지혜를 의지하지 않았습니다. 세상의 모든 지식과
경험을 의지한다 할지라도, 하나님을 의지하고 하나님을 경외하는 것
을 따라갈 수가 없습니다. 그래서 우리는 겸손해야 합니다. 잠언 3장
5-7절의 말씀에서 하나님은 "너는 마음을 다하여 여호와를 의뢰하고
네 명철을 의지하지 말라 너는 범사에 그를 인정하라 그리하면 네 길
을 지도하시리라 스스로 지혜롭게 여기지 말지어다 여호와를 경외하
며 악에서 떠날지어다"라고 말씀합니다.

우리의 지혜나 명철을 의지해서는 안됩니다. 전에 유혹을 잘 이겼

기 때문에 이제는 괜찮다고 하는 방심은 금물입니다. 사탄은 우는 사자와 같이 믿는 자를 삼키려고 합니다. 유혹은 단순히 성적인 유혹만이 아닙니다. 물질일 수도 있고, 명예일 수도 있습니다. 어떤 것이든 올무가 되지 않도록 해야 합니다.

## 잘 알고 있다는 것이 바르게 살 수 있다는 것은 아니다

잘 알고 있다는 것과 그렇게 살 수 있다는 것은 다른 이야기입니다. 항상 깨어서 기도하고 성령님 안에서 기도해야 합니다. 하나님이 우리에게 주신 꿈은 우리 자신들만의 꿈이 아닙니다. 그것은 내 가족과 우리 교회와 국가와 민족, 그리고 이 세계에 기여해야 할 꿈이라는 사실을 기억해야 합니다.

하나님이 주신 꿈을 항상 생각합시다. 꿈이 우리를 사로잡도록 꿈꾸는 시간을 매일 갖도록 합시다. 항상 깨어 하나님께 기도합시다. 사탄의 유혹을 이길 수 있도록 하나님의 전신갑주를 매일 매일 입도록 합시다. 말씀 묵상을 통해서 생각을 무장하고 마음을 무장합시다. 성경은 모든 것이 기도와 말씀으로 거룩하여진다고 말씀합니다.

도색 잡지와 포르노 비디오와 도박에 빠져 있는 분이 있습니까? 그 습관을 버리십시오. 가까이 가지 마십시오. 성령님의 도우심을 따라 보는 것과 듣는 것과 생각하는 것을 훈련하도록 하십시오.

하나님은 당신을 사랑하십니다. 그리고 하나님은 당신을 향한 놀라운 계획을 가지고 계십니다. 하나님은 당신을 귀한 그릇으로 사용하기 원하십니다.

하나님 앞에 깨끗하게 쓰임받는 그릇이 되도록 하십시오. 당신의 의지와 노력과 결단만으로 부족합니다. 요셉처럼 하나님을 의지하십

시오. 하나님과 동행하십시오. 요셉처럼 성령님의 감동을 받아 사십
시오. 하나님의 은혜로 승리하시길 바랍니다.

# 5 꿈꾸는 자는 훈련을 통해 준비된다

그 후에 애굽 왕의 술 맡은 자와 떡 굽는 자가 그 주 애굽 왕에게 범죄한지라 … 그들을 시위대장의 집 안에 있는 옥에 가두니 곧 요셉의 갇힌 곳이라 … 요셉이 그들에게 해석함과 같이 되었으나 술 맡은 관원장이 요셉을 기억지 않고 잊었더라(창 40:1-23).

## 세상을 정복하기 전에 자신을 정복하라

꿈꾸는 사람은 자신을 이길 줄 알아야 합니다. 환경을 정복하기 전에 자신을 정복할 줄 알아야 합니다. 가장 무서운 싸움은 언제나 내면에 있습니다. 꿈꾸는 사람에게는 때로 혹독한 시련이 찾아옵니다. 그러므로 시련을 극복할 수 있는 지혜와 힘이 필요합니다. 꿈꾸는 사람도 좌절을 경험합니다. 꿈꾸는 자에게 찾아오는 가장 혹독한 시련은 좌절감입니다. 꿈꾸는 사람 요셉도 여러 번 꿈이 좌절되는 경험을 했습니다. 그러나 요셉의 위대함은 좌절할 수밖에 없는 환경 속에서도 좌절하지 않은 것입니다. 꿈꾸는 사람은 좌절감을 이길 수 있어야 합니다.

요셉의 훌륭함은 극기할 줄 알았다는 것입니다. 그럴지라도 그가 통과한 시련은 결코 쉬운 것이 아니었습니다. 요셉은 시련을 통해 미래를 준비했습니다. 그 시련은 하나님이 예비하신 거룩한 손길이었습니다. 하나님은 시련을 통해서 요셉을 준비시키셨습니다.

39장에서 우리는 요셉이 보디발의 아내의 유혹을 어떻게 극복했는지 보았습니다. 그런데 우리의 의문은 여기에 있습니다. 견디기 어려운 유혹을 극복한 결과로 요셉을 기다리고 있었던 것은 무엇이었습니까? 그것은 감옥이었습니다.

여인들은 무섭습니다. 보디발의 아내가 요셉에게 거절을 당한 후에 그녀의 사랑은 미움과 분노와 보복으로 바뀌고 말았습니다. 윌리엄 컨그리브는 "미움으로 변한 사랑만한 사나움이 하늘에는 없고, 무시당한 여자의 분노만한 격분이 지옥에는 없네"라고 말했습니다. 무시당한 여자의 분노만한 격분이 지옥에 없다는 컨그리이브의 말이 보디발의 아내에게 나타났습니다. 이 여인의 분노는 그 남편의 분노를 일으키기에 충분했습니다. 그 결과 다시 한 번 요셉이 버림받는 비극을 맞이합니다.

39장 19-20절을 보면 "주인이 그 아내가 자기에게 고하기를 당신의 종이 내게 이같이 행하였다 하는 말을 듣고 심히 노한지라 이에 요셉의 주인이 그를 잡아 옥에 넣으니 그 옥은 왕의 죄수를 가두는 곳이었더라 요셉이 옥에 갇혔으나"라고 말씀하고 있습니다. 요셉의 외투를 손에 쥔 보디발의 아내의 분노와 보디발의 분노는 요셉을 감옥에 던지기에 충분했습니다.

### 선한 양심 하나만을 가지고 더 깊은 감옥으로

요셉은 그의 두 번째 옷도 잃어버렸습니다. 그가 즐겨 입던 채색 옷을 형제들에게 빼앗겼습니다. 그의 외투도 보디발의 아내에게 빼앗겼습니다. 그러나 그에게서 빼앗을 수 없는 것이 있었습니다. 그것은 그의 순결이었습니다. 그의 양심이었습니다. 그런 환경 속에서 반응하는 삶의 태도였습니다.

선한 양심 하나를 가지고 요셉은 다시 더 깊은 감옥으로 내려갑니다. 이것이 하나님의 섭리입니다. 우리가 거듭 기억해야 할 사실은, 하나님의 섭리는 어떤 사람을 높이시기 전에 먼저 낮추신다는 것입니다. 하나님은 이런 과정을 통해서 하나님의 사람을 준비시키십니다.

하나님은 요셉을 감옥에 던지셔서 위대한 일을 이루십니다. 거기에서 다시 한 번 요셉을 준비시키십니다. 요셉을 단련시키십니다. 요셉을 훈련시키십니다. 요셉이 감옥에서 받은 훈련은 무엇입니까?

● ● ●

## 하나님을 신뢰하는 훈련을 하라

요셉이 그의 옷을 두 번이나 빼앗기고, 두 번씩이나 버림받으면서 받는 훈련은 오직 하나님만을 신뢰하는 훈련입니다. 요셉은 어떤 사람도 자신의 생애를 맡기기에는 부족하다는 사실을 경험하게 됩니다. 이것은 하나님의 사람에게 가장 중요한 훈련입니다. 그가 믿었던 보디발이 자기의 성품과 삶을 믿어 주지 않고 감옥에 던졌을 때 그는 배신감마저 느꼈을 것입니다.

어떤 주석가는 보디발의 분노는 과장된 분노였을 것이라고 말합니다. 보디발은 자기 아내를 잘 알았고, 요셉도 잘 알았다는 것입니다. 보디발의 아내가 고발한 내용이 사실이 아니라는 것을 알고 있음에도 불구하고 그 아내의 말을 들을 수밖에 없었고, 분노한 채 요셉을 감옥에 넣을 수밖에 없었다는 것입니다. 만약 보디발이 요셉을 인정하고 믿어 준다면 그 아내의 말을 부인하는 것이 되어서, 그 집안의 어려움은 더 커질 것이기 때문에 그런 결정을 내릴 수밖에 없었다는 것입니다.

요셉은 형제들에게 버림받고, 보디발에게 버림받으면서 더욱 철저히 하나님만을 바라보는 삶을 삽니다. 이것이 하나님의 사람들이 통과해야 할 불이요, 건너야 할 강입니다. 요셉은 가장 가까운 사람에게 버림을 받았다는 것 때문에 더 고통스러웠습니다. 멀리 있는 사람이 아닙니다. 가장 가까운 형제들에게서 버림받았습니다. 가장 가까운 주인에게서 버림받았습니다. 그것도 충성을 다했던 주인에게서 버림을 받으면서 쓰라린 가슴을 움켜잡아야 했습니다.

때로는 우리도 그런 경험을 하게 됩니다. 우리가 충성하던 우리의 상사로부터 버림을 받는 경험을 합니다. 우리가 충성했던 지도자나 사역자로부터 버림을 받고 멸시를 당하는 경험도 합니다. 때로는 배신까지도 감수해야 합니다. 그것은 고통스러운 일입니다. 차라리 멀리 있는 사람이면 괜찮을 것입니다. 하나님을 모르는 사람이라면 모르겠는데 오히려 하나님을 잘 믿는 사람이요, 사람들 앞에 거룩하고 의젓한 사람들에게서 버림을 받으면 혼돈과 좌절을 경험하게 됩니다.

## 고통 중에 있는 자여, 예수님을 바라보라

요셉의 고통은 선행에 대한 결과였습니다. 의를 행하고, 선을 행했는데도 불구하고 인생은 불공평했습니다. 하나님의 말씀을 붙잡고 유혹을 극복했는데 그에게 찾아온 결과는 감옥행이었습니다. 우리도 이런 경험을 합니다. 선한 일을 행하고 주님을 위해 봉사했는데 오히려 오해와 비난의 결과를 가져올 때도 있습니다. 그때 우리는 요셉을 생각해야 합니다. 예수님을 생각해야 합니다.

예수님은 그런 상처와 아픔을 아시는 분이십니다. 십자가에서 주님은 바로 그런 경험을 하셨습니다. 예수님은 자신의 가장 가까운 제자, 가룟 유다로 인해 팔렸습니다. 수제자 베드로는 예수님을 세 번이나 부인했습니다. 그것도 한 번은 예수님이 보는 자리에서 예수님을 저주하면서 부인했습니다. 또한 예수님은 사랑하는 친형제들에게서 오해를 받으셨습니다. 자기를 이해할 수 있을 것이라고 생각했던 나사렛 동네 사

> 자신의 꿈과 역행하고
> 하나님의 사랑과 역행하는 것과
> 같은 환경 속에서도
> 하나님의 손길을 볼 수 있다면
> 위대한 것입니다.

람들에게서 배척을 당하셨습니다. 그리고 마지막에는 십자가에서 아버지로부터 버림을 당하셨습니다. 아버지의 명령을 따라 행했고 이루었는데 아버지는 십자가에서 아들이신 예수님을 삼 일 동안이나 버리셨습니다.

고통스런 예수님의 고뇌를 생각해 보십시오. 이런 시련을 통과하신 예수님은 우리가 버림받고 고통을 당할 때 우리의 마음을 아십니다. 우리의 상한 감정을 아시고 우리를 찾아와 고쳐 주십니다.

요셉은 이런 총체적인 아픔을 경험한 구약의 인물입니다. 요셉은 오해를 받았습니다. 요셉은 미움을 받았습니다. 요셉의 충성과 헌신의 결과는 시련으로 보답되었습니다. 그러나 요셉은 그 순간에도 하

나님의 신실함을 의뢰했습니다.

## 환경에 순종하는 지혜

요셉은 환경에 순종하는 훈련을 받았습니다. 환경에 순종한다는 것은 하나님의 절대 주권 앞에 자신을 내어 맡기는 것입니다. 자신의 꿈과 역행하고 하나님의 사랑과 역행하는 것과 같은 환경 속에서도 하나님의 손길을 볼 수 있다면 위대한 것입니다. 어떤 상황에 처하든지 범사에 감사할 수 있다면 놀라운 하나님의 안목을 가진 것입니다.

바울은 로마서 8장 28절에서 "우리가 알거니와 하나님을 사랑하는 자 곧 그 뜻대로 부르심을 입은 자들에게는 모든 것이 합력하여 선을 이루느니라"고 말씀합니다. 오늘 우리가 당한 현실이 어떠하든지 우리의 눈은 하나님을 향해 있어야 합니다. 환경에 순종하면서 하나님의 음성을 들어야 합니다. 고난의 현장에 함께 하시는 하나님의 손길을 보십시오. 하나님은 고난을 통과하는 현장에 함께 하십니다. 인생은 공평하지 않지만 하나님은 선하십니다.

39장 21-23절에는 "여호와께서 요셉과 함께 하시고 그에게 인자를 더하사 전옥에게 은혜를 받게 하시매 전옥이 옥중 죄수를 다 요셉의 손에 맡기므로 그 제반 사무를 요셉이 처리하고 전옥은 그의 손에 맡긴 것을 무엇이든지 돌아보지 아니하였으니 이는 여호와께서 요셉과 함께 하심이라 여호와께서 그의 범사에 형통케 하셨더라"고 말씀합니다.

시련의 순간에도 멈추지 않는 손길이 있습니다. 그것은 하나님의 손길입니다. 하나님이 일을 섭리하십니다. 요셉이 가야 할 감옥을 정하신 분이 하나님이십니다. 이 감옥은 왕의 죄수를 가두는 곳입니다.

그랬기 때문에 요셉이 국무총리가 될 수 있었습니다. 하나님의 손길은 섬세합니다. 어떤 환경에 처하든지 하나님을 신뢰하면 하나님은 놀랍게 축복하십니다.

하나님의 위대한 역사는 사람을 통해서 나타납니다. 하나님은 사람을 통해서 하나님의 일을 이루십니다. 그래서 하나님은 요셉과 같은 사람을 찾으십니다. 하나님만 철저하게 의지하는 사람을 찾습니다. 오직 하나님 한 분만을 의지하며 살았던 허드슨 테일러, 조지 뮬러와 같은 사람을 오늘도 찾고 계십니다. 하나님만 신뢰하는 훈련은 하나님의 사람이 꼭 통과해야 할 훈련입니다.

● ● ●

## 고난 중에도 최선을 다하는 훈련을 하라

요셉의 특징은 고난 중에도 멈추어 서지 않았다는 것입니다. 고난 중에도 계속해서 전진했습니다. 뒤로 후퇴하지 않았습니다. 그를 버린 사람들에게 원한을 품거나 환경 앞에서 좌절하지 않았습니다. 감옥에서도 그가 할 수 있는 일이 무엇인지를 찾아서 행했습니다. 어떤 시련과 역경 속에서도 그가 해야 할 일을 미루지 않고 했다는 것입니다. 그의 인생에 찾아온 고난의 기회를 발전의 기회로 삼았습니다. 우리는 요셉에게서 형통하는 사람들의 거룩한 습관을 배울 수가 있습니다.

### 환경에 적응하는 습관을 가지라

요셉의 적응력은 누구보다도 탁월했습니다. 요셉의 실력은 제일 먼저 적응력에서 나타납니다. 그는 보디발의 집에서 종살이할 때도 잘 적응했습니다. 또한 보디발 집의 가정 총무 일도 잘 감당했습니다. 감옥이라는 환경에도 잘 적응했습니다. 그리고 감옥의 제반 업무가 맡겨지자 그 일도 탁월하게 수행했습니다.

요셉은 주어진 업무를 잘 감당해 내는 실력 있는 사람이었습니다. 실력 있는 사람은 어떤 임무가 맡겨졌을 때 그것을 탁월하게 수행하는 사람입니다. 실력이란 어떤 환경에서든지 잘 적응하여 자신의 일에 최선을 발휘하는 능력입니다. 요셉은 그런 실력을 평소에 잘 쌓았습니다.

## 사람들을 섬기는 습관을 가지라

요셉은 섬김을 그의 라이프 스타일로 삼았습니다. 1-4절을 보십시오.

그 후에 애굽 왕의 술 맡은 자와 떡 굽는 자가 그 주 애굽 왕에게 범죄한지라 바로가 그 두 관원장 곧 술 맡은 관원장과 떡 굽는 관원장에게 노하여 그들을 시위대장의 집 안에 있는 옥에 가두니 곧 요셉의 갇힌 곳이라 시위대장이 요셉으로 그들에게 수종하게 하매 요셉이 그들을 섬겼더라 그들이 갇힌 지 수일이라.

특별히 4절을 보면 "요셉이 그들을 섬겼더라"고 말씀합니다. 요셉은 항상 섬기는 삶을 살았습니다. 어디를 가든지 섬김을 그의 사명으로 알았던 사람입니다. 섬김을 받으려 하기보다는 섬기기를 기뻐했던 사람입니다. 하나님은 이런 사람에게 큰일을 맡기십니다. 이런 사람을 지도자로 세우십니다.

권력 지향적이 아닌 봉사 지향적인 사람이 되십시오. 지도자의 자리는 청지기직입니다. 소유 의식을 가지고 권한을 부려서는 안됩니다. 권력 지향적인 자세를 가지고 일을 해서도 안됩니다. 청지기 의식을 가지고 다른 사람들을 섬기는 봉사 지향적인 삶을 살아야 합니다.

섬김도 거룩한 습관입니다. 어느 정도의 높은 위치에 서면 잘 섬길 수 있을 것이라는 생각은 착각입니다. 오늘의 삶의 현장에서 작은 섬김부터 실천하는 사람에게 더 큰 섬김의 기회가 주어지는 것입니다. 지도자는 소유 의식보다는 청지기 의식을 가져야 합니다. 또한 권력 의식보다는 봉사 의식을 가져야 합니다. 바로 그것이 사명으로 사는 사람의 특징입니다.

## 작은 일에 충성된 습관을 가지라

요셉의 특징은 민감성입니다. 그에게는 영적 민감성과 함께 사람들을 관찰하는 민감성이 있었습니다. 요셉은 사람들의 모습 속에 나타난 작은 변화를 세밀하게 관찰할 줄 알았습니다. 5-7절을 보십시오.

옥에 갇힌 애굽 왕의 술 맡은 자와 떡 굽는 자 두 사람이 하룻밤에 꿈을 꾸니 각기 몽조가 다르더라 아침에 요셉이 들어가 보니 그들에게 근심 빛이 있는지라 요셉이 그 주인의 집에 자기와 함께 갇힌 바로의 관원장에게 묻되 당신들이 오늘 어찌하여 근심 빛이 있나이까.

요셉은 관원들을 섬기면서 그들의 표정을 살폈습니다. 요셉은 자기가 섬기고 있는 사람들의 형편을 살펴서 그들을 편하게 해주고 싶은 열망을 가졌습니다. 하나님께서 크게 쓰시는 사람들은 주위에 있는 사람들의 기분과 형편을 살피는 사람입니다. 자신의 주변을 살필 줄 모르는 사람에게 하나님은 큰일을 맡기실 수 없습니다.

다른 사람이 알아차릴 수 없는 얼굴의 근심과 내면의 어두움을 요셉은 감지했습니다. 그는 작은 것 하나도 간과하지 않았던 충성된 사람이었습니다. 그의 충성됨은 꿈을 해석하는 모습에서도 볼 수 있습니다. 8절을 보십시오.

> 그들이 그에게 이르되 우리가 꿈을 꾸었으나 이를 해석할 자가 없도다 요셉이 그들에게 이르되 해석은 하나님께 있지 아니하니이까 청컨대 내게 고하소서.

요셉은 하나님을 인정합니다. 하나님을 높여 드립니다. 요셉은 "하나님은 꿈을 푸실 수 있습니다. 인생의 문제는 풀립니다. 문제에는 해결책이 있습니다"라고 확신합니다. 이것은 자기 확신이 아니었습니다. 하나님을 신뢰하는 확신이었습니다.

그리고 요셉은 술 맡은 관원과 떡 굽는 관원의 꿈을 해석해 줍니다. 술 맡은 자의 꿈은 삼 일 만에 복직되는 좋은 꿈이었습니다. 요셉은 그에게 복직되면 자기를 기억해 달라고 부탁합니다. 14절을 보십시오.

> 당신이 득의하거든 나를 생각하고 내게 은혜를 베풀어서 내 사정을 바로에게 고하여 이 집에서 나를 건져내소서.

요셉은 하나님께 모든 것을 맡기고 살았지만 숙명론자는 아니었습니다. 그가 할 수 있는 일에 최선을 다했습니다. 그리고 하나님은 사람을 통해서 하나님의 일을 하신다는 사실도 믿었습니다. 그래서 술 맡은 관원장에게 도움을 부탁한 것입니다. 요셉은 환경에 순종할 뿐만 아니라 환경을 창조해 내는 인물이었습니다.

요셉의 충성된 모습은 떡 굽는 관원의 꿈을 해석해 주는 데서 구체화됩니다. 떡 굽는 관원이 꾼 꿈은 삼 일 안에 나무에 매달려서 죽는 나쁜 꿈이었습니다. 그래도 요셉은 그 꿈의 해석을 감추지 않고 그대로 전했습니다. 이것이 충성입니다. 하나님이 보여 주시는 것이면 가감하지 않고 그대로 전달하는 것입니다. 그는 하나님의 대변자의 역할을 했던 사람입니다.

충성이란 맡겨진 일을 가감 없이 수행하는 것입니다. 하나님의

> 요셉은 꿈을 갖고 미래를 향해 나가면서도 현재의 삶을 소홀히 하지 않았습니다. 모든 고난의 기회를 발전의 기회로 삼았습니다. 사람들 보기에 억울할 일도 하나님의 탁월한 일로 여겼습니다.

사람들의 특징은 바로 충성입니다. 작은 일에 충성하는 사람에게 하나님은 큰일을 맡기십니다. 예수님은 마태복음 25장 21절에서 "그 주인이 이르되 잘하였도다 착하고 충성된 종아 네가 작은 일에 충성하였으매 내가 많은 것으로 네게 맡기리니 네 주인의 즐거움에 참예할지어다"라고 말씀합니다.

## 모든 환경을 배움의 기회로 만드는 습관을 가지라

요셉은 감옥 생활을 발전과 성장의 기회로 삼았습니다. 그는 왕의 죄수들을 섬기면서 애굽의 정치 세계를 배웠습니다. 궁중의 도를, 궁중의 언어를, 궁중의 문화를 익혔습니다. 바로 왕이 어떤 사람인가를 배웠습니다. 바로의 마음을 배웠고, 바로가 어떻게 움직여지는지 배웠

습니다. 애굽의 문화와 애굽의 정치와 애굽의 역사를 배웠습니다.

요셉은 어떤 환경에서도 시간을 낭비하지 않았습니다. 만나는 사람을 섬겼고, 만나는 사람들을 자기의 교사로 삼았습니다. 만나는 사람들에게 하나님을 증거하는 기회로 삼았습니다.

감옥 생활에서도 최선을 다하는 요셉의 모습을 봅니다. 그는 꿈을 갖고 미래를 향해 나가면서도 현재의 삶을 소홀히 하지 않았습니다. 모든 고난의 기회를 발전의 기회로 삼았습니다. 사람들 보기에 억울할 일도 하나님의 탁월한 일로 여겼습니다. 그는 결코 낭비하지 않는 삶을 살았습니다. 오직 그에게 주어진 일에 최선을 다하는 훈련을 했습니다.

● ● ●

## 하나님의 때를 기다리는 훈련을 하라

요셉에게 있어서 가장 혹독한 훈련은 기다리는 훈련이었습니다. 그는 13년을 기다렸습니다. 보디발의 집에서 11년, 감옥에서 2년을 보냈습니다. 술 맡은 관원장의 꿈을 해석해 주면서 득의하면 자기를 기억해 달라고 부탁했지만 그는 그 사실을 까마득하게 잊고 말았습니다.

40장 23절과 41장 1절을 보면 "술 맡은 관원장이 요셉을 기억지 않고 잊었더라 만 이 년 후에 바로가 꿈을 꾼즉 자기가 하숫가에 섰는데"라고 말씀합니다. 요셉은 감옥에서 2년이라는 세월을 잊혀진 채로 보냅니다.

## 청년의 열정은 성숙한 지도력으로 무르익어야 한다

하나님이 귀하게 쓰시는 인물들일수록 오래 기다리는 훈련을 받았습니다. 하나님이 귀히 쓰셨던 인물 가운데 허드슨 테일러를 기억하실 것입니다. 허드슨 테일러도 혹독한 시련을 통과했던 사람입니다. 그가 6년 간 중국에서 집중 봉사한 후에 병 든 몸으로 런던의 동쪽 빈민가에 그의 식구들과 함께 정착했습니다. 바깥의 일들을 줄이고 친구들도 멀어진 상태에서 5년 간의 긴 세월을 숨어 지내면서 그는 기도와 인내의 시간을 가졌습니다. 허드슨 테일러의 모습을 기록한 다음과 같은 글이 있습니다.

만일 숨어 지낸 수년 간의 성장과 시련의 훈련이 없었더라면, 청년의 환상과 열정이 어찌 성숙한 지도력으로 무르익을 수 있었겠는가? 하나님을 꾸준히 따르는 영혼의 깊고 오랜 훈련이 그에게 있었다. 그는 신앙과 신실성, 헌신과 자기 희생, 끝없는 노력, 참고 견디는 기도 등으로 5년을 보냈다. 그는 여기서 보이는 것대로 살지 않고 믿음으로 살도록 부름받은 한 인간으로 점점 힘을 얻었다. 하나님 한 분만을 붙잡는 심령에 말할 수 없는 확신이 생겼고, 하나님은 이처럼 순수한 신앙을 기뻐하셨다.

허드슨 테일러의 신앙의 훈련, 기다림의 훈련이 끝났을 때 중국내지선교회가 생겨났습니다. 처음에는 미미하게 보이던 연약한 뿌리에서 중국을 복음으로 가득 채우는 놀라운 선교 활동이 전개되었습니다.
하나님의 사람들은 기다림을 통해서 성숙합니다. 작열하는 여름 태양 빛을 맞으면서 곡식이 영글듯이, 하나님의 사람들은 시련이라는 뜨거운 풀무 불을 통과하면서 성숙합니다. 성경은 요셉의 생애를 이렇게 기록하고 있습니다. "한 사람을 앞서 보내셨음이여 요셉이 종으로 팔렸도다 그발이 착고에 상하며 그 몸이 쇠사슬에 매였으니 곧 여호와의 말씀이 응할 때까지라 그 말씀이 저를 단련하였도다"(시 105:17-19).

요셉을 단련시키신 것은 하나님의 말씀이었습니다. 하나님의 말씀이 응할 때까지 그를 단련시켰던 것입니다. 요셉은 이 기다림을 통해서 성숙해져 갔습니다.

## 기다림의 때에 시간을 낭비하지 말라

우리는 기다림의 때를 잘 통과해야 합니다. 기다림의 때를 낭비해서는 안됩니다. 기다림의 때에 우리는 준비해야 합니다. 최선을 다해서 미래를 준비해야 합니다. 기도로 미래의 씨앗을 뿌려야 합니다. 그리고 하나님의 성품을 배양하는 기회로 삼아야 합니다.

젊음의 정열이 무르익기 위해서는 시간이 필요합니다. 젊은 날의 꿈이 성숙하기 위해서는 고난의 기간이 필요합니다. 고난은 하나님의 사람들을 태우고 가는 하나님의 수레입니다.

요셉은 바닥에 내려가서도 하늘을 보았습니다. 요셉은 고난이라는 수레를 탈 줄 알았던 사람입니다. 그 수레는 거친 수레였습니다. 그러나 그 수레 속에는 하나님의 축복이 담겨져 있었습니다. 그를 태우고 가는 하인은 검정 옷을 입은 하인이었습니다. 그러나 그 안에는 하나님의 보화가 담겨져 있었습니다.

## 고난은 검은 옷에 싸인 보물

A. B. 심슨은 "하나님의 보석은 흔히 거치른 짐 속에 넣어 검은 옷을 입은 하인을 시켜 우리에게 보내진다. 그러나 그 안에는 왕궁의 보물과 신랑이 주는 사랑의 선물이 들어 있다"고 말했습니다. 거치른 짐 속에 넣어 검은 옷을 입은 하인에게 보내진 보석이 바로 고난 속에 감추어진 선물입니다. 요셉은 검정 수레를 타고 검정 옷을 입은 하인의 인도를 받으면서 점점 애굽의 궁정으로 가까이 가고 있었습니다.

인생이 가장 어두울 때도 하나님의 손길은 쉬지 않으신다는 사실을 기억해야 합니다. 고난이라는 검정 수레가 찾아올 때도, 검은 옷을 입은 하인을 만날 때도 낙심해서는 안됩니다. 바로 그 안에 하나님의 보화가 들어 있습니다. 하나님은 검정 수레에 여러분을 태우고 하나님이 예비하신 높은 자리로 인도하십니다. 마치 요셉을 검정 수레에 태우고 애굽 궁중으로 인도하시는 것처럼 말입니다.

당신의 상황이 아무리 칠흑같이 어둡다 할지라도 낙심하지 마십시오. 하나님은 어두움을 빛으로 만드십니다. 슬픔을 기쁨으로 바꾸십니다. 새벽 동트기 전이 가장 어둡습니다. 차가운 겨울 속에 따뜻한 봄이 담겨 있습니다. 봄은 봄에 시작된 것이 아닙니다. 혹독한 겨울 속에서 이미 시작된 것입니다. 가장 어두운 인생 길에서 따뜻한 하나님의 동행하심을 맛보며 하나님께 영광을 돌립시다. 꿈꾸는 사람을 준비시키시는 하나님을 전심으로 의뢰하며 매일 매일 최선을 다하는 거룩한 습관을 가지고 살아가시길 바랍니다.

# 꿈이 성취되는 6 축복된 순간

만 이 년 후에 바로가 꿈을 꾼즉 … 요셉에게 이르되 하나님이 이 모든 것을 네게 보이 셨으니 너와 같이 명철하고 지혜 있는 자가 없도다 너는 내 집을 치리하라 내 백성이 다 네 명을 복종하리니 … (창 41:1-45).

## 성취의 기쁨은 고귀한 선물이다

하나님이 우리 인간에게 주신 가장 중요한 선물 가운데 하나는 성 취의 기쁨입니다. 어려운 목표를 세우고 피와 땀과 눈물을 통해 서 그 꿈을 성취할 때, 인간은 최상의 환희를 맛보게 됩니다. 그런데 꿈이 없는 사람은 성취를 통한 신비로운 기쁨을 누릴 수 없게 됩니다.

또한 소원을 갖지 않는 사람도 참된 기쁨을 누릴 수가 없습니다. 꿈 과 소원 그리고 목표를 가진 사람만이 성취의 기쁨을 누릴 수가 있습 니다. 소원을 갖고 사십시오. 꿈을 가지고 사십시오.

우리는 올림픽 선수들을 볼 때마다 도전을 받습니다. 그들은 목표를 세우고, 그 목표를 이루기 위해서 뼈를 깎는 훈련을 합니다. 때로는 가족을 떠나 그들이 누릴 수 있는 모든 삶을 절제하면서 4년, 8년, 또는 16년 동안 기다리며 피나는 노력을 기울입니다. 그 헌신의 대가로 메달을 받았을 때 그들은 감격의 눈물을 흘리지 않을 수 없습니다.

올림픽 대회에 나가서 메달을 받고 서 있는 선수들의 모습을 보면 그들의 마음에 만감이 교차되리라는 생각을 합니다. 특히 금메달을 받은 선수들은 가슴에 손을 얹고, 자신들의 국가가 울려 퍼지는 것을 들을 때 눈물을 흘립니다. 국가가 연주되는 짧은 시간 동안, 지난 수년 간 기다리면서 가졌던 경험들이 주마등처럼 지나갈 것입니다. 훈련의 현장, 고통과 아픔과 눈물의 현장들이 한 순간에 스칠 것이라는 생각을 해봅니다.

저는 공부하는 사람들을 보면서도 그런 것을 느낍니다. 그들에게는 공부하면서 갖게 되는 많은 애환들이 있을 것입니다. 공부하는 동안 경험한 많은 아픔들, 절제된 삶들, 투자된 물질들, 학비를 낼 때마다 받았던 경제적 고통들을 어찌 말로 표현할 수 있겠습니까? 그러나 졸업 가운을 입고 졸업 모자를 쓰는 기쁨이란 지나간 몇 년 동안 받았던 고통들과는 비교할 수 없을 것입니다. 또한 그것을 바라보는 부모의 마음은 얼마나 기쁘겠습니까?

중요한 것은 우리가 꿈과 목표를 가지고 살아야 한다는 것입니다. 그리고 꿈과 목표를 향해서 계속 전진하는 것이 중요합니다. 본문은 요셉의 꿈이 성취되는 순간을 기록하고 있습니다. 그러나 아직 꿈이 완성된 것은 아닙니다. 꿈이 성취되는 것과 꿈이 완성되는 것은 다릅니다. 꿈의 성취가 우리의 목표했던 것이 이루어지는 것이라면, 꿈의 완성은 꿈의 성취를 통해서 열매를 맺게 되는 삶의 모습들입니다.

요셉은 애굽의 국무총리가 되면서 꿈이 성취되는 기쁨을 누립니다. 환희에 찬 삶을 경험합니다. 요셉이 국무총리가 되는 그 순간, 모든 것이 역전됩니다. 인생을 살면서 우리에게도 이런 순간이 필요합니다.

꿈이 성취되는 순간, 지나간 과거의 모든 사건들이 요셉에게 새롭게 해석됩니다. 자기를 노예로 팔았던 형제들의 잔악함, 보디발의 아내의 유혹과 감옥살이 등의 사건들이 새롭게 해석되어집니다. 어두운 시절들을 새롭게 기억하면서 이것은 단순한 고난이 아니라 하나님의 손길과 섭리 속에서 이루어졌다는 것을 깨닫게 됩니다. 그의 삶에서 신비로운 것들을 체험합니다. 당신의 생애 가운데서도 이런 꿈의 성취가 이루어지기를 기원합니다.

> 꿈의 성취가 우리의 목표했던 것이 이루어지는 것이라면, 꿈의 완성은 꿈의 성취를 통해서 열매를 맺게 되는 삶의 모습들입니다.

요셉의 꿈이 성취되는 축복된 순간에 배우는 귀중한 교훈이 있습니다.

● ● ●

## 하나님은 겸손히 기다리는 자를 위해 무대를 준비하신다

하나님은 요셉이 조용히 기다리는 동안 요셉을 위해 역사의 무대를 준비하셨습니다. 1-8절을 보십시오.

만 이 년 후에 바로가 꿈을 꾼즉 자기가 하숫가에 섰는데 보니 아름답고 살진 일곱 암소가 하수에서 올라와 갈밭에서 뜯어먹고 그 뒤에 또 흉악하고 파리한 다른 일곱 암소가 하수에서 올라와 그 소와 함께 하숫가에 섰더니 그 흉악하고 파리한 소가 그 아름답고 살진 일곱 소를 먹은지라 바로가 곧 깨었다가 다시 잠이 들어 꿈을 꾸니 한 줄기에 무성하고 충실한 일곱 이삭이 나오고 그 후에 또 세약하고 동풍에 마른 일곱 이삭이 나오더니 그 세약한 일곱 이삭이 무성하고 충실한 일곱 이삭을 삼킨지라 바로가 깬즉 꿈이라 아침에 그 마음이 번민하여 보내어 애굽의 술객과 박사를 모두 불러 그들에게 그 꿈을 고하였으나 그것을 바로에게 해석하는 자가 없었더라.

요셉이 고독하게 잊혀진 존재로 보디발의 집에서 보낸 11년과 감옥에서 2년을 기다리는 동안 하나님은 요셉을 위해 바로의 꿈을 준비하셨습니다. 하나님이 요셉을 위해 역사의 무대를 준비하셨던 것입니다.

하나님의 신실하심을 아는 것이 얼마나 기쁜 일인지요. 우리는 상황이 어려워지면 하나님의 계획을 의심합니다. 하나님의 사랑을 의심합니다. 하나님이 주신 꿈에 대한 회의를 갖게 됩니다. 그러나 오히려 그때가 하나님이 역사하시는 순간입니다. 하나님이 일하시고 계시는 때임을 기억해야 합니다.

고난의 때에 사탄은 우리를 괴롭힙니다. 시험합니다. 그러나 우리는 예레미야 29장 11절의 말씀을 기억해야 합니다. "나 여호와가 말하노라 너희를 향한 나의 생각은 내가 아나니 재앙이 아니라 곧 평안이요 너희 장래에 소망을 주려 하는 생각이라."

하나님의 관심은 우리에게 소망을 주시는 데 있습니다. 평안을 주시는 데 있습니다. 하나님의 약속을 붙잡으십시오. 하나님의 건전한 생각을 붙잡아야 합니다. 당신을 향하신 하나님의 놀라운 계획과 놀라운 소망을 붙잡으십시오. 하나님이 당신을 위해 일하고 계시다는 진리를 견고하게 붙잡으십시오.

하나님의 약속을 의심하지 마십시오. 바랄 수 없는 중에도 바랐던 아브라함의 믿음을 소유하십시오. 하나님의 때가 되면 우리를 높이실 것입니다. 우리가 할 일은 다만 하나님의 능하신 손 아래서 겸손하게 기다리는 것입니다. 때를 기다리며 준비하는 것입니다.

## 하나님의 손 아래서 겸손히 기다리라

베드로 사도는 "그러므로 하나님의 능하신 손 아래서 겸손하라 때가 되면 너희를 높이시리라"(벧전 5:6)고 말씀합니다. 우리 스스로가 우리 자신을 높이면 안됩니다. 하나님이 우리를 높이 세워 주셔야 합니다. 그것은 하나님의 은혜입니다.

하나님은 전능하신 하나님의 손 아래서 기다리는 요셉을 위해 칠년 풍년과 칠 년 흉년을 예비하셨습니다. 그리고 바로를 통해서 바로의 인장 반지를, 세마포 옷을, 금사슬을, 버금 수레를, 그리고 총리의 직책을 준비시키셨습니다.

요셉은 십삼 년 동안 보디발의 집에서 종살이와 감옥살이를 하면서 하나님의 때를 겸허하게 기다렸습니다. 하나님의 섭리를 기다렸습니다. 요셉의 인내를 우리는 배워야 합니다. 하나님께서 우리를 위해 무대를 만드실 시간을 드려야 합니다. 기도를 드렸으면 그 기도에 응답하실 시간을 하나님께 드려야 합니다. 너무 조급하게 서두르지 마십시오.

하나님의 축복을 담을 그릇을 준비하는 데 시간을 보내십시오. 멀리 보고, 넓게 보고, 깊게 보아야 합니다. 눈에 보이지 않고, 귀에 들리지 않으며, 손으로 만질 수 없는 것들이 있습니다. 저는 그런 것들을 영으로 보고, 영으로 느끼고, 영으로 생각하면서 항상 꿈을 꾸며 살아 왔습니다. 저는 그런 꿈들이 제 생애 가운데와 제가 섬기는 교회 가운데 점점 이루어지는 것을 봅니다.

참으로 지혜로운 사람은 그릇을 준비하는 사람입니다. 열린 그릇, 깨끗한 그릇, 큰 그릇을 준비하십시오.

> 하나님의 축복을 담을 그릇을 준비하는 데 시간을 보내십시오.
> 멀리 보고, 넓게 보고, 깊게 보아야 합니다.

● ● ●

# 하나님은 하나의 문이 닫힐 때 또 다른 문을 여신다

인생은 쉽게 끝나지 않습니다. 인생의 게임이란 한 순간에 끝나는 것이 아닙니다. 하나의 문이 닫혔다고 낙심해서는 안됩니다. 하나의 문이 닫히면 또 다른 문이 열립니다. 이것이 하나님이 우리를 인도하시는 원리요, 섭리입니다. 하나님의 신비로운 계획입니다.

하나님은 인생의 막다른 골목에서 새로운 문을 열어 주십니다. 이 길이 마지막이라고 생각할 때에 하나님은 더 놀라운 계획을 준비하고 계십니다. 인간의 절망이 하나님의 희망입니다.

### "벼랑 끝으로 오세요!"

요셉의 생애를 생각해 보십시오. 그는 11년 동안 아래로 내려갔습니다. 그리고 다시 2년 동안 감옥으로 내려갔습니다. 그는 벼랑 끝에 서게 됩니다. 절망입니다. 벼랑 끝에서 아래로 떨어진 줄 알았습니다. 그런데 하늘을 나는 자신을 발견하게 되었습니다.

어떤 분이 "벼랑 끝으로 오세요!"라는 글을 썼습니다.

"벼랑 끝으로 오세요." 그가 말했다.
사람들이 대답했다. "무서워요."
"벼랑 끝으로 오세요." 그가 말했다.
사람들이 다가갔다.
그는 그들을 밀었다.
그리고 사람들은 날아올랐다.

이것이 우리 인생입니다. 벼랑 끝에 서서 떨어질 것 같은데 오히려 하늘을 날아 올라갑니다. 하나님이 예비하신 기회는 한 번으로 끝나는 것이 아닙니다. 하나의 문이 닫힐 때 하나님은 더 좋은 문을 예비하십니다. 이것이 우리 인생입니다. 요셉을 보십시오. 아버지 야곱의 집 문이 닫힐 때 보디발의 집 문이 열렸습니다. 보디발의 집 문이 닫혔을 때 감옥의 문이 열렸습니다. 감옥의 문이 닫힐 때 애굽의 왕궁의 문이 활짝 열렸습니다.

아주 극적인 하나님의 역사입니다. 9-14절을 보십시오.

술 맡은 관원장이 바로에게 고하여 가로되 내가 오늘날 나의 허물을 추억하나이다 바로께서 종들에게 노하사 나와 떡 굽는 관원장을 시위대장의 집에 가두셨을 때에 나와 그가 하룻밤에 꿈을 꾼즉 각기 징조가 있는 꿈이라 그 곳에 시위대장의 종 된 히브리 소년이 우리와 함께 있기로 우리가 그에게 고하매 그가 우리의 꿈을 풀되 그 꿈대로 각인에게 해석하더니 그 해석한 대로 되어 나는 복직하고 그는 매여 달렸나이다 이에 바로가 보내어 요셉을 부르매 그들이 급히 그를 옥에서 낸지라 요셉이 곧 수염을 깎고 그 옷을 갈아입고 바로에게 들어오니.

바로에게 들어왔다는 것은 애굽의 궁중의 문이 활짝 열렸다는 것입니다. 얼마나 멋있는 사건입니까. 재미있는 것은 하나님께서 인간의 기억까지 다스리신다는 사실입니다. 바로에게 요셉을 소개하는 술 맡은 관원장은 요셉을 이 년이나 잊고 있었습니다.

## 사람은 잊어도 하나님은 잊지 않으신다

하나님은 요셉을 위해 술 맡은 관원장의 기억의 문을 여십니다. 이것이 하나님의 신비입니다. 만약에 하나님이 술 맡은 관원장의 기억의 문을 열지 않으셨다면 바로 궁중의 문은 열리지 않았을 것입니다. 하나님께서 요셉에게 새로운 문을 열어 주시기 위해서 술 맡은 관원장의 기억의 문을 열어 주신 것입니다.

그렇습니다. 하나님은 우리 형편을 아십니다. 우리의 사정을 너무나 잘 아십니다. 어떤 문이 닫힐 때 절대로 좌절하지 마십시오. 또 다른 문이 열립니다. 닫힌 문만 보고 있으면 우리에게 열릴 새로운 문을 볼 수 없습니다. 닫힌 문은 잊어버리십시오. 지나간 과거를 땅에 묻으십시오. 그리고 새로운 미래를 향해 서십시오. 지나간 과거가 아름답다고 그 무덤 앞에 꽃다발을 갖다 놓지는 마십시오. 과감하게 일어서서 미래를 향해 전진하십시오.

인생에는 시련이 있지만 그 시련이 영원히 계속되는 것은 절대로 아닙니다. 인생의 시련은 꿈꾸는 사람이 누리게 될 영광과 축복에 비하면 극히 짧은 것에 불과합니다. 우리가 이 땅에서 주님을 위해 헌신하는 것은 영원한 세계에서 누리게 될 하나님의 축복에 비하면 극히 작은 것입니다. 어머니의 태 속에서 열 달 동안 자라다가 이 땅에 태어나게 되듯이, 이곳에서 우리의 사명을 다하는 날 우리를 위해 천국 문이 열리게 됩니다. 내일을 두려워하지 마십시오. 다만 오늘 하루하루를 성실하게 살아가십시오.

## 기회가 올 때 붙잡으라

여기서 우리가 배워야 할 또 하나의 교훈이 있습니다. 기회가 찾아왔을 때 기회를 포착해야 한다는 것입니다. 물고기가 물을 타듯이, 새가 바람을 타듯이, 꿈꾸는 사람은 기회를 탈 줄 알아야 합니다. 물론 기회주의자는 나쁩니다. 그러나 기회가 왔을 때 기회를 포착할 줄 아는 사람은 지혜로운 사람입니다.

바로가 부른다는 소식을 듣고 요셉의 가슴은 뛰기 시작했습니다. 그는 기회를 알아보았습니다. 드디어 기회가 온 것입니다. 그는 기회를 소중히 여겼습니다. 기회 앞에 주저함이 없었습니다. 그러나 그는 신중했습니다.

요셉은 바로 왕 앞에 나가기 전에 먼저 외모를 가꿉니다. 수염을 깎고 옷을 갈아입습니다. 요셉은 알았습니다. 하나님은 중심을 보시지만 사람은 외모를 본다는 사실을 말입니다. 또한 그는 기회가 왔다고 그 기회를 함부로 다루지 않았습니다. 호박이 넝쿨째 들어온다고 소홀히 대해서는 안됩니다.

그는 바로 왕 앞에서 신중하게 행동합니다. 15-16절을 보십시오.

바로가 요셉에게 이르되 내가 한 꿈을 꾸었으나 그것을 해석하는 자가 없더니 들은즉 너는 꿈을 들으면 능히 푼다더라 요셉이 바로에게 대답하여 가로되 이는 내게 있는 것이 아니라 하나님이 바로에게 평안한 대답을 하시리이다.

요셉은 적합한 언어를 구사할 줄 알았습니다. 자신이 꿈을 해석하는 것이 아니라 하나님이 하신다고 말씀합니다. 그는 하나님 앞에 겸손했습니다. 기회를 포착할 만큼 준비가 되어 있었고 꿈을 해석할 지혜도 있었습니다. 그러나 절대로 쉽게 이 기회를 취하려고 하지는 않았습니다. 하나님보다 앞서 행동하지 않았습니다. 기회가 무르익기까지 기다렸습니다.

요셉은 항상 하나님과 연결되어 있습니다. 자신의 지혜가 아니라 하나님의 지혜를 신뢰했습니다. 하나님의 섭리를 믿었습니다. 결코 실망시키지 않으시는 하나님의 신실하심을 믿었습니다.

요셉의 내면 세계는 잘 정돈되어 있었습니다. 외부의 환경에 지배를 받지 않았습니다. 비천할 때에도, 역경의 때에도, 갑자기 찾아온 인생의 기회 앞에서도, 바로 왕의 권위 앞에서도 동요하지 않았습니다. 그는 어떤 상황에서도 하나님을 인정하고, 하나님을 높여 드리고 있습니다. 요셉은 바로 왕 앞에서 하나님이 하실 일을 주저없이 말하고 있습니다. 25-32절을 보십시오.

요셉이 바로에게 고하되 바로의 꿈은 하나이라 하나님이 그 하실 일을 바로에게 보이심이니이다 일곱 좋은 암소는 일곱 해요 일곱 좋은 이삭도 일곱 해니 그 꿈은 하나이라 그 후에 올라온 파리하고 흉악한 일곱 소는 칠 년이요 동풍에 말라 속이 빈 일곱 이삭도 일곱 해 흉년이니 내가 바로에게 고하기를 하나님이 그 하실 일로 바로에게 보이신다 함이 이것이라 온 애굽 땅에 일곱 해 큰 풍년이 있겠고 후에 일곱 해 흉년이 들므로 애굽 땅에 있던 풍년을 다 잊어버리게 되고 이 땅이 기근으로 멸망되리니 후에 든 그 흉년이 너무 심하므로 이전 풍년을 이 땅에서 기억하지 못하게 되리이다 바로께서 꿈을 두 번 겹쳐 꾸신 것은 하나님이 이 일을 정하셨음이라 속히 행하시리니.

요셉은 거듭 하나님을 강조합니다. 하나님이 역사에 관여하신다는 사실을 말씀합니다. 애굽 사람들이 믿고 있는 것처럼 바로가 신이 아니라는 것을 시사합니다. 천지를 만드신 전능하신 하나님이 모든 일을 다스리신다는 사실을 말씀합니다. 그는 하나님을 증거하기 위해 최선을 다합니다. 또한 요셉은 바로 왕이 부탁한 이상의 것을 제시하고 있습니다. 33-36절을 보십시오.

이제 바로께서는 명철하고 지혜 있는 사람을 택하여 애굽 땅을 치리하게 하시고 바로께서는 또 이같이 행하사 국중에 여러 관리를 두어 그 일곱 해 풍년에 애굽 땅의 오분의 일을 거두되 그 관리로 장차 올 풍년의 모든 곡물을 거두고 그 곡물을 바로의 손에 돌려 양식을 위하여 각 성에 적치하게 하소서 이와 같이 그 곡물을 이 땅에 저장하여 애굽 땅에 임할 일곱 해 흉년을 예비하시면 땅이 이 흉년을 인하여 멸망치 아니하리이다.

요셉은 바로의 꿈을 해석할 뿐만 아니라 다가올 흉년에 대한 해결책도 제공합니다. 지혜로운 사람을 세워 칠 년 풍년과 함께 찾아올 칠 년 흉년을 대비하라고 제안합니다.

이것이 요셉과 애굽의 술객이나 박사와 다른 점입니다. 그들이 꿈을 해석할 수 있을지는 모르지만 꿈에 대한 해결책은 주지 못합니다. 점쟁이들은 점은 치지만 운명까지는 바꿀 수가 없습니다. 그러나 하나님은 하나님의 사람을 통해 그 해결책까지도 주십니다.

## 재능보다 중요한 것은 태도다

성공적인 인물들은 자기에게 주어진 일만 하는 사람들이 아닙니다. 부탁받는 일만 하는 사람들이 아닙니다. 필요하다면 자발적으로 더 많은 일, 더 많은 수고와 헌신을 아끼지 않습니다. 경영인들은 이런 인물을 찾습니다. 그들은 실력과 재능이 탁월한 사람보다 태도가 탁월한 사람에게 감명을 받습니다. 요셉은 실력뿐만 아니라 태도가 좋았던 사람입니다. 바로는 요셉의 꿈 해석과 그가 제시한 해결책 앞에 감격합니다. 37-40절을 보십시오.

바로와 그 모든 신하가 이 일을 좋게 여긴지라 바로가 그 신하들에게 이르되 이와 같이 하나님의 신이 감동한 사람을 우리가 어찌 얻을 수 있으리요 하고 요셉에게 이르되 하나님이 이 모든 것을 네게 보이셨으니 너와 같이 명철하고 지혜 있는 자가 없도다 너는 내 집을 치리하라 내 백성이 다 네 명을 복종하리니 나는 너보다 높음이 보좌뿐이니라.

바로는 요셉을 국무총리로 세웁니다. 드디어 요셉의 꿈이 성취되는 축복된 순간입니다. 41-45절을 보십시오.

바로가 또 요셉에게 이르되 내가 너로 애굽 온 땅을 총리하게 하노라 하고 자기의 인장 반지를 빼어 요셉의 손에 끼우고 그에게 세마포 옷을 입히고 금사슬을 목에 걸고 자기에게 있는 버금 수레에 그를 태우매 무리가 그 앞에서 소리지르기를 엎드리라 하더라 바로가 그로 애굽 전국을 총리하게 하였더라 바로가 요셉에게 이르되 나는 바로라 애굽 온 땅에서 네 허락 없이는 수족을 놀릴 자가 없으리라 하고 그가 요셉의 이름을 사브낫바네아라 하고 또 온 제사장 보디베라의 딸 아스낫을 그에게 주어 아내를 삼게 하니라 요셉이 나가 애굽 온 땅을 순찰하니라.

아, 얼마나 극적인 장면입니까! 요셉은 이 자리에 오기까지 두 번이나 그의 옷을 빼앗겼습니다. 그는 형제들에게 채색 옷을 빼앗겼습니다. 그리고 그가 입은 옷은 노예의 옷이었습니다. 또 보디발의 가정 총무의 외투를 보디발의 아내에게 빼앗긴 후에 입었던 옷은 죄수의 옷이었습니다.

그런데 하나님께서는 이제 요셉에게 채색 옷, 노예의 옷, 죄수의 옷을 벗기시고, 세마포 옷을 입혀 주십니다. 이것이 하나님의 놀라운 축복입니다. 하나님을 신뢰하고 하나님을 의지하는 사람에게 하나님은 이전에 입었던 옷보다, 이전에 빼앗겼던 옷보다 훨씬 좋은 옷을 주십니다.

그가 입었던 채색 옷이나 보디발의 가정 총무의 옷과는 비교할 수 없는 옷을 하나님은 예비하셨습니다. 그가 빼앗겼던 옷과는 비교할 수 없는 영광스럽고 영화로운 옷을 준비하셨던 것입니다.

요셉은 고난이라는 검정 수레를 타고 애굽 땅에 내려왔습니다. 하나님은 요셉에게 고난의 수레 대신에 버금 수레를 태우십니다. 버금 수레는 아무나 탈 수 있는 것이 아닙니다. 대통령이나 타는 리무진과 같은 것입니다.

그리고 모든 사람들이 그 앞에서 머리를 숙입니다. 엎드립니다. 그

때 요셉은 무엇을 생각했을까요? 그의 꿈입니다. 해와 달과 별들이 엎드려 절하는 꿈을 생각했을 것입니다. 물론 이 순간에 요셉의 꿈이 완성된 것은 아닙니다. 나중에 그의 아버지와 그의 형제들이 와서 엎드릴 때 비로소 그의 꿈은 완성됩니다. 그러나 하나님은 요셉에게 꿈의 완성 이전에 꿈의 성취를 맛보게 하십니다. 요셉은 하나님이 주신 기회를 붙잡습니다.

## 기회는 준비된 자에게 찾아온다

하나님의 기회는 준비된 사람에게 찾아옵니다. 하나님이 주시는 기회를 위해 준비하십시오. 준비된 사람은 기회를 알아봅니다. 기회가 왔을 때 주저함이 없습니다. 기회를 달라고 기도하기 전에 기회가 왔을 때 준비된 사람이 되게 해달라고 기도하십시오. 기도와 함께 매일매일 준비하십시오. 무엇보다도 기회에 마음의 문을 열고 깨어 있으십시오. 그리고 기회가 찾아오면 주저함 없이 도전해야 합니다. 왜냐하면 기회란 잡으면 눈부신 열매를 맺지만 소홀히 여기면 사라져 버리기 때문입니다.

● ● ●

## 꿈이 성취되기 직전에 가장 큰 시련을 통과할 수도 있다

요셉의 가장 고통스런 시련은 꿈이 성취되기 직전에 찾아왔습니다. 새벽 동트기 전이 가장 어둡습니다. 요셉이 바로를 만나기 직전에 그는 칠흑 같은 감옥에서 2년을 보냅니다. 술 맡은 관원장의 꿈을 해석해 주면서, 득위하거든 바로에게 고해서 자신의 어려운 사정을 해결해 달라고 부탁합니다. 그러나 그는 요셉의 부탁을 잊고 맙니다. 요셉은 2년 동안 감옥에서 잊혀진 존재로 보냅니다. 아무런 인생의 기록도, 열매도, 성취도 없이 보내야 했습니다.

이것이 인생의 신비입니다. 밝은 빛 이전에 깊은 어두움이 있고, 성공의 정상에 올라서기 직전에 가장 어려운 골짜기를 통과해야 합니다. 예수님도 부활의 영광을 누리시기 직전에 십자가를 통과하셨습니다. 가장 어두운 터널을 통과하셨습니다. 하나님 아버지께도 버림받아야 했습니다. 그러나 십자가 뒤에는 부활의 영광이 기다리고 있었습니다.

꿈을 성취하기 위해 전진하는 사람은 이 진리를 가슴에 새겨야 합니다. 꿈을 성취하기 직전이 가장 어둡습니다. 어두움의 순간에 절망하지 마십시오. 체스터필드는 "절망하지 말라. 종종 열쇠 꾸러미의 제일 마지막 열쇠가 자물쇠를 연다"고 말했습니다. 아직 마지막 열쇠가 남아 있다면 희망을 가지십시오.


## 구름 뒤에 태양은 언제나 빛나고 있다

우리의 꿈이 성취되는 데는 생각보다 시간이 걸립니다. 그러므로 쉽게 포기하거나 낙심해서는 안됩니다. 시련 가운데서도 준비하고, 고통 중에도 전진하는 지혜가 필요합니다. 어두움의 순간에도 태양을 향해 고개를 들어야 합니다. 롱펠로우는 "슬퍼하는 자여 마음을 가라앉히고 탄식을 거두어라. 구름 뒤에 태양은 언제나 빛나고 있을지니"라고 노래합니다.

칼라일은 그가 쓰고 있던 역사 책의 원고를 천신만고의 수고 끝에 마친 후 평소에 역사에 관심이 있는 이웃 사람에게 한 번 읽어 줄 것을 부탁했습니다. 그리고 몇 주일이 지나서 칼라일은 그에게 원고를 돌려 달라고 연락했습니다. 소식을 받은 이웃 사람이 그 원고를 돌려주기 위해 찾았으나 그 원고 뭉치는 눈에 띄지 않았습니다. 불행하게도 그 집 하녀가 책상에 있던 원고 뭉치를 불쏘시개로 사용해 버렸던 것입니다.

이 사실을 알게 된 칼라일은 정신이 아찔했습니다. 일생 동안 심혈을 기울인 원고가 눈깜짝할 사이에 잿더미로 변해 버렸습니다. 초고 원고조차 없어서 정말 난감했습니다. 집필을 포기하고 싶었습니다. 그러나 칼라일은 고심 끝에 원고를 다시 쓰기로 결심했습니다.

대단한 인내와 무서운 집념으로 처음부터 다시 원고를 집필했습니다. 이렇게 해나온 책이 바로 그 유명한 「프랑스 혁명사」입니다. 칼라일은 이 책으로 명성을 얻었고 영국의 문학가로서, 사상가로서 사람들에게 큰 사랑을 받게 되었습니다.

## 인생을 역전시키시는 하나님을 바라보라

훌륭한 인물은 어두움 속에서 만들어집니다. 그러나 그 어두움은 영원히 계속되지 않습니다. 밀물이 있고 썰물이 있듯이 하나님의 때는 반드시 찾아옵니다. 인내 속에 기다리면 인생은 역전되는 날이 있습니다. 요셉은 인생을 역전시키시는 하나님을 경험하고 있습니다.

구덩이에 던져진 요셉이 높은 정상에 서 있습니다. 죄수의 옷이 벗겨지고 국무총리가 입는 세마포 옷이 입혀졌습니다. 고난의 수레에서 내려서 버금 수레를 타고 있습니다. 엎드려 절했던 그가 이세는 사람들의 절을 받고 있습니다. 손에는 인장 반지가, 목에는 금사슬이 걸려 있습니다. 보디발의 아내의 유혹 때문에 버림받았던 요셉에게 사랑스런 아내가 선물로 주어졌습니다.

당신의 인생도 역전될 수 있습니다. 아직 인생의 게임은 끝나지 않았습니다. 실패와 좌절 앞에 결코 굴복하지 않았던 에이브러햄 링컨의 말을 기억하십시오. 그가 상원 의원 선거에서 낙선한 뒤에 한 말입니다. "내가 걷는 길은 험하고 미끄러웠다. 그래서 나는 자꾸만 미끄러져 길바닥 위에 넘어지곤 했다. 그러나 나는 곧 기운을 차리고는 내 자신에게 이렇게 말했다. '길이 약간 미끄럽긴 해도 낭떠러지는 아니야.'" 설령 낭떠러지라 할지라도 하나님이 함께 하실 때 떨어진 그 자리에서 하늘을 나는 축복을 경험하게 될 것입니다.

시련과 역경을 두려워하지 마십시오. 결코 포기하지 마십시오. 결코 중단하지 마십시오. 하나님은 당신 곁에 계십니다. 기회는 분명히 찾아옵니다. 닫힌 문 앞에서 망설이지 마십시오. 새롭게 열린 문을 향해 서십시오. 기회는 한 번으로 끝나는 것이 아닙니다. 또 다시 찾아옵니다. 기회를 위해 준비하십시오. 시련 중에 있는 당신의 생애를 역전시키실 역전의 하나님을 바라보십시오! 역전의 순간을 기대하면서 하나님과 함께 계속해서 전진하시길 빕니다.

## 2 부

# 꿈이 실현되는 것을 보는 기쁨

# 꿈의 성취를 7
## 섬김의 기회로
## 만들라

요셉이 애굽 왕 바로 앞에 설 때에 삼십 세라 … 애굽 땅에 일곱 해 풍년이 그치고 요셉의 말과 같이 일곱 해 흉년이 들기 시작하매 … 바로가 애굽 모든 백성에게 이르되 요셉에게 가서 그가 너희에게 이르는 대로 하라 하니라 … (창 41:46 − 57).

## 하나님의 은혜를 사모하라

기다림 가운데 이룬 성취는 쉽게 이룬 성취보다 그 기쁨이 훨씬 큽니다. 땀 흘린 수고 후에 찾아온 안식, 기나긴 기다림 속에서 맺어진 사랑은 고귀합니다. 피와 땀과 눈물로 성취한 꿈은 값진 것입니다. 요셉은 13년의 기나긴 기다림, 피눈물 나는 고통 중에 꿈을 성취합니다. 꿈을 성취하고 소원을 성취한다는 것은 행복한 것입니다.

소원의 성취에 대해 잠언에서는 다음과 같이 말씀합니다. "소망이 더디 이루게 되면 그것이 마음을 상하게 하나니 소원이 이루는 것은 곧 생명 나무니라"(잠 13:12). "소원을 성취하면 마음에 달아도 미련한 자는 악에서 떠나기를 싫어하느니라"(잠 13:19).

요셉이 소원을 성취할 때 그의 마음은 기쁨으로 충만했습니다. 누가 이런 기쁨을 주었습니까? 어떻게 노예가 국무총리가 될 수 있었습니까? 무엇이 요셉을 수렁에서 건져내어 위대한 인물이 되게 했습니까? 요셉의 생애를 극적으로 만든 것은 무엇입니까? 그것은 하나님의 은혜입니다.

하나님의 은혜가 임하게 되면 놀라운 일이 생깁니다. 하나님의 은혜가 임하게 되면 한 순간에 모든 것이 변합니다. 자신도 변하고, 환경도 변합니다. 하나님의 은혜만큼 귀한 것이 없습니다. 하나님의 은혜는 신분을 초월합니다. 죄수의 신분에서 국무총리가 되게 합니다.


## "먼지도 태양 빛을 받으면 빛을 발한다"

"사람 팔자 시간 문제다"라는 말이 있습니다. 함부로 사람을 판단해서는 안된다는 말입니다. 특별히 젊은이들을 외모로 쉽게 평가해서는 안됩니다. 그 안에는 무한한 가능성이 꿈틀거리고 있기 때문입니다.

미국의 한 농장 주인이 자기 집 머슴이 자기 딸과 사귀는 것을 알고 그를 쫓아 버렸습니다. 35년 뒤 주인이 창고를 치우다가 머슴의 짐을 발견했습니다. 거기에는 머슴의 이름이 쓰여져 있었는데, 바로 미국의 20대 대통령인 A. 가필드였습니다. 그는 대통령이 될 사위감을 쫓아낸 것입니다.

하나님의 은혜가 임하면 머슴도 대통령이 될 수 있습니다. 인간의 모든 장애를 극복하게 하는 것이 은혜입니다. 그래서 우리는 하나님의 은혜를 사모해야 합니다. 괴테는 "먼지도 태양 빛을 받으면 빛을 발한다"고 말했습니다. 먼지 같은 인생도 태양 빛과 같은 하나님의 은혜를 받으면 빛을 발하게 됩니다. 노력과 교육과 훈련은 중요합니다. 그러나 그 위에 하나님의 은혜가 머물지 않으면 그 땀 흘림이 무용지물이 될 수도 있습니다.

요셉은 이 사실을 잊지 않았습니다. 그가 국무총리가 되었을 때에 하나님의 은혜를 잊지 않았습니다. 하나님의 사명을 잊지 않았습니다.

## 성공보다 소중한 것은 성품이다

요셉의 위대함은 고난을 잘 극복했다는 것입니다. 고난은 우리의 성품을 아름답게 만들어 줍니다. 고난은 우리가 어떤 사람인지를 드러내 줍니다. 그러나 고난의 때보다 우리의 성품을 잘 드러내는 때는 우리가 성공할 때입니다. 요셉의 훌륭함은 그가 성공한 후에 더 잘 나타났습니다. 요셉의 성품은 고난의 때뿐만 아니라 성공한 후에 더 아름답게 드러났습니다.

먼지 같은 인생도
태양 빛과 같은
하나님의 은혜를 받으면
빛을 발하게 됩니다.

사실 인간은 고난 중에 겸손합니다. 하나님을 찾습니다. 그런 반면 번영의 때는 교만해지기 쉽고, 하나님을 떠나기 쉽습니다. 고난을 이길 수 있는 사람은 많아도 번영을 이길 수 있는 사람은 많지 않습니다. 그래서 우리들은 성공을 두려워합니다. 많은 사람들이 성공한 후에 몰락했습니다. 왜 그렇습니까? 성공을 목적으로 삼았기 때문입니다.

## 성공은 섬김을 위한 디딤돌이다

성공은 목적을 달성하기 위한 수단에 불과합니다. 도구에 불과합니다. 그런데 성공 자체가 목적이 될 때는 성공한 후에 공허와 쾌락의 죄에 빠지게 됩니다.

성공은 성공 자체가 목적이 아니라 사명을 완수하기 위한 디딤돌입니다. 요셉은 성공과 사명을 분별할 줄 알았습니다. 그는 성취를 섬김의 기회로 삼았습니다. 그는 꿈을 성취하기 위해 노력한 것보다도 성취한 후에 더 많은 노력을 기울였습니다. 여기에 요셉의 위대함이 있습니다. 요셉의 아름다움이 있습니다.

요셉은 성공을 섬김의 기회로 삼았습니다. 국무총리가 되었다고 축하 파티를 한 것이 아니라 오히려 애굽 온 땅을 순찰합니다. 기근을 대비해서 열심히 일합니다. 요셉은 한 번의 형통에 안주하지 않고 계속해서 형통하는 삶을 영위합니다. 그는 정말 잘 준비된 그릇이었습니다.

탁월한 하나님의 사람, 요셉에게서 배울 수 있는 소중한 삶의 원리는 무엇입니까?

● ● ●

## 정상의 기쁨을 너무 오래 누리지 말라

꿈을 성취한 사람들은 정상을 정복한 사람들입니다. 그들은 정상에 너무 오랫동안 머무르면 안됩니다. 계속해서 축하만 받고 있으면 안됩니다. 맡겨진 사명을 완수하기 위해 일해야 합니다. 요셉은 꿈을 성취한 다음에 바로 사명자의 삶을 살아갑니다. 46절을 보십시오.

요셉이 애굽 왕 바로 앞에 설 때에 삼십 세라 그가 바로 앞을 떠나 애굽 온 땅을 순찰하니.

요셉은 바로 왕 앞에서 최고의 영광을 누립니다. 세마포 옷을 입고, 인장 반지를 끼고, 목에는 금사슬을 걸고 거기에다가 아내까지 맞이합니다. 생각해 보십시오. 지난 13년 동안 청년의 정욕을 이기며 살아왔던 그가 아내를 맞이하게 되었습니다. 고독한 청년에게 여인이 주어졌습니다. 드디어 그는 가정을 갖게 되었습니다.

얼마나 행복한 순간입니까? 얼마나 영광스러운 순간입니까? 얼마나 축복된 순간입니까? 그럼에도 불구하고 요셉은 바로 앞에 오래 머물러 있지 않습니다. 궁중에서의 삶을 즐기려고 하지 않습니다. 그는 즉시 왕궁을 떠나서 애굽 온 땅을 순찰합니다.

이것이 탁월한 지도자의 모습입니다. 요셉은 지금까지 애굽의 형편과 상황을 귀로 들어 왔습니다. 비서실장인 보디발의 집에서, 술 맡은 관원과 떡 맡은 관원과 함께 거했던 감옥에서 애굽의 형편을 들었습니다. 그러나 그가 들었던 정보만으로 만족할 수 없었습니다. 그래서 요셉은 애굽의 형편과 상황을 직접 확인하기 위해 순찰을 떠납니다.

## 정상에 오래 머무르지 말라

정상은 단순히 한 개인의 즐거움을 위한 것이 아닙니다. 하나님이 정상에 세우신 것은 그 자리에서 내려와 사람들을 섬기라는 것입니다. 우리 인생의 최종 목적은 정상에 오르는 것이 아닙니다.

에베레스트 산 정상에서는 사람이 오래 머무를 수가 없습니다. 정상은 사람이 살기에 적합한 조건이 아닙니다. 산소가 부족합니다. 거센 바람과 추위는 등산가들로 하여금 장시간 지탱할 수 없게 합니다. 정상을 정복했다가 정상에서 죽은 등반대의 이야기가 있습니다. 그들은 등반가의 수칙을 어기고 정상에서 무려 여섯 시간이나 머물러 있었습니다. 너무 오랜 시간 정상에 머무른 나머지 거센 날씨를 이기지 못하고 동사하고 만 것입니다.

정상은 위험한 곳입니다. 노출이 심합니다. 긴장이 심합니다. 정상에 오른 사람의 위기는 정상을 오랫동안 지키려고 하는 것입니다. 그래서 정상에 도전하는 다른 사람을 경계합니다. 그들을 쓰러뜨리려고 합니다. 정상에서 타락하는 이유가 여기에 있습니다. 자리를 지키는데 전념하다가 사명을 망각합니다.

요셉은 국무총리가 된 후에 땅을 순찰하면서 열심히 일하는 아름다운 성품을 보여 주었습니다. 그는 정상에 오래 머무르지 않았습니다. 그는 오랫동안 쉬지 않았습니다. 요셉 자신도 버금 수레를 타고 즐기고 싶었을 것입니다. 포근포근한 침대에서 오랫동안 즐기고 싶었을 것입니다. 그러나 요셉은 그렇게 하지 않았습니다.

요셉은 꿈을 성취하기 위해 최선을 다하는 것도 중요하지만, 사명을 완수하기 위해 최선을 다하는 것도 중요하다는 사실을 알았습니다. 사실 이 짧은 한 절 속에 요셉의 마음이, 요셉의 태도가, 요셉의 성품이 나타나 있습니다. 이것이 하나님의 은혜로 형통한 사람들의 자세가 되어야 합니다. 하나님이 당신에게 성공을 선물로 주실 때 그 자리에 너무 오래 머무르지 마십시오. 빨리 내려와 섬기십시오.

요셉은 성공한 후에 무엇을 먼저 해야 하는지 그 우선 순위를 알았습니다. 그는 먼저 땅을 순찰합니다. 그는 정확한 정보를 수집하는 데 먼저 시간을 보냅니다. 그가 섬겨야 할 대상인 백성을 돌아보는 데 시간을 보냅니다. 그는 누구를 위해, 무엇을 위해 국무총리가 되었는가를 알고 있습니다.

그는 바로 왕을 위해 일하고 있습니다. 요셉은 바로 왕을 위해 일하지만, 바로 왕은 백성을 위해 일합니다. 백성이 왕을 위해 존재하는 것이 아니라 왕이 백성을 위해 존재합니다. 대통령이 백성을 위해서 존재하는 것이지 백성들이 대통령을 위해 존재하는 것이 아닙니다. 양들이 목자를 위해 존재하는 것이 아닙니다. 훌륭한 기업가는 고객을 위해 존재해야 합니다. 함께 일하는 직원들을 위해 존재합니다.

요셉이 바로를 섬기는 것은 대단히 지혜로운 일입니다. 곧 그 길을 통해 백성을 섬기고, 하나님이 맡기신 사명을 완수하는 것이기 때문입니다.

> 하나님이 당신에게 성공을 선물로 주실 때
> 그 자리에 너무 오래 머무르지 마십시오. 빨리 내려와 섬기십시오.

## 성공을 쾌락의 기회로 삼지 말라

요셉은 성공을 쾌락의 기회로 삼지 않았습니다. 그는 결혼하여 아내를 맞이했습니다. 아내를 맞이했다고 해서 그가 해야 될 사명을 망각하지는 않았습니다. 그는 아내 곁에 오래 머물러 있지 않았습니다. 요셉은 그가 감당해야 할 사명 완수를 위해 애굽 온 땅을 순찰했습니다.

요셉은 가정적인 사람이었습니다. 아버지 야곱을 무척 사랑했고 그의 동생 베냐민을 사랑했습니다. 그는 또한 울 줄 아는 사람이었습니다. 기나긴 세월 동안 야곱을 생각하며 외로워서 울었을 것입니다. 그런 요셉에게 그의 고독을 해결해 줄 아내가 생겼습니다. 그녀는 무척 사랑스럽고 포근했을 것입니다. 그럼에도 불구하고 요셉은 자기에게 맡겨진 사명을 위해서 사적인 안락을 초월할 줄 알았습니다.

많은 사람들이 정상에 올라가면 타락합니다. 권력을 이용해서 범죄합니다. 권력을 탐욕을 채우는 기회로, 자기 쾌락을 충족시키는 기회로 삼는 사람들이 많이 있습니다.

### 사명을 맡은 자여, 편안함을 포기하라!

사명을 맡은 사람은 부지런해야 합니다. 편안함을 추구해서는 안됩니다. 다스리는 자는 부지런해야 합니다. 그래서 사도 바울은 로마서 12장 8절에서 "다스리는 자는 부지런함으로" 섬기라고 말씀합니다. 바울은 사명을 완수하기 위해 자기 생명도 아끼지 않았습니다. 바울은 "나의 달려갈 길과 주 예수께 받은 사명 곧 하나님의 은혜의 복음 증거하는 일을 마치려 함에는 나의 생명을 조금도 귀한 것으로 여기지 아니하노라"(행 20:24)고 말씀합니다. 사명자의 길은 절대로 편안한 길이 아닙니다. 물론 영광도 있고 기쁨도 있고 보람도 있습니다. 그러나 사명자의 길에는 항상 수고와 땀과 피가 기다리고 있습니다.

● ● ●

## 하나님의 꿈을 이루는 도구가 되라

요셉은 하나님의 꿈을 이루는 거룩한 그릇이 되어 쓰임받습니다.

47-49절을 보십시오.

애굽의 일곱 해 풍년에 토지 소출이 심히 많은지라 요셉이 애굽 땅에 있는 그 칠 년
곡물을 거두어 각 성에 저축하되 각 성 주위의 밭의 곡물을 그 성중에 저장하매 저
장한 곡식이 바다 모래같이 심히 많아 세기를 그쳤으니 그 수가 한이 없음이었더라.

이것은 누가 꾼 꿈입니까? 바로가 꾼 꿈입니다. 바로가 꾼 꿈이 이
루어지고 있습니다. 요셉은 바로의 꿈을 이루기 위해 풍년이 든 칠 년
동안 곡물을 거두어 각 성에 저축합니다. 요셉은 바로가 꾼 꿈을 성취
하기 위해 일합니다.

요셉은 국무총리가 되기 전까지, 하나님이 주신 자기의 꿈을 성취
하기 위해 살아왔습니다. 그런데 지금은 바로 왕의 꿈을 성취시키기
위해 삽니다. 꿈을 가진 사람의 아름다움은 다른 사람의 꿈도 소중히
여긴다는 것입니다. 그들의 꿈이 성취될 수 있도록 도와 줍니다. 사실
이것이 성공의 비결이기도 합니다. 다른 사람들의 꿈이 성취되도록
도와 주면 자신의 꿈은 저절로 성취된다는 것입니다.

다른 사람을 성공하도록 도와 주는 사람은 자기 자신도 성공하게
됩니다. 요셉이 바로 그런 인물입니다. 그런데 질문해 보아야 합니다.
바로의 꿈은 누가 주신 것입니까? 그것은 하나님이 바로에게 주신 꿈
입니다. 결국 바로의 꿈을 성취하는 것은 하나님의 꿈을 이루는 것입
니다. 요셉은 하나님의 꿈을 이루기 위해 총력을 기울입니다. 그래서
바로의 꿈을 소중히 여깁니다. 바로의 꿈을 통해 하나님의 뜻이 이루
어진다는 사실을 알았기 때문입니다.

요셉의 삶은 아름답습니다. 그는 다른 사람의 꿈을 소중히 여기고,
하나님의 꿈을 존귀히 여기는 사람입니다. 요셉의 아름다움은 성공적

인 일의 성취에 누가 영광을 받느냐에 대한 관심보다 어떠하든지 하나님의 뜻이 이루어지기를 소원하고 있다는 점입니다. 여기서 우리가 배우는 귀중한 삶의 원리가 있습니다.

우리 인생은 어디에 있느냐보다 어떤 사람이냐에 따라 결정됩니다. 요셉은 보디발의 집에서나 감옥에서나 한결같습니다. 국무총리가 되어 애굽 궁중에 있을 때에도 한결같은 성품을 가지고 살아갑니다. 그는 어디에 있느냐보다 자신이 누구인지에 관심을 가졌습니다. 그리고 누구를 위해 일하고 있느냐에 관심을 가졌습니다. 요셉은 애굽에 있지만 하나님을 위해 일하고 있습니다.

요셉에게 중요한 것은 어디에서 일하느냐보다 어떤 태도로 일하느냐에 있었습니다. 그는 섬기는 자세로 일했습니다. 자신의 위치를 섬김의 기회로 삼았습니다.

그런데 섬김에 있어서 중요한 것이 지혜입니다. 좋은 성품만으로 잘 섬길 수 있는 것이 아닙니다. 지식과 명철이 필요합니다. 지혜가 필요합니다. 요셉은 어떤 지혜를 가지고 섬김의 삶을 살았습니까?

## 번영의 때에, 섬김을 위해 미래를 준비하는 지혜를 소유하라

요셉은 번영의 때에 방심하지 않았습니다. 곧 찾아올 미래의 기근을 위해 준비했습니다. 그는 곡식을 저장했습니다. 48-49절을 보십시오.

요셉이 애굽 땅에 있는 그 칠 년 곡물을 거두어 각 성에 저축하되 각성 주위의 밭의 곡물을 그 성중에 저장하매 저장한 곡식이 바다 모래같이 심히 많아 세기를 그쳤으니 그 수가 한이 없음이었더라.

요셉은 칠 년 풍년 동안에 칠 년 기근에 쓸 곡식을 저장했습니다. 어떻게 곡식이 썩지 않도록 칠 년 동안이나 저장했을까요? 지금도 그 당시에 곡식을 저장했던 기술에 탄복하고 있습니다. 그 당시에 냉장고가 있었던 것도 아닌지라 특수 공법을 사용했던 것 같습니다.

우리는 번영의 때에, 하나님이 축복을 부어 주실 때에 미래를 위해 준비해야 합니다. 이웃을 섬기고, 하나님의 나라를 위해 준비해야 합니다. 풍년이 있던 칠 년 동안 잘 예비해서 칠 년 기근 때 애굽 백성뿐 아니라 어려운 이웃 나라를 도왔던 요셉처럼 말입니다. 이것은 요셉 자신만을 위한 일이 아니었습니다. 다른 사람을 섬기기 위한 일이었습니다.

우리가 저축하는 이유는 미래의 안전을 위해서가 아닙니다. 안전은 하나님께만 있습니다. 그래도 우리가 저축하는 이유는 첫째는 이웃을 섬기기 위해서입니다. 둘째는 하나님의 나라를 위해서입니다. 셋째는 자녀를 양육하는 데 사용하기 위해서입니다. 자녀는 하나님이 주신 기업이기에 잘 양육해야 합니다.

우리가 가진 물질을 가장 아름답게 쓰는 길은 하나님 나라를 위해 쓰는 것입니다. 우리의 물질을 가장 안전하게 보관하는 길은 하나님께 맡기는 것입니다. 우리가 천국에 갈 때 물질을 가져 갈 수는 없어도 미리 하늘에 쌓아 둘 수는 있습니다. 그것은 하나님께 드리는 것입니다. 어려운 이웃을 도와 주는 것입니다.

**참된 부자는 남을 부요케 하는 자입니다.**
돈이 많다고 부자가 아닙니다. 돈이 많지만 일평생 동안 한 사람도 부요케 하지 못했다면 그는 가난한 사람입니다. 참된 부요함은 나눔에 있습니다. 성경적인 부자란 나누는 사람입니다. 가장 가난한 사람은 나누지 못하는 사람입니다. 나누지 못함은 가난함의 증표입니다. 참된 섬김은 나눔에 있습니다.

예수님의 부요함은 나눔에 있었습니다. 예수님의 생애는 나눔의 생애였습니다. 주님은 진리도 지혜도 사랑도 나누어 주셨습니다. 예수님의 나눔에 대한 묵상을 하면서 이해인 수녀는 이렇게 기도했습니다.

주님
당신의 생애는 그렇게도 철저한
나눔의 생애로 부서졌건만
우리의 날들은 어찌 이리
소유를 위해서만 숨이 차게 바쁜지
시시로 당신 앞에 성찰하게 하소서.

진정 당신 안에서가 아니면
나눔의 참뜻을 알지 못하는 우리
당신이 세상에서 모범을 보이신 대로
아낌없이 모든 것 내어 주고도
한끝의 후회가 없는
너그럽고 순수한 마음을 주소서.

— "나눔에 대한 묵상 기도" 가운데서 —

나눔은 소유의 많음에 있기보다 존재의 넉넉함에 있습니다. 마음의 여유, 내면의 충만을 누리는 자만이 나눔을 실천할 수 있습니다. 나눔은 물질의 과다의 문제가 아니라 성품의 문제입니다. 나눌 수 있는 사람은 부요한 사람입니다. 나눌 수 있는 자만이 넉넉한 사람입니다. 나눔은 사랑할 때 가능합니다. 사랑하는 대상에게는 항상 나눌 것이 있습니다. 주고 또 주고도 줄 것이 남는 연인들의 마음처럼, 더 주지 못해 안달하는 마음이 사랑하는 마음입니다.

　나눔은 생명의 원리입니다. 나눔은 희생으로 시작되지만 풍성함으로 열매를 맺습니다. 기쁨은 나눌 때 그 기쁨이 배가 되고, 슬픔은 나눌 때 그 슬픔이 절감이 됩니다. 깊은 샘물을 퍼내면 퍼낼수록 맑은 물이 올라오듯이, 우리의 삶은 나눔으로 더 풍성해집니다. 요셉처럼 우리는 나눔을 위해 준비하고, 섬김을 위해 예비하는 사람들이 되어야 합니다.

나눔은 소유의 많음에 있기보다 존재의 넉넉함에 있습니다. 마음의 여유, 내면의 충만을 누리는 자만이 나눔을 실천할 수 있습니다.

## 섬김을 위해 기술을 터득하는 지혜를 소유하라

　사랑하고 섬기는 일이 결코 쉬운 일은 아닙니다. 요셉은 잘 섬기기 위해 철저한 계획을 세웁니다. 54-56절을 보십시오.

　요셉의 말과 같이 일곱 해 흉년이 들기 시작하매 각국에는 기근이 있으나 애굽 온 땅에 식물이 있더니 애굽 온 땅이 주리매 백성이 바로에게 부르짖어 양식을 구하는지라 바로가 애굽 모든 백성에게 이르되 요셉에게 가서 그가 너희에게 이르는 대로 하라 하나라 온 지면에 기근이 있으매 요셉이 모든 창고를 열고 애굽 백성에게 팔새 애굽 땅에 기근이 심하며 각국 백성도 양식을 사려고 애굽으로 들어와 요셉에게 이르렀으니 기근이 온 세상에 심함이었더라.

요셉은 기근 때문에 찾아온 사람들에게 곡식을 그냥 나누어 주지 않습니다. 돈을 받고 팝니다. 왜 그랬을까요? 무조건 나누어 주면 큰일이 납니다. 무엇이든지 허락한다고 사랑이 아닙니다. 무엇이든지 주는 것이 다 섬김은 아닙니다.

사람은 이상합니다. 공짜로 주면 귀한 것을 모릅니다. 너무 쉽게 얻은 것에 대해서 가치를 부여하지 못합니다. 이 세상에서 값을 지불하지 않고 얻을 수 있는 것은 구원뿐입니다. 우리는 믿음으로 값없이 구원을 얻었습니다. 그렇다고 구원이 값싼 것입니까? 아닙니다. 예수님이 십자가에서 비싼 값을 지불하셨습니다. 하나님 아버지께서 아들을 희생하는 값을 지불하셨습니다. 결국 이 세상에서 우리가 얻고, 누리는 고귀한 것은 다 비싼 대가를 지불한 것입니다.

요셉의 섬김은 훈련된 섬김입니다. 요셉의 사랑 또한 훈련된 사랑입니다. 진정한 사랑은 때로 거친 사랑임을 알아야 합니다. 무조건 잘해주고 격려한다고 해서 사랑이 아닙니다. 격려와 책망의 균형을 이루어야 합니다. 사랑하는 자를 참으로 돕기 위해서는 한계를 가르쳐 주어야 합니다.

어떻게 보면 요셉이 하는 일이 인색해 보입니다. 또한 섭섭한 마음까지도 갖게 합니다. 백성들은 당장 배가 고프다고 아우성칩니다. 그러나 요셉은 칠 년을 내다보면서 치밀한 계획을 가지고 행하는 것입니다.

요셉은 착한 사람입니다. 어진 사람입니다. 그러나 참된 사랑, 진정한 섬김을 위해서 냉정하리만큼 자신을 절제합니다. 가슴은 따뜻하지만 겉으로는 냉정하게 사랑을 실천합니다. 이것은 거친 사랑(tough love)이었습니다.

**사랑에도 기술이 필요합니다.**

당신은 사랑과 섬김을 위한 기술을 습득하고 있습니까? 에릭 프롬은「사랑의 기술」이라는 책에서 사랑에도 기술이 필요함을 역설합니다. 사랑의 기술을 터득하기 위해서도 훈련이 필요하다고 말합니다.

에릭 프롬은 "목공의 기술을 다루든 의학의 기술을 다루든 일반적인 요청이 있다. 우선 기술의 실용에는 '훈련'이 요구된다. 훈련된 방식에 의하여 이 기술을 실행하지 않는다면 나는 결코 이 기술에 숙달되지 못할 것이다. '기분이 내켜서' 어떤 일을 하는 것은 좋은 일이고 재미있는 취미일지도 모르지만, 결코 그 기술에 숙달되지 못할 것이다"라고 말합니다. 그는 사랑을 실천함에도 기술이 필요하고, 훈련이 필요하다고 말합니다. 또한 사랑의 기술을 익히는 것과 함께 기다림의 중요성을 역설합니다.

우리는 하루아침에 요셉과 같은 인물이 될 수는 없습니다. 그러나 우리가 관심을 가지고 배우고, 훈련하고, 인내하면서 실천한다면 사랑과 섬김에도 탁월한 사람이 되는 축복을 누릴 것입니다.

## 자기 위치를 철저히 지키면서 섬기는 지혜를 소유하라

바로 왕은 요셉을 신뢰했습니다. 바로는 훌륭한 지도자였습니다. 저는 요셉을 세운 바로에게서 탁월한 지도력을 배워야 한다고 생각합니다. 주님은 뱀처럼 지혜로우라고 말씀했습니다. 주님은 세상 사람들에게서 지혜를 배우는 것도 지혜임을 가르쳐 주셨습니다.

## 탁월한 지도력을 바로에게서 배우십시오.

바로는 인재를 등용할 줄 알았습니다. 자신의 한계를 인정했습니다. 자신이 할 수 있는 일과 자신이 할 수 없는 일을 알았습니다. 자신이 모든 것을 다하려고 하지 않았습니다. 자신이 해야 하는 일과 할 수 있는 일만 했던 지도자였습니다.

바로는 자신 안에 요셉과 같은 지혜가 없음을 알았습니다. 그래서 요셉을 등용했습니다. 바로는 다른 사람을 성공시킴으로써 자신이 성공한다는 원리를 터득한 사람이었습니다. 그리고 요셉을 성공시킴으로써 자신이 성공한 인물이었습니다.

바로는 자신의 체면이나 위치보다 자신의 기능을 중요하게 생각했습니다. 자신의 정체성을 알았습니다. 자신은 왕이며, 백성을 위해 존재함을 깨달았습니다. 누가 영광을 받고, 누가 권세를 가지고 사느냐보다 더 중요한 것은 백성의 복지임을 알았습니다. 그래서 요셉을 세워 자기 백성을 섬기도록 했습니다.

그는 신분, 배경, 학위보다도 더 중요한 것은 실력임을 알았습니다. 요셉은 노예 신분이었습니다. 요셉은 이방인이었습니다. 애굽의 시민이 아니었습니다. 그는 정규 교육을 받은 사람도 아니었습니다. 그러나 바로는 모든 것을 초월해서 요셉의 인품과 실력을 보고 그를 등용했습니다.

바로는 위임할 줄 알았던 인물이었습니다. 요셉에게 일을 맡길 뿐 아니라 권한도 주었습니다. 그는 요셉의 일에 간섭하지 않았습니다. 요셉이 일을 잘하도록 후원자의 역할을 삼낭했을 뿐입니다. 사실상 바로는 명목상의 왕이라고 할 만큼 모든 권한을 요셉에게 위임했습니다. 그러나 바로는 위대했습니다. 그 이유는 자신보다 훌륭한 인물을 세울 만큼 덕성이 있는 지도자였기 때문입니다. 그의 탁월함은 사람을 알아보았다는 데 있습니다.

### 지혜는 자기 위치를 지키는 것입니다.

바로가 탁월한 지도자였다면 요셉은 탁월한 이인자였습니다. 요셉은 절대로 자기 위치를 망각하지 않았습니다. 그는 일인자가 되려고 하지 않았습니다. 다만 하나님의 뜻만 이루어지길 소원했습니다. 45절을 보십시오.

그가 요셉의 이름을 사브낫바네아라 하고 또 온 제사장 보디베라의 딸 아스낫을 그에게 주어 아내를 삼게 하니라 요셉이 나가 애굽 온 땅을 순찰하니라.

바로가 요셉에게 준 이름은 사브낫바네아입니다. 그 이름의 뜻은 '세상의 구주'입니다. 요셉에게 지어 준 이름에서 알 수 있듯이, 바로는 요셉에게 신성을 부여할 만큼 요셉을 인정했습니다. 요셉의 말을 들으면 백성이 살리라는 것을 알았습니다. 그래서 백성들이 바로에게 나와 부르짖을 때에도, 바로는 요셉의 말을 들으라고 말합니다. 55절을 보십시오.

애굽 온 땅이 주리매 백성이 바로에게 부르짖어 양식을 구하는지라 바로가 애굽 모든 백성에게 이르되 요셉에게 가서 그가 너희에게 이르는 대로 하라 하니라.

바로는 요셉에게 모든 권한을 부여했습니다. 그럼에도 불구하고 요셉은 철저하게 바로 앞에 순종합니다. 요셉은 철저하게 바로를 위해 존재합니다. 그러나 사실은 하나님을 위해 그렇게 하는 것입니다.

요셉의 아름다움은 자기 위치를 지키는 겸손에 있습니다. 지혜란 자기 위치를 지키는 것입니다. 겸손이란 변함 없이 정해진 자리에서 섬기는 것입니다. 모든 것은 마땅히 있어야 할 자리에 있을 때 아름답습니다. 그 자리를 벗어나면 추해집니다. 이런 추한 모습을 잠언 19장 10절에서는 "미련한 자가 사치하는 것이 적당치 못하거든 하물며 종이 방백을 다스림이랴"고 말씀합니다.

세상에서 가장 아름다운 풍경은 무엇일까요? 하덕규 집사님이 부르는 찬양 중에 나오는 가사가 답변해 줍니다. "세상 풍경 중에 제일 아름다운 풍경, 모든 것이 제자리로 돌아가는 풍경!" 손목 시계는 사람의 손에 있을 때 아름답습니다. 그 시계가 원숭이나 고양이 앞발에 있으면 아무런 의미가 없습니다. 우리도 마찬가지입니다. 하나님 아래 있는 것이 중요합니다. 하나님의 세우신 권위 아래 있는 것이 중요합니다.

예수님도 항상 자신의 위치를 지키셨습니다. 하나님 아버지를 높이셨습니다. 아버지를 인정하고, 아버지의 뜻을 좇고, 아버지의 뜻을 이루기 위해 사셨습니다. 아들로서의 위치를 철저하게 지키셨습니다. 아버지께 순종했습니다. 바로 여기에 사랑받는 비결이 있습니다. 영원히 형통하는 비결이 있습니다.

요셉이 성공 중에도 타락하지 않았던 것은 바로 겸손한 자세 때문입니다. 하나님을 경외했던 지혜 때문입니다. 그는 그의 성공의 자리가 자신의 노력으로 인한 자리가 아니라 하나님이 세우신 자리임을 알았습니다. 하나님은 겸손한 사람과 하나님을 경외하는 사람에게 놀라운 축복을 계속해서 주십니다.

잠언 22장 4절에는 "겸손과 여호와를 경외함의 보응은 재물과 영광과 생명이니라"고 말씀합니다. 잠언 18장 12절에는 "사람의 마음의 교만은 멸망의 선봉이요 겸손은 존귀의 앞잡이니라"고 말씀합니다. 우리의 위치를 망각하지 맙시다. 겸손을 우리 삶의 최고의 덕목으로 삼고 살아갑시다.

### 일회용이 아닌 영원한 형통을 추구하십시오.

성공은 우리의 목적이 아닙니다. 성공은 섬김을 위한 수단에 불과합니다. 정상은 오래 머무르는 자리가 아닙니다. 정상은 그 곳에 오래 머물기 위해 주신 것이 아닙니다. 내려와 섬기도록 주신 자리입니다. 정상에 오래 머무르면 죽습니다. 타락합니다. 내려와야 합니다. 섬겨야 합니다.

성공은 섬김을 위한 디딤돌이 될 때 빛이 납니다. 섬김에도 기술이 필요합니다. 사랑에도 기술이 필요합니다. 상대방의 유익을 위해 일시적인 아픔마저도 감수케 하는 거친 사랑이 필요합니다. 참된 사랑을 위해 우리는 훈련하고 기술을 익혀야 합니다.

한 번의 형통으로 만족하지 마십시오. 안주하지 마십시오. 영원히 형통한 자가 되기 위해 겸손하십시오. 형통 자체보다 사명을 완수하는 데 관심을 가지십시오.

성공보다 중요한 것은 성품입니다. 아름다운 성품은 장소와 시대를 초월하게 합니다. 성품은 성공을 누리는 그릇입니다. 성공을 유지시키는 그릇입니다. 더 큰 형통을 이끌어 주는 그릇입니다.

# 8 성취된 꿈은 상처를 치유한다

… 요셉에게 두 아들을 낳되 … 그 장자의 이름을 므낫세라 하였으니 하나님이 나로 나의 모든 고난과 나의 아비의 온 집 일을 잊어버리게 하셨다 함이요 차자의 이름을 에브라임이라 하였으니 하나님이 나로 나의 수고한 땅에서 창성하게 하셨다 함이었더라 … (창 41:46-57).

## 참된 섬김을 위해 상한 감정을 치유받으라

요셉은 성공을 넘어서 섬기는 삶을 살았습니다. 섬김을 행복의 조건으로 삼았습니다. 그 섬김의 동기는 사랑에 있었습니다. 그런데 우리가 진정으로 사람들을 섬기기 원한다면 선행되어야 할 것이 있습니다. 그것은 우리 안에 있는 상한 감정의 치유입니다. 우리 자신이 정서적으로 건강해야 남을 섬길 수가 있습니다.

사람들을 섬기려면 사람들을 향한 아픈 상처가 치료되어야 합니다. 마음에 쓴 뿌리가 있고 한이 많으면 남을 섬길 수가 없습니다. 인간은 상처를 받으면 그 상처에 대해 보상을 받거나 보복하려는 나쁜 성향이 있습니다. 그것은 인간 죄성의 본질입니다. 그러므로 이 문제를 하나님 앞에서 해결하지 않으면 남을 진정으로 섬기기가 어렵습니다.

한 사람이 정상의 위치에 올라서기까지는 많은 방해자들을 만납니다. 원수처럼 앞길을 막는 사람들도 있습니다. 꿈은 쉽게 성취되는 것이 아닙니다. 값을 지불하는 고통을 통해서 완성됩니다. 그 중에 하나가 꿈을 성취하는 도상에서 많은 사람들로부터 상처를 받게 된다는 것입니다.

우리는 요셉의 성장 과정을 보면서 많은 사람들이 그를 괴롭히는 것을 보았습니다. 49장 23절에는 "활 쏘는 자가 그를 학대하며 그를 쏘며 그를 군박하였으나"라고 말씀합니다. 요셉에게 활을 쏘고, 그를 학대하고 군박했던 수많은 사람들이 있었습니다.

우리는 보았습니다. 요셉의 형제들이 어떻게 요셉을 괴롭혔는지를 말입니다. 가장 가까운 형제들이 그를 구덩이에 집어 넣었습니다. 그의 옷을 찢었습니다. 그것은 그의 옷을 찢은 것이 아닙니다. 그의 마음을 찢은 것입니다. 그의 마음에 엄청난 상처를 냈습니다. 요셉은 형제들에게 미움받고 버림받고 배신당했습니다. 그리고 팔려 갔습니다.

요셉이 애굽에서 그토록 충성했던 보디발에게 받은 오해와 배신은, 그의 형제들을 통해서 받은 가슴의 상처를 더욱 아프게 만들었을 것입니다. 그를 감옥에 넣었던 원흉, 보디발의 아내는 요셉의 가슴에 쓴 뿌리로 남아 있었을 것입니다.

감옥에서 도와 주었던 술 맡은 관원장이 요셉을 잊은 채 2년을 지내는 동안에 요셉의 가슴에는 인간을 향한 불신의 씨앗이 자라고 있었을 것입니다. 소속감이 없는 공동체에서 의지할 사람 하나 없이 살았던 요셉의 13년의 세월은 그에게는 쓰라린 아픔의 날들이었을 것입니다.

생각해 보십시오. 17세의 어린 나이에 애굽에서 종살이하고, 옥살이할 때 그는 무엇을 생각했을까요? 사랑하는 아버지가 그리웠을 것입니다. 아버지가 아른거릴 때마다 요셉은 남몰래 눈물을 흘렸을 것입니다. 요셉은 정이 많은 사람입니다. 눈물이 많은 사람입니다. 모진 세파에 강하게 보일지 모르지만 마음은 한없이 유한 사람이었습니다.

요셉이 애굽에서 종살이를 할 때 가끔 고통스런 과거의 현장이 악몽처럼 떠올랐을 것입니다. 형들의 안녕을 살피기 위해 찾아간 도단에서 그를 구덩이에 넣은 형제들의 모습이 떠올랐을 것입니다. 애걸하는 자신을 외면한 채 음식을 먹고 있던 형제들의 모습이 생각났을 것입니다.

"형님들, 제발 살려 주세요. 제가 잘못했어요. 이제 꿈 이야기는 안할게요. 이제 아버지께 형님들의 과실을 고자질하지 않을게요. 채색옷도 절대로 안 입을게요"라고 애걸할 때 그의 형제들은 그의 애걸을 외면했습니다. 42장 21절을 보면 "그들이 서로 말하되 우리가 아우의 일로 인하여 범죄하였도다 그가 우리에게 애걸할 때에 그 마음의 괴로움을 보고도 듣지 아니하였으므로 이 괴로움이 우리에게 임하도다"라고 말씀합니다. 요셉의 형제들도 요셉의 마음의 괴로움을 보았습니다.

당신은 요셉의 괴로운 마음을 느끼십니까? 그의 가슴에 얼마나 큰 상처가 있었는지 상상하시겠습니까? 문제는 여기에 있습니다. 만약에 요셉의 상처가 치유되지 않았다면 어떤 일이 벌어졌겠습니까? 요셉이 누렸던 권세를 가지고 세도를 부렸다면 어떤 일이 일어났으리라 생각되십니까?

아마도 요셉은 자신의 권력으로 지나간 과거의 원한을 갚는 일에 전념하는 비극적인 인생을 살았을 것입니다. 그래서 하나님은 요셉을 치료하십니다. 그의 상한 감정을, 그의 고통스런 상처를 치유하십니다. 하나님은 요셉을 사랑하십니다. 그래서 그를 치유하시고, 참으로 사람들을 사랑으로 섬기도록 도와 주십니다. 요셉의 인생이 과거에 머무르지 않고 미래를 향해 전진하도록 도와 주십니다.

하나님은 어떻게 요셉을 치유하십니까?

●　●　●

## 하나님은 꿈을 성취하는 기쁨을 통해 치유하신다

인간의 상처를 치유하시는 하나님의 방법은 다양합니다. 또한 사람에 따라서 다릅니다. 우리는 하나님이 하시는 일에 한계를 정할 수 없습니다. 하나님은 사람마다 다른 방법으로 치유하십니다.

여기서 우리가 보는 것은 요셉의 경우입니다. 요셉을 통해 역사하시는 하나님의 치유의 손길을 배우게 됩니다. 하나님은 꿈을 성취케 하심으로 요셉을 치유하십니다. 이것은 하나님이 치유하시는 방법 중 한 방법입니다. 저는 당신의 생애에도 이런 축복된 역사가 있기를 간절히 소원합니다. 이런 치유는 참으로 축복된 치유입니다. 요셉의 꿈이 성취되는 순간은 참으로 영광스럽고 기쁜 순간입니다.

41장 42-43절을 다시 보겠습니다.

자기의 인장 반지를 빼어 요셉의 손에 끼우고 그에게 세마포 옷을 입히고 그에게 금사슬을 목에 걸고 자기에게 있는 버금 수레에 그를 태우매 무리가 그 앞에서 소리지르기를 엎드리라 하더라 하더라 바로가 그로 애굽 전국을 총리하게 하였더라.

감히 상상할 수도 없는 기쁨의 순간이 요셉에게 찾아왔습니다. 그리고 그는 환경의 풍요로움을 마음껏 누리게 됩니다. 하나님께서 국무총리가 된 요셉으로 하여금 칠 년 동안 풍년을 누리게 하십니다. 일곱 해 풍년 동안에 토지 소출이 심히 많았습니다. 47-49절을 보십시오.

일곱 해 풍년에 토지 소출이 심히 많은지라 요셉이 애굽 땅에 있는 그 칠 년 곡물을 거두어 각성에 저축하되 각성 주위의 밭의 곡물을 그 성중에 저장하매 저장한 곡식이 바다 모래같이 심히 많아 세기를 그쳤으니 그 수가 한이 없음이었더라.

## 환경을 통해 치유하시는 하나님

하나님의 치유 방법 중에 하나는 환경에 의한 치유입니다. 환경이 좋아지고, 생활에 여유가 생기면 마음도 몸도 건강해집니다. 물론 환경을 초월한 사람도 있습니다만, 보통 사람들은 대부분 환경의 영향을 받게 됩니다. 그래서 인간은 환경의 변화를 소원합니다. 인간은 소원을 성취하면 마음에 치유가 일어납니다. 마음의 변화와 건강의 변화와 관계의 변화가 일어납니다.

잠언 13장 19절에는 "소원을 성취하면 마음에 달아도 미련한 자는 악에서 떠나기를 싫어하느니라"고 말씀합니다. 소원을 성취할 때 우리의 마음이 달게 됩니다. 우리의 마음이 달게 되면 우리의 상처도 치료가 됩니다. 예수님은 이런 치유를 요한복음 16장 21-22절에서 이렇게 말씀하십니다.

여자가 해산하게 되면 그때가 이르렀으므로 근심하나 아이를 낳으면 세상에 사람 난 기쁨으로 인하여 그 고통을 다시 기억지 아니하느니라 지금은 너희가 근심

하나 내가 다시 너희를 보리니 너희 마음이 기쁠 것이요 너희 기쁨을 빼앗을 자가 없느니라.

예수님은 여자가 출산을 기다릴 때는 근심하지만 고통 중에 해산한 후에는 마음에 기쁨이 충만하게 됨을 아셨습니다. 산모는 해산의 기쁨 때문에 지나간 고통을 기억하지 않습니다. 성취의 기쁨이 성취하는 과정에서 품었던 고통을 모두 치유한다는 말씀입니다.

아이를 출산한 여인들을 보면 해산하는 고통이 너무 힘들어서 다시는 아이를 낳지 않겠다고 합니다. 그런데 아이를 키우면서 그 마음이 바뀝니다. 아이를 키우는 기쁨 때문에 옛날의 고통을 다 잊어버리고 또 낳고 싶어합니다. 하나님이 당신의 생애에 풍성한 축복을 부어 주셔서 당신의 지나간 과거의 모든 고통이 치유되길 빕니다.

## 과거의 고통을 잊게 하는 성취의 기쁨

하나님은 요셉에게 풍성한 복을 부어 주시고 아들도 주십니다. 50-51절을 보십시오.

흉년이 들기 전에 요셉에게 두 아들을 낳되 곧 온 제사장 보디베라의 딸 아스낫이 그에게 낳은지라 요셉이 그 장자의 이름을 므낫세라 하였으니 하나님이 나로 나의 모든 고난과 나의 아비의 온 집 일을 잊어버리게 하셨다 함이요.

이 말씀 속에는 깊은 의미가 있습니다. 하나님은 요셉을 국무총리로 세우셔서 풍성한 축복을 누리게 하십니다. 칠 년 동안 풍년을 주셔서 넘치는 풍요함을 경험하게 하십니다. 아내의 사랑을 받으며 아들까지 낳게 됩니다. 이런 과정을 통해 하나님은 요셉의 모든 고난뿐 아니라 아비의 온 집 일을 잊게 하십니다. 그래서 그 아들의 이름을 므낫세라고 지었습니다. 하나님이 과거의 모든 아픔을 잊게 하셨다는 뜻입니다.

이런 축복된 경험을 통해 요셉의 상한 마음은 치유됩니다. 그는 어느 누구에게도 원한을 품지 않기로 결정합니다. 잊어버리기로 선택합니다. 사실 권세 있는 자가 원한을 품으면 무서운 파괴를 하게 됩니다. 권세 없는 자가 원한을 품어 보아야 큰 영향력을 미치지 못하지만 높은 자리에 있는 사람이 원한을 갚기로 결정하면 무서운 결과를 가져옵니다.

우리 나라 수천년의 역사를 보십시오. 아름다운 전통도 있지만 어떻게 보면 복수와 보복의 역사라고 해도 과언이 아닙니다. 사색당파에서 시작된 우리 나라 정치의 현실은 처절합니다. 이것은 단지 우리 민족에게만 나타나는 현상은 아닙니다. 중국의 역사나 이스라엘의 역사나 세계의 역사도 마찬가지입니다. 권력을 차지하고 유지하기 위해 죽이고 보복하는 역사라고 해도 과언이 아닙니다.

그런데 요셉은 달랐습니다. 요셉의 생애 가운데는 그에게 상처를 준 사람들에 대한 보복의 흔적이 없습니다. 그의 형제들에게도, 그를 감옥에 넣었던 보디발의 아내에게도, 자기를 잊은 술 맡은 관원장에게도 보복하지 않습니다. 그것은 하나님의 은혜가 요셉의 마음에 함께 있었고 성령님께서 그의 마음을 붙잡아 주셨기 때문입니다. 그리고 요셉 또한 사랑과 용서의 길을 선택했기 때문입니다.

# 하나님은 용서 후에 부어 주시는 축복을 통해 치유하신다

왜 하나님은 요셉에게 그의 고난과 그 아비 온 집 일을 잊게 하셨을 까요? 그 이유는 하나님의 축복은 용서한 사람에게 더욱 부어지기 때문입니다. 요셉이 그의 과거의 고난과 형제들이 자기에게 한 모든 일을 잊기로 결정한 것은 용서를 전제로 한 것입니다. 용서한다는 것과 잊는다는 것은 함께 갑니다. 누군가를 용서한다는 것은 그의 지나간 과거를 잊기로 선택했다는 것을 의미합니다. 상한 감정의 치유는 이 두 가지 삶의 태도, 용서와 잊음(forgive and forget)을 통해서 일어납니다. 그런데 우리가 배워야 할 교훈은 하나님의 축복은 용서하는 마음 위에 풍성하게 임한다는 것입니다.

요셉이 그의 형제들과 그를 괴롭힌 사람들을 용서하고 그들의 허물을 잊기로 결단한 후로 더 놀라운 하나님의 축복을 경험합니다. 하나님이 둘째 아들을 주셨습니다. 52절을 보십시오.

차자의 이름을 에브라임이라 하였으니 하나님이 나로 나의 수고한 땅에서 창성 하게 하셨다 함이었더라.

요셉은 둘째 아들의 이름을 '창성'이라는 뜻을 가진 에브라임으로 짓습니다. 첫 번째 아들 므낫세를 낳은 사건이 요셉에게 있어서 '용서의 사건'이라면 두 번째 아들 에브라임을 낳은 사건은 '창성함의 사건'이었습니다. 요셉이 그의 형제들을 용서한 다음에 하나님은 더 놀라운 축복과 창성함을 주셨습니다. 요셉은 원한 맺힌 모든 사람들을 용서한 후에 더 큰 축복과 더 놀라운 은혜를 체험합니다.

## 용서는 하나님의 축복의 통로다

용서는 축복을 가져옵니다. 원한은 다른 사람을 파괴하기 전에 자기 자신을 파괴합니다. 다른 사람을 미워한다는 것은, 다른 사람을 미워하기 전에 자신이 미움의 불덩이를 안고 고통을 받는 것입니다. 사실 용서는 다른 사람을 위해서 하는 것이 아닙니다. 자기 자신을 위해서 하는 것입니다.

상한 감정의 치유는 두 가지 삶의 태도, 용서와 잊음을 통해서 이어납니다.

욥의 생애를 통해서 배우는 가장 소중한 것도 용서입니다. 욥은 고난 중에 많은 아픔을 경험합니다. 가장 큰 아픔은 욥의 친구들과 논쟁하면서 받은 상처입니다. 위로하기 위해 온 그의 친구들이 오히려 욥을 공격합니다. 욥을 이해해 주기는커녕 큰 상처를 입힙니다. 욥기 마지막 부분에 보면 하나님이 욥을 부르십니다. 그의 고난의 때가 끝나고 하나님이 축복하시는 때에 하나님이 욥에게 요구하시는 한 가지가 있었습니다. 바로 친구들을 용서하는 기도를 드리라고 하십니다. 욥기 42장 8-10절을 보십시오.

그런즉 너희는 수송아지 일곱과 수양 일곱을 취하여 내 종 욥에게 가서 번제를 드리라 내 종 욥이 너희를 위하여 기도할 것인즉 내가 그를 기쁘게 받으리니 너희의 우매한 대로 너희에게 갚지 아니하리라 이는 너희가 나를 가리켜 말한 것이 내 종 욥의 말같이 정당하지 못함이니라 이에 데만 사람 엘리바스와 수아 사람 빌닷과 나아마 사람 소발이 가서 여호와께서 자기들에게 명하신 대로 행하니라 여호와께서 욥을 기쁘게 받으셨더라 욥이 그 벗들을 위하여 빌매 여호와께서 욥의 곤경을 돌이키시고 욥에게 그전 소유보다 갑절이나 주신지라.

사실 하나님이 욥에게 요구하시는 것은 욥의 친구들뿐만 아니라 욥에게도 힘든 일이었습니다. 자기를 괴롭혔던 벗들을 위해 하나님께 기도를 드린다는 것은 그들을 용서한다는 것입니다. 용서의 기도를 드리는 것은 축복을 빈다는 것을 의미했습니다. 하나님은 용서를, 화해를 원하셨습니다. 욥을 향한 하나님의 축복은 욥이 벗들을 위해 드린 기도가 끝났을 때 임했습니다. 욥이 잃은 것보다 갑절이나 많은 축복을 베풀어 주셨습니다. 용서의 기도를 드린 바로 직후에 말입니다.

용서는 하나님의 축복의 통로입니다. 회개하면 천국이 임합니다. 용서는 치유의 능력이 있습니다. 그래서 서로 죄를 고백하라고 말씀합니다. 야고보서 5장 16절에는 "이러므로 너희 죄를 서로 고하며 병 낫기를 위하여 서로 기도하라 의인의 간구는 역사하는 힘이 많으니라"고 말씀합니다. 서로 용서를 빌고, 용서를 베풀고, 병 낫기를 위해 기도할 때 치유의 역사가 나타납니다.

예수님의 마음은 용서하는 마음입니다. 예수님을 보십시오. 십자가에서 드린 기도는 용서의 기도였습니다. 누가복음 23장 34절에는 "이에 예수께서 가라사대 아버지여 저희를 사하여 주옵소서 자기의 하는 것을 알지 못함이니이다 하시더라 저희가 그의 옷을 나눠 제비뽑을새"라고 말씀합니다.

예수님은 부활 후에, 자신을 세 번이나 부인한 베드로와 십자가 앞에서 자신을 버리고 떠난 제자들을 만나 용서하셨습니다. 그들을 축복하셨습니다. 그들을 사랑하셨습니다. 성령을 부어 주시고, 사명을 맡기셨습니다.

## 용서의 수레 속에 감추어진 축복을 보라

용서는 더 큰 축복을 가져옵니다. 하나님의 축복을 담은 수레는 용서의 수레입니다. 용서라는 수레 위에는 하나님의 놀라운 축복이 쌓여 있습니다. 요셉은 고난의 수레에서 버금 수레로 바꿔 탔습니다. 그리고 버금 수레에서 용서의 수레를 타고 있습니다.

용서는 우리에게 상처를 입힌 사람들을 풀어 주는 것입니다. 용서는 우리에게 아픔을 준 사람들의 앞길을 열어 주는 것입니다. 바로 그때 그들의 인생뿐만 아니라 우리들의 인생도 풀립니다. 우리들의 앞길도 함께 열리는 것입니다.

우리의 형제들과 이웃들을 섬기기 위해서는 그들을 먼저 용서해야 합니다. 후에 요셉이 그의 형제들을 섬길 수 있었던 것은, 그가 형제들을 하나님 앞에서 용서했기 때문입니다. 만약에 상처가 남아 있었다면 요셉에게서 복수라는 독침이 나갔을 것입니다. 상처는 치유되어야 합니다. 상처가 치유되지 않으면 고름이 생기고 그 상처에서 독이 납니다. 상처는 다른 사람을 죽이는 것이 아니라 바로 자신을 죽이는

하나님의 축복을 담은 수레는 용서의 수레입니다.
용서라는 수레 위에는 하나님의 놀라운 축복이 쌓여 있습니다.
요셉은 고난의 수레에서 버금 수레로 바꿔 탔습니다.
그리고 버금 수레에서 용서의 수레를 타고 있습니다.

것입니다. 또한 주위에 있는 사람들을 괴롭히는 무서운 독이 됩니다. 바로 그것이 쓴 뿌리입니다.

우리 마음에 있는 쓴 뿌리를 제거하는 길은 용서뿐입니다. 용서만이 우리 모두가 사는 길입니다. 용서할 때 복수라는 무서운 집착에서 벗어나 삶을 풍요롭게 살게 됩니다. 복수라는 안경을 벗을 때, 눈이 밝아지고 세상은 아름답게 보입니다. 또한 그 눈이 열려 사명을 자각하게 됩니다. 하나님의 위대한 과업을 성취하게 됩니다.

●  ●  ●

# 하나님은 그의 안목으로 과거를 해석하게 하심으로 치유하신다

상처가 치유되면 놀라운 일들이 일어납니다. 과거의 고통스런 기억도 아름답게 해석됩니다. 과거의 사건 속에 담겨 있는 독소들이 사라집니다. 아무런 원한 없이 과거의 사건을 직시하는 능력이 생깁니다. 그리고 하나님의 안목에서 과거를 해석하는 해석 능력이 생깁니다.

## 사건보다 중요한 것은 해석이다

인생에서 가장 중요한 능력 가운데 하나가 해석 능력입니다. 칼 메닝거는 "사건보다 더 중요한 것은 해석이다"라고 말했습니다. 해석 능력이란 내게 일어난 모든 사건을 하나님의 안목으로 보는 것입니다. 하나님의 말씀의 원리를 따라 사건을 해석하는 것입니다. 로마서 8장 28절 말씀을 통해서 해석하는 것입니다. "우리가 알거니와 하나님을 사랑하는 자 곧 그 뜻대로 부르심을 입은 자들에게는 모든 것이 합력하여 선을 이루느니라"

하나님의 안목이라는 새로운 안경을 쓰고 인생을 보면 기적이 나타납니다. 지나간 과거의 사건 속에서 하나님의 손길을 봅니다. 과거의 고통스런 사건 속에 하나님의 다정한 손길이 있었고, 섭리가 있었다는 사실을 깨닫게 됩

> 하나님의 안목이라는 새로운 안경을 쓰고 인생을 보면 기적이 나타납니다. 지나간 과거의 사건 속에서 하나님의 손길을 봅니다. 과거의 고통스런 사건 속에 하나님의 다정한 손길이 있었고, 섭리가 있었다는 사실을 깨닫게 됩니다.

니다. 힘들게만 느껴졌던 인생의 위기는 위험이 아니라 하나님이 보내신 기회였음을 알게 됩니다.

사실 하나님이 귀히 쓰셨던 인물들은 위기 앞에 강했습니다. 그들은 위기를 기회로 만들었습니다. 역경을 친구로 삼았습니다. 그들은 위기 때 중단하지 않았습니다. 위기는 그들을 쓰러뜨릴 수가 없었습니다. 위기는 오히려 하나님의 사람들을 강하게 만들었습니다. 더욱 전진하게 했습니다. 더욱 하나님께 매달리게 했습니다. 하나님은 그들을 위해 위기라는 독약을 극약으로 바꾸셔서 사용하셨습니다.

요셉의 생애는 바로 그런 생애였습니다. 요셉은 사건의 해석에 탁월했습니다. 요셉은 기근 때에 곡식을 사기 위해 애굽에 내려온 그의 형제들 앞에서 유명한 말을 남깁니다. "당신들이 나를 이곳에 팔았으므로 근심하지 마소서 한탄하지 마소서 하나님이 생명을 구원하시려고 나를 당신들 앞서 보내셨나이다"(45:5). "그런즉 나를 이리로 보낸 자는 당신들이 아니요 하나님이시라 나로 바로의 아비를 삼으시며 그 온 집의 주를 삼으시며 애굽 온 땅의 치리자로 삼으셨나이다"(45:8).

요셉은 그의 형제들의 죄를 용서하고 그의 상처가 치료된 후에 새로운 해석 능력이 생겼습니다. 요셉은 하나님의 안목을 가진 인물이 되었습니다.

## 위기는 변장된 축복이다

하나님은 때때로 그의 사랑하는 사람들에게 위기라는 변장된 축복을 보내십니다. 신비로운 선물을 보내셔셔 강하게 하시고 위대하게 하십니다. 인생에서 직면하는 위기와 역경을 잘 다루면 창조적인 역사를 일으킵니다.

노벨상을 수상한 이론화학자 일리아 프리고진 박사는 소산구조 이론을 연구한 사람입니다. 그의 이론은, 질서는 무질서로부터 생겨나고, 활력은 엔트로피로부터 생겨난다는 것입니다. 다시 말하면 예술적으로 과학적인 창조력은 혼돈이나 엔트로피로부터 생겨난다는 이론입니다. 수준 높은 질서와 지혜는 바로 혼돈, 동요, 무질서 속에서 생겨난다는 것이 그의 이론입니다.

위기와 인생의 성공과는 이해할 수 없는 관계가 있습니다. 성 과학자인 빌헬름 라이히와 생체 자기 제어 분야의 전문가인 콜로라도 대학 메디컬 센터의 토머스 불진스키는 위기 상황시에 특수한 학습 능력이 생긴다는 것을 밝혀 냈습니다. 사람들이 위기를 맞으면 학습, 기억, 그리고 창의력이 강화되는 세타(theta) 상태로 들어간다고 합니다.

마리아 칼라스는 여섯 살 때 자동차에 치어 12일 동안 혼수 상태로 누워 있었습니다. 혼수 상태에서 깨어났을 때, 그녀에게는 어떤 희생을 치르더라도 최정상에 오르겠다는 결심이 굳게 섰다고 합니다. 그녀가 뛰어난 오페라 가수가 된 배경에는 위기라는 신비로운 경험이 있었던 것입니다.

## 위기는 창조력의 어머니다

그렇습니다. 위기는 성공의 어머니요, 또한 창조력의 어머니입니다. 변화를 주도해 가는 강력한 힘입니다. 밑바닥에 떨어진 사람들을 그 바닥에서 뛰어 올라오게 하는 능력이 위기가 주는 힘입니다. 그러므로 인생의 밑바닥까지 떨어져 본 경험을 한 사람들이 비약적인 발전을 할 가능성이 높습니다.

도널드 맥킨논은 "비범한 재능을 가지고 있는 사람들은 심한 좌절, 박탈, 정신적 상처의 경험들을 갖고 있다"고 말했습니다. 위기를 딛고 일어선 윈스턴 처칠, 에이브러햄 링컨, 루즈벨트, 마하트마 간디 등이 그런 인물들이었습니다. 요셉이 그런 인물이었습니다.

예수님을 보십시오. 주님은 십자가의 위기를 통해 부활의 영광을 누리셨습니다. 가장 낮은 곳까지 임하신 주님을 생각하십시오. 말구유, 십자가, 음부에까지 내려가신 예수님은 바로 그 자리에서 비상하셨습니다. 만왕의 왕, 만주의 주가 되시는 새 창조의 역사를 이루셨습니다.

인생의 상처를 두려워하지 마십시오. 위기 앞에 당황하지 마십시오. 상처가 영광이 될 수 있습니다. 예수님의 십자가의 상처는 영원한 영광이 되었습니다. 예수님은 부활 후에도 십자가의 상흔을 가지셨습니다. 아픈 상처를 품어 진주로 만드신 분이 주님이십니다. 예수님의 영광의 광채는 상처를 통해 더욱 아름답게 빛났습니다.

우리가 이웃에게 베풀 수 있는 가장 큰 축복은 용서입니다. 하나님이 우리를 용서하신 것처럼 용서하는 것입니다. 이웃을 진정 섬기기 위해 우리는 용서해야 합니다. 쓴 뿌리는 우리의 영혼을 파괴하고, 우리의 육체까지도 해칩니다. 중국 속담에 "복수하기로 마음먹은 자는 무덤을 두 개나 파는 격이다"라는 말이 있습니다. 우리는 자신을 위해서라도 용서해야 합니다. 알란 패턴은 "한 가지 변함없는 법칙이 있다. 우리가 깊은 상처를 입었을 때, 용서하지 않는 한 치유도 없다는 것이다"라고 말했습니다.

## 독나무가 되지 말고 향나무가 되라

우리는 복수라는 작은 씨앗이 우리 마음에서 자라지 않게 해야 합니다. 뿌리를 내리기 전에 뽑아야 합니다. 아무리 사소한 성냄도 꽃을 피워 독이 든 열매를 맺는 독나무가 될 수 있습니다. 「용서」(쉘터)라는 책을 쓴 요한 크리스토프 아놀드는 용서의 중요성을 역설하면서 윌리엄 브레이크의 "독나무"란 시를 소개합니다.

한 친구에게 기분이 나빴습니다.
나는 그에게 화를 냈습니다.
그랬더니 화가 풀렸습니다.
어느 날 나는 원수에게 화가 났습니다.
나는 화를 드러내지 않았습니다.
그리고 분노는 자라나기 시작했습니다.

그리고 나는 두려움으로 물을 주고
밤낮으로 눈물을 뿌려 주었습니다.
그리고 달콤한 미소와 속임수로

빛을 비추어 주었습니다.

분노는 밤낮으로 자랐고
이윽고 탐스러운 열매를 맺었습니다.
어느 날 원수가 반짝이는 열매를 보고는
그것이 나의 것이라는 것을 알았습니다.

그리고 어둠이 지면을 덮었을 때
원수가 나의 정원으로 숨어 들었습니다.
아침에 나무 밑에 쓰러져 있는 원수를 보고
나는 기뻐했습니다.

우리 마음에 있는 작은 분노의 씨앗이 가져온 결과를 잘 보여 주는 시입니다. 쓴 뿌리에서 독나무의 열매를 보여 줍니다. 우리는 독나무가 되어서는 안됩니다. 우리는 향나무가 되어야 합니다. 향나무는 찍혀도 찍혀도 향을 발합니다. 소설가 이승우의 말처럼 '사람들의 흥기를 향기'로 바꿀 수 있어야 합니다. 예수님은 찍혀도 찍혀도 향을 발하셨습니다. 독을 향기로, 배신을 용서로, 저주를 축복으로 바꾸셨습니다. 우리는 향기를 발하는 나무가 되어야 합니다.

용서할 줄 모르는 사람의 손에 들려진 성공, 물질, 그리고 권력은 파괴하는 폭발물과 같습니다. 그러나 용서할 줄 아는 사람의 손에 들려진 형통, 번영, 그리고 권세는 섬김의 도구가 되는 것입니다.

요셉처럼 당신의 가슴에 있는 상처를 하나님께 드러내어 치료를 받으십시오. 풍성한 환경의 때를 기다리지 말고, 지금 이 순간 하나님께 기도드리십시오. 환경이 우리를 치료할 수 있지만 모든 궁극적인 치료는 하나님께로부터 온다는 사실을 잊지 마십시오. 예수님의 보혈에 치료의 능력이 있으며, 길르앗의 향유인 성령님의 기름 부으심에 치료가 있다는 사실을 명심하십시오. 환경은 치료를 높이는 분위기의 역할에 불과한 것입니다.

## 용서의 쌍두마차를 타고 미래를 향해 전진하라

요셉의 크고 놀랍고 풍성한 축복은 원수들을 용서하고 그의 죄를 잊기로 선택한 순간에 더욱 두드러졌습니다. 지금 이 순간 당신의 기억 속에 있는 사람들을 용서하십시오. 그들을 용서로 풀어 놓으십시오. 용서는 미래를 향해 나가게 하는 쌍두마차와 같습니다. 용서는 용서받는 사람과 용서하는 사람을 모두 풀어 놓습니다. 새로운 미래를 향해 전진하도록 도와 줍니다.

우리의 상처(scar)를 영광의 별(star)로 만드시는 하나님을 찬양합시다. 당신의 생애 속에도 요셉과 같은 축복을 누리는 순간이 오게 해달라고 기도하십시오. 하나님은 당신의 소원을 따라 축복하실 것입니다.

# 9

## 꿈을 기억하면서 살아가는 지혜

때에 야곱이 애굽에 곡식이 있음을 보고 아들들에게 이르되 … 요셉은 그 형들을 아나 그들은 요셉을 알지 못하더라 요셉이 그들에게 대하여 꾼 꿈을 생각하고 그들에게 이르되 … (창 42:1-17).

### 꿈꾸는 자여, 홀로 서는 법을 배우라

요셉은 꿈꾸는 청년이었습니다. 꿈꾸는 사람은 다릅니다. 요셉은 본래 평범한 사람이었습니다. 그 형제들과 똑같이 양을 치는 사람이었습니다. 형제들의 과실을 아버지에게 고하는 미숙한 소년이 었습니다. 평범했던 그가 비범하게 된 것은 꿈 때문입니다. 꿈을 가진 사람은 변화됩니다. 어딘가가 다릅니다. 우리는 요셉을 통해 무엇이 다른가를 배우고 있습니다.

하나님이 쓰시는 인물이 되기 원한다면 평범하게 살기를 거절해야 합니다. 홀로 서는 법을 배워야 합니다. 다른 것은 결코 틀린 것이 아닙니다. 다른 것은 다를 뿐이라는 진리를 가슴에 새겨야 합니다. 꿈꾸는 사람은 자신이 다른 사람과 비교해 볼 때 다르게 보이는 것을 두려워하지 말아야 합니다.

본문은 요셉이 형들에게 팔려간 지 20년 만에, 형들을 다시 만나는 극적인 장면을 묘사하고 있습니다. 요셉이 국무총리가 되었을 때는 형제들과 헤어진 지 13년이 되었을 때입니다. 그리고 나서 7년의 세월이 흘렀습니다. 7년 동안 온 땅에 풍년이 들었습니다. 그런 다음에 흉년이 온 땅에 찾아옵니다. 기근의 때에 곡식을 사기 위해 형제들이 가나안 땅에서 애굽으로 내려옵니다. 그런데 충격적인 사실은 20년 만에 만난 요셉과 그의 형제들은 너무나 많은 차이가 있었다는 사실입니다.

요셉은 애굽의 국무총리가 되었습니다. 그의 인격은 무르익었고, 그의 지도력은 온 땅을 다스릴 만큼 탁월했습니다. 지성과 감성과 영성을 겸비한 인물로 성장했습니다. 환경적으로도 요셉은 풍요로움과 영화를 누리고 있었습니다. 그러나 그의 형제들은 변화가 없었습니다. 무엇이 그토록 요셉과 형제들 사이에 큰 차이를 만들었습니까? 그것은 꿈 때문입니다.

야곱의 아들 12명 가운데 요셉이 특별한 인물이 된 것은, 그가 가진 꿈 때문이었습니다. 꿈을 가진 요셉과 꿈을 갖지 않은 형제들과는 차이가 있었습니다. 그들의 출발은 비슷했습니다. 그러나 꿈을 소유한 자와 소유하지 않은 자의 간격은 세월이 갈수록 크게 벌어졌습니다. 꿈은 씨앗과 같습니다. 처음에는 작은 씨앗 같지만 꿈 나무는 점점 엄청나게 성장합니다. 꿈 나무는 시련과 고독이라는 물을 마시며, 눈물과 함께 성장합니다.

## 꿈은 운명을 변화시킨다

꿈은 인간의 전존재에 영향력을 줍니다. 꿈은 사람의 인생의 방향, 가치, 인격, 미래의 운명을 결정합니다. 꿈은 인간의 운명을 초월하게 하는 하나님의 도구입니다. 꿈은 꿈꾸는 자를 변화시키고 성숙하도록 돕습니다. 꿈을 가진 자와 갖지 않은 자는 출발점에서는 별 차이를 못 느끼지만, 세월이 갈수록 엄청난 차이를 갖게 됩니다. 단순한 환경의 차이를 말씀드리는 것이 아닙니다. 사건을 보는 시각과 태도 전반에서 큰 차이를 나타냅니다.

꿈을 가진 사람의 생애는 단순히 한 사람의 운명에 영향을 끼치는 것이 아닙니다. 한 개인뿐만 아니라 가족에게 영향을 끼치고, 민족에게 영향을 끼칩니다. 나아가서는 전인류에 영향을 끼치게 됩니다. 요셉의 꿈은 자신뿐만 아니라 자기 가족 그리고 전인류에게 놀라운 영향을 끼쳤습니다.

우리는 꿈을 가져야 합니다. 꿈을 나누어야 합니다. 또한 우리의 자녀에게 꿈을 심어 주어야 합니다. 꿈을 소유하는 것은 선택의 문제가 아니라 생과 사의 문제입니다. 꿈이 없다면 미래도 없습니다. 성장도 없습니다. 살아 있지만 죽은 자와 같습니다. 조지 버나드 쇼의 말처럼 30세에 죽고, 60세에 묻히는 사람과 같습니다.

요셉은 꿈을 소유했습니다. 그리고 꿈을 항상 생각했습니다. 꿈을 기억하며 살았습니다. 그의 형제들을 20년 만에 만났을 때에도 요셉은 꿈을 생각했습니다. 9절을 보십시오.

요셉이 그들에게 대하여 꾼 꿈을 생각하고 그들에게 이르되 너희는 정탐들이라 이 나라의 틈을 엿보려고 왔느니라.

요셉은 20년이 지난 다음에도 그의 꿈을 선명하게 기억했습니다. 그는 꿈을 한 번도 잊은 적이 없었습니다. 꿈이 그를 움직였고, 꿈이 그를 고난 중에도 지탱해 주었습니다. 꿈은 그의 삶의 원동력이었습니다. 꿈은 그의 행동 원리였고, 성취해야 할 목표였습니다. 그가 지불해야 할 대가였습니다. 그러나 요셉의 형제들은 꿈 없이 살았습니다. 그렇기 때문에 그들의 삶에는 내용이 없습니다. 그들의 인격에도 별 차이가 없습니다.

꿈꾸는 요셉과 꿈 없이 살아온 형제들 사이에서 무슨 차이점을 발견할 수 있습니까?

> 항상 해결책을 생각합니다.
> 문제 배후에 역사하시는 하나님을 봅니다.
> 하나님의 시각으로 문제를 봅니다.
> 문제를 해석하고 해결점을 찾습니다.
> 꿈을 기억하며 살아갑니다.

● ● ●

# 꿈꾸는 자는 문제 중심이 아닌 해결책 중심으로 생각한다

꿈꾸는 사람은 문제 중심의 삶이 아니라 해결책 중심의 삶을 살아갑니다. 바로 그것이 요셉과 형제들의 차이점입니다. 41장 57절에서 42장 1절을 보십시오.

각국 백성도 양식을 사려고 애굽으로 들어와 요셉에게 이르렀으니 기근이 온 세상에 심함이었더라 때에 야곱이 애굽에 곡식이 있음을 보고 아들들에게 이르되 너희는 어찌하여 서로 관망만 하느냐.

계속해서 5절을 보십시오.

이스라엘의 아들들이 양식 사러 간 자 중에 있으니 가나안 땅에 기근이 있음이라.

온 천하에 기근이 들자 가나안 땅에도 예외가 아니었습니다. 그런데 그 형제들은 1절에서 보듯이 기근이라는 문제를 앞에 두고 서로 얼굴만 쳐다보고 있습니다. 문제를 묵상하고 있습니다. 문제를 넘어 해결책을 보지 못합니다. 계속되는 일련의 사건들 속에서도 발견할 수 있는 것은, 요셉의 형제들은 문제만 보았지 문제 해결책을 보지 못한다는 것입니다. 문제를 만나면 문제 앞에서 쩔쩔매고 앞으로 전진하지 못합니다. 문제에 압도당한 채로 살아갑니다.

그러나 요셉은 다릅니다. 항상 해결책을 생각합니다. 문제 배후에 역사하시는 하나님을 봅니다. 하나님의 시각으로 문제를 봅니다. 문제를 해석하고 해결점을 찾습니다. 꿈을 기억하며 살아갑니다. 관망하거나 땅만 보지 않습니다.

## 문제 속에서 비전을 보라

요셉은 문제 속에서 해결책을 봅니다. 문제 너머에 보이는 비전을 바라봅니다. 문제 속에서 기회를 봅니다. 문제를 만날 때마다 해결책 중심으로 생각합니다. 해결을 위해 행동합니다. 문제가 다 해결되기까지 주저앉아 있거나 낙심해 있지 않습니다. 문제를 안고도 전진합니다. 그는 어느 정도의 문제는 품에 안고 살아가는 훈련을 했습니다. 그는 문제를 만날 때마다 할 수 없는 일보다는 자신이 할 수 있는 일을 하는 사람이었습니다.

요셉은 보디발의 집에 노예로 팔려 갔을 때에도 그 문제에 압도당하지 않았습니다. 오히려 그가 할 수 있는 일에 최선을 다했습니다. 꿈을 생각하며 미래를 준비했습니다. 애굽의 언어를 익혔고, 문화를 익혔습니다. 정치가로서 기량을 쌓기 위해 준비했습니다. 리더십을 키웠습니다. 변화시킬 수 없는 것은 받아들였습니다. 변화시킬 수 있는 것을 과감히 변화시켰습니다. 할 수 없는 것 때문에 한탄하지 않고 할 수 있는 일에 최선을 다했습니다.

감옥에 있을 때에도 마찬가지입니다. 과거를 회상하거나 과거의 상처를 부둥켜안고 눈물을 흘리는 데 시간을 보내지 않았습니다. 오히려 다른 사람의 문제를 해결해 주는 해결자의 역할을 했습니다. 술 맡은 관원의 꿈을 해석해 주었습니다. 다른 사람의 고통과 아픔에 적극적으로 관심을 가지고 문제 해결을 위해 적극적으로 나섰습니다. 40장 6-7절을 보십시오.

아침에 요셉이 들어가 보니 그들에게 근심 빛이 있는지라 요셉이 그 주인의 집에 자기와 함께 갇힌 바로의 관원장에게 묻되 당신들이 오늘 어찌하여 근심 빛이 있나이까.

꿈꾸는 요셉은 항상 문제 해결에 직접 참여했습니다. 비록 다른 사람의 문제라 할지라도 그 문제의 해결책을 제시했습니다. 말만 하고, 관망만 하고, 가슴으로 느끼기만 한 것이 아닙니다. 문제 해결에 직접 참여해서 해결의 열쇠를 제공했습니다.

꿈꾸는 사람은 문제가 많은 인생에 비전을 제시합니다. 비전을 제시한다는 것은 문제 속에서 새로운 길과 새로운 가능성을 제시한다는 것입니다. 우리는 어떤 문제를 해결하기 위해 함께 고민하다가 가끔 "비

전이 보입니까?"라고 질문을 주고
받을 때가 있습니다. 그 말은 무슨
해결 방안이 보이느냐는 것입니다.

민수기 13장과 14장에는 가나안
땅을 정탐했던 12명의 정탐꾼들의
이야기가 기록되어 있습니다. 이스
라엘의 12명의 정탐꾼 가운데 비전
이 없는 10명과 비전을 소유한 2명
의 정탐꾼의 차이는 현저했습니다. 똑같은 가나안 땅을 보고도 너무
나 다른 생각을 했습니다. 10명의 정탐꾼들은 문제를 생각했습니다.
문제를 과장했습니다. 문제에 압도당했습니다. 그리고 주저앉아서 서
로 불평하고 울었습니다.

그러나 2명의 정탐꾼, 여호수아와 갈렙은 해결책을 제시했습니다.
비전을 제시했습니다. 하나님이 함께 하시기에 능히 가나안 땅을 정
복할 수 있다고 말했습니다. 하나님이 그들의 편이니 가나안 땅을 당
장 정복하자고 외쳤습니다.

## 꿈이 크다는 것은 문제도 크다는 것이다

꿈을 가진 사람들은 문제를 두려워하지 않습니다. 꿈이 크다는 것
은 문제도 크다는 것입니다. 큰 꿈을 성취하려면 큰 문제를 직면하게
됩니다. 그러므로 꿈꾸는 사람들은 문제를 예상하며 해결책을 간구해
야 합니다. 그들은 가장 현실적인 사람들이면서 미래 지향적인 사람
들입니다. 두 다리를 건고히 이 땅 위에 딛고 있지만 눈은 저 멀리 미
래를 내다보고 사는 사람들이 바로 꿈꾸는 사람들입니다.

꿈꾸는 사람은 문제에서 기회를 봅니다. 문제에서 해결책을 봅니다. 문제에서 비전을 봅니다. 문제를 통해서 전진케 하시는 하나님을 봅니다. 많은 문제에 집착하는 것이 아니라 해결의 작은 씨앗을 보면서 실마리를 풀어 갑니다. 문제에 직면했을 때 문제만 보는 것이 아니라 문제를 감싸고 계시는 하나님을 봅니다. 이것이 꿈꾸는 사람의 특징입니다.

● ● ●

## 꿈꾸는 자는 두려움을 정복한 믿음의 사람이다

꿈이 없는 사람들의 특징은 두려움이 많습니다. 자신감이 없습니다. 모험심이 없습니다. 의심이 많습니다. 극단적인 표현을 많이 씁니다. 2-4절을 보십시오.

야곱이 또 이르되 내가 들은즉 저 애굽에 곡식이 있다 하니 너희는 그리로 가서 거기서 우리를 위하여 사 오라 그리하면 우리가 살고 죽지 아니하리라 하매 요셉의 형 십 인이 애굽에서 곡식을 사려고 내려갔으나 야곱이 요셉의 아우 베냐민을 그 형들과 함께 보내지 아니하였으니 이는 그의 말이 재난이 그에게 미칠까 두렵다 함이었더라.

야곱은 두려움이 많은 사람입니다. 야곱의 두려워하는 모습을 꿈 없는 자녀들이 보고 배웁니다. 애굽에서 두려워 떠는 형제들의 모습이 전형적인 야곱의 모습입니다. 야곱은 일평생 두려움 속에 산 사람입니다. 형 에서를 두려워했습니다. 형에게 거짓말을 한 것 때문에 두려워했습니다. 삼촌 라반의 집을 떠날 때 두려워했습니다. 피해 의식이 강했습니다. 야곱은 할례 중에 있던 세겜 사람들을 시므온과 레위와 함께 칼을 차고 가서 죽였을 때도 두려워했습니다. 지금은 베냐민을 잃을까 봐 두려워합니다.

## 꿈과 욕심의 차이

야곱은 야심이 있었지만 꿈이 없었습니다. 욕심은 있었지만 비전이 없었습니다. 꿈과 야심의 차이는 무엇입니까? 꿈과 욕심의 차이는 무엇입니까? 꿈은 다른 사람을 위한 것입니다. 타인 지향적입니다. 욕심과 야심은 자기를 위한 것입니다. 자기 지향적입니다.

야곱은 축복은 받았지만 그 당대에 남을 위해 존재하지는 못했습니다. 자기 중심적, 자기 소욕적인 삶의 방식 때문에 위대한 업적을 남긴 것은 없습니다. 다만 그가 한 일이 있다면 자녀 12명을 낳은 것입니다. 요셉이라는 아들을 잘 낳은 것입니다.

## '나쁜 사람'은 '나뿐인 사람'이다

요셉의 특징은 그가 꿈을 가졌다는 것입니다. 그의 꿈은 자기 욕망이나 자기를 위한 것이 아니었습니다. 철저히 타인 중심의 삶이었습니다. 우리는 욕심이 많은 사람, 자신의 유익을 위해 남을 해치는 사람, 자기밖에 모르는 사람을 나쁜 사람이라고 합니다. 한때 얼굴 없는 시인으로 불리웠던 박노해 시인은 그의 책 「오늘은 다르게」(해냄 출판사)에서 '나쁜 사람'을 '나뿐인 사람'으로 정의합니다. 다른 사람을 생각하지 않고, '나뿐인 사람'은 '나쁜 사람'이 된다는 것입니다.

자기 중심적인 삶을 사는 사람은 두려움이 많습니다. 소유 의식이 강하기 때문에 누군가가 자기 소유를 빼앗아 가지는 않을까 두려워합니다. 그래서 피해 의식이 많습니다. 내 것을 빼앗아 가고, 내 위치를 빼앗아 가고, 내가 가진 것들에 피해를 입힌다고 생각합니다.

그는 그가 소유한 것들이 하나님으로부터 왔다고 생각하지 않습니다. 하나님이 자신에게 맡겼다고 생각하지 않고 자신이 쟁취했다고 생각합니다. 내 노력, 내 성취의 대가이기에 빼앗길 수 없다는 것입니다. 청지기 의식이 아닌 소유 의식이 강합니다. 은혜 아래 살고 있다고 생각하는 은혜 중심의 삶이 아니라 스스로 모든 것을 성취하고 있다는 율법 중심적인 삶을 삽니다. 은혜의 영은 자유케 하는 영입니다. 그러나 율법의 영은 두렵게 하는 영입니다(롬 8:15).

타인 중심적인 삶을 살 때 우리는 두려움을 극복할 수가 있습니다. 모든 것을 남을 위해 소유한다는 청지기 의식으로 삽니다. 꿈을 이루는 목적이 곧 남을 위한 봉사이기에 피해 의식이 없습니다. 처음부터 나를 위한 것이 아니기 때문입니다. 자신이 소유한 것을 빼앗긴다 해도 나눔을 위해 준비된 것이기 때문에 원한도 없습니다. 다만 자리를 옮겼다고 생각합니다. 그렇기 때문에 어차피 빼앗길 바에는 나누어 주는 여유를 가지고 삽니다.

그렇다면 꿈꾸는 사람에게는 두려움이 없을까요? 꿈꾸는 사람에게도 두려움이 있습니다. 그러나 꿈꾸는 사람은 두려움 중에도 전진합니다. 두려움을 직면하고 두려움을 정복합니다.

## 사명을 가진 자는 두려움을 초월한다

사명을 가진 사람은 두려움을 초월합니다. 생명까지도 두려워하지 않습니다. 요한 웨슬레는 "사명을 마치기까지 나의 생명은 불멸이다" 라고 말했습니다. 바울은 사명 완수를 위해 생명을 바쳤습니다.

꿈을 기억하며 사는 사람은 강합니다. 꿈을 가진 자는 믿음을 가진 자이기 때문입니다. 믿음은 바라는 것들의 실상입니다(히 11:1). 믿음을 가진 사람은 세상을 이깁니다. 요한일서 5장 4절에는 "대저 하나님께로서 난 자마다 세상을 이기느니라 세상을 이긴 이김은 이것이니 우리의 믿음이니라"고 말씀합니다.

또한 믿음은 담력입니다. 믿음은 담대함을 줍니다. 그 이유는 하나님을 알기 때문입니다. 다니엘서에는 "오직 자기의 하나님을 아는 백성은 강하여 용맹을 발하리라"(단 11:32)고 말씀합니다.

요셉의 강인함은 자신 안에서 나온 것이 아니라 하나님을 아는 지식에서 나왔습니다. 하나님을 경외하는 데서 나왔습니다. 하나님 한 분을 두려워하는 사람은 모든 두려움으로부터 자유케 됩니다. 요셉은 바로 하나님을 경외함으로 바로도 두려워하지 않았습니다. 어느 누구도 두려워하지 않는 인물이 되었습니다.

요셉의 용기의 근거는 그가 믿는 하나님이었습니다. 하나님이 주신 꿈이었습니다. 그 꿈을 통해 감당할 사명이었습니다. 꿈, 믿음, 사명을 소유하십시오. 이 세상이 감당치 못할 사람이 될 것입니다.

●　●　●

## 꿈꾸는 자는 꿈이 완성될 때까지 자기 관리를 잘한다

꿈꾸는 사람은 조급하지 않습니다. 때를 기다릴 줄 압니다. 때가 무르익기도 전에 행동함으로써 일을 그릇치지 않습니다. 요셉은 그의 꿈이 성취되고 나서도 꿈이 완성되기를 기다릴 줄 알았던 신중한 사람입니다. 6-14절을 보십시오.

때에 요셉이 나라의 총리로서 그 땅 모든 백성에게 팔더니 요셉의 형들이 와서 그 앞에서 땅에 엎드려 절하매 요셉이 보고 형들인 줄 아나 모르는 체하고 엄한 소리로 그들에게 말하여 가로되 너희가 어디서 왔느냐 그들이 가로되 곡물을 사려고 가나안에서 왔나이다 요셉은 그 형들을 아나 그들은 요셉을 알지 못하더라 요셉이 그들에게 대하여 꾼 꿈을 생각하고 그들에게 이르되 너희는 정탐들이라 이 나라의 틈을 엿보려고 왔느니라 그들이 그에게 이르되 내 주여 아니니이다 종들은 곡물을 사러 왔나이다 우리는 다 한 사람의 아들로서 독실한 자니 종들은 정탐이 아니니이다 요셉이 그들에게 이르되 아니라 너희가 이 나라의 틈을 엿보러 왔느니라 그들이 가로되 주의 종 우리들은 십이 형제로서 가나안 땅 한 사람의 아들들이라 말째 아들은 오늘 아버지와 함께 있고 또 하나는 없어졌나이다 요셉이 그들에게 이르되 내가 너희에게 이르기를 너희는 정탐들이라 한 말이 이것이니라.

요셉은 형제들이 곡식을 사러 와서 자기에게 절하는 것을 보면서 꿈이 완성되어져 가는 것을 봅니다. 요셉은 애굽의 국무총리가 되었을 때 그의 꿈이 완성되었다고 보지 않았습니다. 비록 애굽 사람들이 그에게 절하는 것을 보았다 할지라도 그는 만족하지 않았습니다. 그의 형제들이 와서 그에게 절하기 전까지 그의 꿈이 완성되지 않음을 알았기 때문입니다.

성공과 성취를 꿈의 완성이라고 보아서는 안됩니다. 대부분의 사람들은 거기에 머무르고 맙니다. 요셉이 가진 꿈은 국무총리가 되는 것이 아니었습니다. 모든 인류를 섬기는 목자의 역할을 하는 것이었습니다. 자기 가족뿐만 아니라 그 당시 기근으로 죽어 가는 인류를 구원하는 구원자의 사명을 감당하는 것이 그가 생각하는 꿈의 완성이었습니다. 그는 쉽게 축배의 잔을 들지 않았습니다. 그가 생각하고 있는 꿈이 완성되기 전까지 그는 철저하게 자신을 관리했습니다.

꿈을 가진 사람은 꿈이 완성될 때까지 계속 자기 관리를 잘해야 합니다. 요셉은 형제들을 만났지만 자기 정체를 드러내지 않습니다. 조심스럽게 하나님의 섭리를 지켜봅니다. 성급하게 자신을 드러내지 않습니다. 왜냐하면 그의 모든 형제들과 그 아비 야곱이 그 자리에 없었기 때문입니다.

## 가장 위험한 순간은 성공한 직후이다

가장 위험한 순간은 성공한 직후입니다. 권력을 쟁취하기 위해 노력할 때가 아니라 권력을 누리는 지위에 앉았을 때가 문제입니다. 그때가 방심하기 쉬운 때입니다. 쉽게 허리띠를 풀고, 신발 끈을 풉니다. 사실은 그때 경성해야 합니다. 대부분의 실패는 성취 직후입니다. 세상의 성공이 인생의 실패를 불러올 때가 있습니다.

진정한 성공이란 그 존재 자체가 성숙한 인간이 되는 것입니다. 진정한 성공이란 가족들을 유익하게 하는 것입니다. 가족들에게도 축복이 되고 기쁨이 되는 것입니다. 돈을 벌었기 때문에 가족과 헤어져야 한다면, 성공했기 때문에 비난의 대상이 된다면 하나님이 바라시는 형통이 아닙니다. 세상에서는 대단한 인물로 알려졌다고 할지라도 가족들에게는 지탄의 대상이 된다면 그것은 비극입니다. 많은 사람의 부러움의 대상은 되었지만 존경의 대상이 못 된다면 서글픈 일입니다. 많은 사람에게 부러움을 주지민 영김을 주지 못한다면 가슴 아픈 일입니다.

권력은 힘입니다. 주먹을 쥐면 힘이 됩니다. 그 힘을 휘두르면 세도를 부리는 사람이 됩니다. 그러나 주먹을 펴면 사랑이 됩니다. 나누는 사람이 됩니다. 세도를 부리는 사람이 아니라 섬기는 사람이 됩니다. 주먹을 펴는 사람이 되려면 철저한 성품 관리가 필요합니다. 인간은 권력을 휘두르고 싶은 욕망이 누구에게나 자리잡고 있습니다. 그러나 요셉은 달랐습니다. 그는 손을 펼 줄 알았습니다. 요셉은 철저한 자기 관리를 했던 인물입니다. 참된 섬김을 위해 하나님이 주신 꿈을 성취할 뿐만 아니라 꿈을 완성하기 위해서 그는 자기를 관리했던 것입니다.

## 자기 관리란 영성 관리이다

영성 관리는 하나님과의 깊은 교제를 의미합니다. 영성이란 하나님의 임재 아래 사는 삶입니다. 하나님을 닮아 가는 성품을 형성하는 것을 의미합니다. 환경과 시대를 초월해서 하나님을 경외하는 것을 의미합니다. 비천할 때에도 비굴하지 않고 자족하며, 부요할 때에도 교만하지 않고 섬길 줄 아는 것을 의미합니다. 요셉은 하나님을 경외했습니다. 하나님의 손 아래 있었습니다. 항상 하나님을 높여 드렸습니다. 41장 16절 말씀을 보십시오. "요셉이 바로에게 대답하여 가로되 이는 내게 있는 것이 아니라 하나님이 바로에게 평안한 대답을 하시리이다."

## 자기 관리란 마음 관리이다

가장 강한 힘은 인간의 내면에 있습니다. 인간의 마음에서 생명의 근원이 나옵니다. 잠언 4장 23절은 "무릇 지킬 만한 것보다 더욱 네 마음을 지키라 생명의 근원이 이에서 남이니라"고 말씀합니다. 마음에서 나오는 힘, 내면에서 올라오는 힘은 어떤 힘보다 강합니다. 하나님을 의지하는 내적인 확신, 내적인 강인함은 우리를 쇠기둥, 놋성벽과 같은 사람들로 만듭니다(렘 1:18).

또한 내면의 힘은 하나님을 닮은 성품에 있습니다. 우리를 가장 무력하게 만드는 것이 미움과 원한 맺힌 마음입니다. 요셉은 국무총리가 되었을 때 마음의 원한과 쓴 뿌리를 해결했습니다. 그는 첫 아들 므낫세가 태어났을 때 그의 이름을 지으면서 이 문제를 해결했습니다. 41장 51절에는 "요셉이 그 장자의 이름을 므낫세라 하였으니 하나님이 나로 나의 모든 고난과 나의 아비의 온 집을 잊어버리게 하셨다 함이요"라고 말씀합니다.

감정을 감출 줄 아는 자는 지혜로운 자입니다. 요셉은 형제들의 죄를 용서하고 잊었습니다. 그래서 그 마음에 원한이 없었습니다. 형제들을 만났을 때도 그들을 향한 원한이 없습니다. 다만 그들을 진정으로 돕기 위해 계획을 세웁니다. 요셉은 희로애락이 분명했던 사람입니다. 그러나 그의 감정이나 생각을 쉽게 노출시키지는 않았습니다.

인생에서 승리하기 위한 삶의 지혜 중 하나는 요셉처럼 자기 감정을 감출 줄 아는 것입니다. 체스터필드는 자기 아들에게 "세상에서 승리하려면 자신의 감정을 감출 줄 알아야 한다"고 권면합니다.

42장에서 보듯이 요셉은 형제들 앞에서 그의 감정이나 생각을 노출시키지 않습니다. 요셉은 형제들에게 많은 정보를 얻기 위해 노력합니다. 그의 아비 야곱과 그의 형제 베냐민까지 구원하기 위한 생각 때문입니다. 요셉은 자기 마음을 다스릴 줄 아는 강한 자였습니다.

잠언 16장 32절 말씀을 기억하며 우리 마음을 정복합시다. "노하기를 더디하는 자는 용사보다 낫고 자기의 마음을 다스리는 자는 성을 빼앗는 자보다 나으니라."

## 자기 관리란 인간 관계 관리이다

요셉의 인간 관계는 참 아름답습니다. 어디를 가든지 그는 좋은 인간 관계를 맺었습니다. 한 순간의 인간 관계가 아니라 항상 앞을 내다보면서 인간 관계를 가졌습니다. 그는 만남의 소중함을 알았습니다. 좋은 만남이 곧 기회임을 알았습니다. 그래서 그는 만남에 열려 있었습니다. 하나님이 만남을 통해 자신을 준비시키신다는 것을 알았습니다.

그가 섬겼던 보디발은 바로 왕의 시위대장이었습니다. 요셉은 그를 통해 애굽의 정치 세계를 배웠습니다. 또한 감옥에서 만났던 술 맡은 관원장과 떡 맡은 관원장은 그 당시의 장관들이었습니다. 그는 정치범들이 머무는 감옥에서 애굽의 정치 세계를 배우면서 정치가로서 자신을 키웠습니다. 이 모든 일들이 바로 만남을 통해 주어졌음을 알았습니다.

요셉은 자기 위치를 알았습니다. 서야 할 자리와 서지 아니할 자리를 알았습니다. 보디발의 집에서도 그랬고, 보디발의 아내의 유혹을 거절한 것도 자기 위치를 분명히 알았기 때문입니다.

요셉은 항상 섬기는 위치에 있었습니다. 섬기는 것이 그의 삶의 모습이었습니다. 보디발의 집에서도 감옥에서도 그는 사람들을 섬겼습니다. 그는 섬김이 최상의 인간 관계의 원리임을 알았습니다. 그는 일찍이 주님이 말씀하신 "남에게 대접을 받고자 하는 대로 너희도 남을 대접하라"(마 7:12)는 황금률을 실천했던 사람입니다.

요셉처럼 자기 위치를 잘 아십시오. 서야 할 자리에 서고 앉아야 할 자리에 앉으십시오. 자기 위치를 잘 지킬 때 우리는 사람들에게 신뢰감을 줍니다. 안정감을 줍니다.

서야 할 자리에 서 있는 것이 가장 안전한 자리입니다. 그 자리는 밀려날 염려도, 쫓겨날 걱정도 없는 자리입니다. 할 수 있으면 가장 낮은 데 내려와서 섬기십시오. 존 번연의 말처럼, 가장 낮은 데 있는 자는 결코 떨어질 염려가 없기 때문입니다.

참된 자기 관리란 자기를 위한 것이 아닙니다. 다른 사람을 위한 것이요 하나님을 위한 것입니다.

## 물처럼 살라

요셉은 싸우지 않았습니다. 보복하지 않았습니다. 물처럼 살았습니다. 막으면 그 자리에 섰습니다. 길이 열리면 앞으로 나아갔습니다. 오해하면 오해받았습니다. 무시하면 무시당했습니다. 버리면 버림받았습니다. 그렇다고 환경의 노예가 되지는 않았습니다. 사람들 앞에서 비굴하지 않았습니다. 하나님의 꿈을 가슴에 품고, 겸손하지만 당당하게 그의 길을 걸어갔습니다. 그리고 정상의 자리가 주어졌을 때 주저함 없이 그 자리를 취했습니다. 그리고 사람들을 섬겼습니다. 물이 흘러 흘러 바다에 이르는 것처럼, 그는 결국 하나님의 뜻을 그의 생애 가운데 이루었습니다.

## 꿈에 사로잡힌 인생이 되라

요셉은 꿈꾸는 사람이었습니다. 꿈을 한 번만 꾸는 것으로는 부족합니다. 꿈을 항상 생각해야 합니다. 우리의 마음은 우리의 생각에 따라 움직입니다. 우리의 생각의 흐름에 따라 우리 인생의 흐름이 달라집니다. 우리가 무엇에 사로 잡혀 있느냐에 따라 우리 인생은 달라집니다.

요셉은 꿈속에 살았습니다. 꿈에 사로잡혀 살았습니다. 그는 모든 것을 꿈을 통해서 보았습니다. 그에게 일어난 사건도, 관계도, 환경도, 꿈을 통해서 바라보았습니다. 그 속에서 하나님의 손길을 보았습니다. 요셉의 꿈은 그가 늘 끼고 사는 안경이었습니다. 늘 생각하는 화두였습니다.

요셉은 모든 사건을 꿈을 통해서 해석합니다. 항상 그는 긍정적으로 해석합니다. 꿈꾸는 사람은 역경과 시련 중에 우뚝 섭니다. 꿈이 그를 붙잡아 줍니다. 처음에는 요셉이 꿈을 붙잡았지만 나중에는 꿈이 그를 붙잡고 갑니다. 꿈이 그를 강하게 합니다. 꿈이 그를 움직여 줍니다. 꿈이 그를 받쳐 줍니다. 꿈이 그의 동반자가 되어 줍니다.

꿈이 없는 사람은 시련을 만나면 주저앉습니다. 희망이 없기 때문입니다. 시련의 때에 가져야 할 중요한 것은 희망입니다. 그런데 꿈 그 자체가 희망입니다. 미래 지향적입니다. 하나님이 주신 꿈을 붙잡으십시오. 하나님이 마음에 주시는 꿈을 붙잡으십시오.

꿈은 현실을 초월하게 합니다. 꿈은 앞을 보게 합니다. 저 산 너머에 있는 꿈의 성취를 보게 합니다. 그래서 오늘 겪고 있는 고난을, 꿈을 이루는 과정에 하나님이 보내신 고난의 수레라고 믿습니다.

## 폭풍우를 탈 줄 아는 유능한 항해사가 되라

폭풍우는 위험합니다. 그러나 그것을 잘 사용하면 엄청난 힘을 발휘합니다. 독수리가 바람을 타는 것처럼 꿈꾸는 사람은 거센 바람을 타고 비상하는 기술을 터득한 사람입니다. 유능한 항해사는 폭풍우를

> 꿈을 한 번만 꾸는 것으로는 부족합니다. 꿈을 항상 생각해야 합니다.
> 우리의 마음은 우리의 생각에 따라 움직입니다.
> 우리의 생각의 흐름에 따라 우리 인생의 흐름이 달라집니다.
> 우리가 무엇에 사로 잡혀 있느냐에 따라 우리 인생은 달라집니다.

탈 줄 압니다. 숙련된 항해사는 폭풍우를 만나면 쓸데없이 폭풍우에
저항하는 어리석은 짓은 하지 않습니다. 그렇다고 쓸데없이 절망해서
풍파에 배를 맡기지도 않습니다.

꿈에 붙잡혀 있는 사람은 사소한 일의 노예가 되지 않습니다. 중요
하지 않은 일에는 집착하지 않습니다. 버려야 할 것과 끊어야 할 것을
압니다. 집착해야 할 것과 초연해야 할 것을 압니다. 머물러야 할 자
리와 떠나야 할 자리를 압니다.

당신은 꿈을 가졌습니까? 꿈을 가졌다면 죽음도 두려워하지 마십
시오. 사명을 완수하기까지 하나님이 당신의 생명을 거두지 않으십니
다. 불멸의 정신을 가지고 돌진하십시오.

예수님의 생애도 꿈을 기억하며 사신 생애였습니다. 비전을 붙잡
고, 비전 중심으로 사셨습니다. 비전을 전하고, 비전을 다가올 시대에
이루기 위해 제자들을 키우셨습니다. 사도 바울도 세계 복음화의 비
전을 가지고 살았습니다. 정말 미친 듯이 살았습니다. 복음을 위해서
라면 산도 강도 바다도 죽음의 골짜기도 두려워하지 않았습니다.

## 꿈꾸는 자여, 희망을 가져라

가장 멋있는 사람은 꿈이 있는 사람입니다. 가장 위대한 사람은 성공에 머무는 사람이 아니라 사명을 완수하는 사람입니다. 당신의 환경이 어렵습니까? 낙심하지 마십시오. 요셉처럼 꿈을 생각하십시오. 희망을 가지십시오.

희망을 찾기 위해 멀리 떠나지는 마십시오. 희망은 당신의 마음속에 감추어져 있습니다. 조용한 시간을 가지십시오. 침묵하십시오. 내면의 세계로 여행을 떠나십시오. 당신의 미래로 인도해 줄 희망을 만날 것입니다. 희망의 하나님을 만날 것입니다. 하나님이 당신의 마음속에 심어 두신 꿈을 발견하게 될 것입니다. 그 꿈을 생각하십시오. 그 꿈과 더불어 살아가십시오. 머지않은 날에 그 꿈이 성취되고 완성되는 것을 보게 될 것입니다.

# 10 꿈꾸는 자의
## 거친 사랑의 손과
# 부드러운 마음

… 요셉이 그들을 떠나가서 울고 다시 돌아와서 그들과 말하
다가 그들 중에서 시므온을 취하여 그들의 목전에서 결박하
고 … 너희 말째 아우를 내게로 데려오라 그리하면 너희가 정
탐이 아니요 독실한 자임을 내가 알고 … (창 42:18-38).

## 꿈을 정복한 사람은 자기를 정복한 사람이다

꿈 꾸는 사람은 꿈을 정복하는 사람입니다. 꿈을 성취하는 것은
등산하는 사람이 정상을 정복하는 것과 같습니다. 정상을 정복
하는 것은 쉬운 일이 아닙니다. 피나는 노력과 무한한 인내가 필요합
니다. 시인 브라우닝은 "위대한 사람은 단번에 그와 같이 높은 곳에
뛰어오른 것이 아니다. 동반자들이 밤에 단잠을 잘 적에 그는 일어나
서 괴로움을 이기고 일에 몰두했던 것이다"라고 말했습니다.

꿈을 정복하기 위해 가장 먼저 정복해야 할 것은 자기 자신입니다.

자기를 정복하지 않고 세상을 정복할 수 없습니다. 자기를 아는 자는 지혜자입니다. 자기를 아는 것도 어렵지만 자기를 이기는 것은 더 어려운 일입니다. 자기를 이기는 데는 능력이 필요합니다. 자기를 이기는 자는 자신의 감정을 다스립니다.

요셉에게 가장 힘든 것은 자신을 이기는 것입니다. 우리가 보아 온 것처럼 이것은 자기를 괴롭힌 사람들에 대한 것입니다. 자기에게 상처를 입혔던 형제들에 대한 것입니다.

인간의 감정 가운데 가장 무서운 것은 분노입니다. 원한을 품는 것입니다. 이것처럼 파괴적인 것은 없습니다. 분노와 원한의 무서움은, 상대방을 파괴하기 전에 먼저 자신을 파괴한다는 데 있습니다. 그러므로 이런 무서운 파괴적인 감정을 잘 다스려야 합니다. 그러기 위해서는 능력이 필요합니다. 큰 힘이 필요합니다. 그 능력의 원천은 다음의 세 가지입니다.

## 세 가지 능력의 원천

첫 번째는 비전의 능력입니다. 꿈의 능력입니다. 꿈이 있는 사람은 자기 감정을 뛰어넘습니다. 꿈을 이루기 위해서 모든 것을 참습니다. 정복합니다. 꿈 때문에 모든 것을 뒤로 합니다. 꿈이라는 방향을 잡은 후에는 다른 모든 것을 포기합니다. 분노도 원한도 보류합니다.

두 번째는 성령의 능력입니다. 오래 참음과 절제는 인간의 본래적인 것이 아닙니다. 성령의 도우심이 있을 때 그것이 가능해집니다. 성령 충만한 사람은 자기 감정을 초월합니다.

세 번째는 사랑의 능력입니다. 사랑하면 모든 것을 견딥니다. 모든 것을 이깁니다. 꿈을 가진 사람은 그 꿈을 이루기까지 분노도 원한도 보류합니다. 그런데 이 나쁜 감정도 바로 처리가 안되면 꿈을 성취한 다음에 무서운 파괴력으로 돌변합니다. 그 분노가 더욱 가중됩니다.

그 동안 보아 온 것처럼, 요셉에게는 형제들에 대한 상처가 있었습니다. 사실 요셉의 아픔은 분노를 일으킬 만했고 원한을 갖기에 충분했습니다. 요셉의 위대함은 그가 꿈을 성취했을 때, 자신이 가질 수 있었던 원한을 그 형제들에게 갚지 않았다는 것입니다. 어떻게 그것이 가능했습니까? 그것은 요셉이 성령님께 감동된 사람이었기 때문입니다. 41장 38절에는 "바로가 그 신하들에게 이르되 이와 같이 하나님의 신이 감동한 사람을 우리가 어찌 얻을 수 있으리요 하고"라고 말씀합니다.

성령의 감동은 부정적이고 파괴적인 힘을 긍정적으로 변화시켜 줍니다. 성령의 감동이 요셉에게는 사랑의 능력으로 나타납니다. 힘은 방향을 잘 잡으면 위대한 일을 합니다. 분노도 힘이고 원한도 힘입니다. 그 힘들이 긍정적인 방향에 쓰이면 놀라운 일이 일어납니다. 하나님의 성령님께서 역사할 때 요셉의 마음속에 있던 상처가 치유되면서 사랑과 섬김과 용서의 능력으로 나타났습니다.

요셉이 20년 만에 형제들을 만나는 모습 속에서 꿈꾸는 사람의 두 가지 모습을 봅니다. 그것은 거친 손과 부드러운 마음입니다. 자신을 정복한 요셉의 아름다운 모습이 두 가지로 나타나는 것입니다.

● ● ●

## 꿈꾸는 자는 거친 사랑의 손을 가져야 한다

요셉이 형제들을 만나서 대하는 모습이 무척 거칩니다. 20년 만에 만난 형제들입니다. 요셉은 그들을 알아보지만 요셉의 형제들은 그를 알아보지 못합니다. 요셉은 그 형제들을 일부러 정탐꾼으로 취급하면서 거칠게 대합니다.

왜 이렇게 대합니까? 그것은 그 형제들을 정말 사랑하기 때문입니다. 요셉이 그 형제들을 마음속에 용서한 지는 이미 오래입니다. 그런데 요셉이 형제들을 감옥에 가두는 이유는 그들을 치료하기 위해서입니다. 형제들을 쉽게 용서해 줄 수 있습니다. 그러나 그것만이 사랑이 아님을 요셉은 알았습니다. 수술을 통해서 그들 안에 있는 깊은 죄책감을 치료해 주어야 했습니다.

그러므로 요셉은 자기 감정을 철저하게 통제하면서, 거친 얼굴 표정을 짓고 그들을 정탐꾼이라고 몰아붙입니다. 인간의 죄책감이 주는 고통만큼 큰 것이 없습니다. 요셉의 형제들은 사실 지난 20년 동안 고통을 받았습니다. 그것은 그들 안에 있는 죄책감 때문입니다. 그들은 죄책감을 느끼지 않기 위해 그냥 죄책감이 없는 것처럼 덮어놓고 살았습니다. 그냥 분주하게 살았습니다. 그렇다고 죄책감이 쉽게 없어지는 것은 아니었습니다. 다만 죄책감을 덮어놓았을 뿐입니다.

## "병을 치료하지 말고 환자를 치료하라"

어떤 면에서 요셉이 받은 고통보다도 더 큰 고통을 그 형제들은 받았다고 할 수 있습니다. 그것은 죄책감이라는 고통입니다. 요셉은 한순간의 큰 충격과 상처를 받았습니다. 그 상처가 깊어 쉽게 치유되지는 않았지만 항상 상처만을 생각하며 산 것은 아니었습니다. 그러나 그 형제들은 20년 동안 고통을 받았습니다. 남의 마음을 아프게 하고서 내 마음이 행복할 수는 없습니다.

이것을 안 요셉은 정말 형제들을 사랑하기 위해 그 형제들 속에 있는 어두운 죄악들을 드러내기로 작정합니다. 폴 투르니에는 "병을 치료하지 말고 환자를 치료하라"고 말했습니다. 요셉은 탁월한 영혼의 의사가 되어 형제들을 치료하기로 합니다.

치료의 시작은 질병을 시인할 때 옵니다. 병이 있는데도 없다고 고집하면 치료할 수 없습니다. 수술해야 할 병을 진통제로 무마시켜 놓으면 나중에 더 큰 고통을 받게 됩니다. 그렇기 때문에 아프지만 상처를 드러내야 합니다. 요셉의 모습은 수술하는 의사의 모습, 병을 진단하는 의사의 모습처럼 거친 모습이었습니다. 진정 사랑하기 위해 모든 감정을 감추고 거칠게 대하는 것입니다.

죄책감이 많은 사람들은 포장을 잘합니다. 물어 보지 않았는데도 자기는 죄를 짓지 않았다고 말합니다. 자신은 진실하다고 말합니다. 11절을 보십시오.

우리는 다 한 사람의 아들로서 독실한 자니 종들은 정탐이 아니니이다.

그들 스스로가 독실한 자들이라고 말합니다. 정직하다는 것입니다. 13절을 보십시오.

그들이 가로되 주의 종 우리들은 십이 형제로서 가나안 땅 한 사람의 아들들이라 말째 아들은 오늘 아버지와 함께 있고 또 하나는 없어졌나이다.

자기들이 팔아 넘긴 요셉에 대해서 어떻게 말합니까? 요셉이 없어졌다고 말합니다. 이것은 거짓말이기도 하지만 애굽에 팔았다고 생각하지 않고, 없어졌다고 생각하고 싶은 마음이기도 합니다. 요셉은 그 형제들을 시험하고, 솔직하게 진실된 모습을 드러내도록 유도합니다. 그래서 자기의 과거를 재연합니다. 16-17절을 보십시오.

> 너희 중 하나를 보내어 너희 아우를 데려오게 하고 너희는 갇히어 있으라 내가 너희의 말을 시험하여 너희 중에 진실이 있는지 보라 바로의 생명으로 맹세하노니 그리하지 아니하면 너희는 과연 정탐이니라 하고 그들을 다 함께 삼 일을 가두었더라.

요셉은 형제들을 가두었습니다. 그들은 갇혀 있는 동안 무엇을 생각했을까요? 요셉을 던져 넣었던 구덩이를 생각했을 것입니다. 감추었던 죄책감이 그들의 표면에 드러납니다. 요셉이 드디어 하나님에 대해서 이야기합니다. 자기 형제들의 귀에 하나님을 자각시켜 줍니다. 18절입니다.

> 삼 일 만에 요셉이 그들에게 이르되 나는 하나님을 경외하노니 너희는 이같이 하여 생명을 보전하라.

형제들은 요셉이 자루에 넣은 돈을 보고 하나님을 생각합니다. 하나님을 그들의 삶에 개입시킵니다. 28절을 보면 "그가 그 형제에게 고하되 내 돈을 도로 넣었도다 보라 자루 속에 있도다 이에 그들이 혼이 나서 떨며 서로 돌아보며 말하되 하나님이 어찌하여 우리에게 이 일을 행하셨는고 하고"라고 하나님을 언급합니다.
19-20절을 보십시오.

> 너희가 독실한 자이면 너희 형제 중 한 사람만 그 옥에 갇히게 하고 너희는 곡식을

가지고 가서 너희 집들의 주림을 구하고 너희 말째 아우를 내게로 데리고 오라 그리하면 너희 말이 진실함이 되고 너희가 죽지 아니하리라 그들이 그대로 하니라.

요셉이 이와 같이 말하면서 그들의 양심을 건드립니다. 말째 아우라는 말을 듣는 순간 그들이 팔았던 요셉이 생각났습니다. 말째 아우는 베냐민인데 베냐민 하면 떠오르는 사람이 있습니다. 그들이 팔았던 요셉입니다. 요셉과 베냐민은 한 어머니 라헬에게서 태어난 형제입니다.

평소에도 그 형제들은 베냐민을 보는 것이 괴로웠을 것입니다. 그런데 베냐민을 데려오라고 하니까 그들의 죄책감이 심화됩니다. 그들의 곪은 죄악이 드러나는 순간입니다. 드디어 그들은 그들의 죄를 고백합니다. 21-22절을 보십시오.

그들이 서로 말하되 우리가 아우의 일로 인하여 범죄하였도다 그가 우리에게 애걸할 때에 그 마음의 괴로움을 보고도 듣지 아니하였으므로 이 괴로움이 우리에게 임하도다 르우벤이 그들에게 대답하여 가로되 내가 너희더러 그 아이에게 득죄하지 말라고 하지 아니하였느냐 그래도 너희가 듣지 아니하였느니라 그러므로 그의 피 값을 내게 되었도다 하니.

지나간 20년 동안 두려워하면서 한 번도 입 밖에 내지 않았던 과거의 죄를 회개하고 있습니다. 21절에서는 "범죄하였도다"라고 말하고, 22절에서는 "득죄"라는 표현을 씁니다. 그리고 이제 "피 값을 내게 되었다"고 말합니다. 요셉은 이들을 관찰하고 있습니다. 이들이 하는 말을 듣고 있습니다. 23절을 보십시오.

피차간에 통변을 세웠으므로 그들은 요셉이 그 말을 알아들은 줄을 알지 못하였더라.

통변을 세웠지만 요셉은 다 듣고 있습니다. 대단한 사람입니다. 자기 감정을 감춘 요셉의 얼굴에서 거친 사랑을 봅니다. 자기 얼굴에 감정을 드러내지 않을 만큼 강하고 훈련된 사람이 요셉입니다. 꿈을 가진 사람은 꿈을 이루기까지 쉽게 자기의 속마음을 드러내서는 안됩니다. 굳세고 강하게 살아가야 합니다.

## 실력을 감추는 것도 실력이다

요셉은 고난의 13년 동안 거친 손을 가지고 살았습니다. 국무총리가 된 후 7년 동안도 거친 손을 가지고 부지런히 살았습니다. 꿈을 가진 사람은 쉬운 길을 택해서는 안됩니다. 거친 손을 가져야 합니다. 강한 의지력과 굳센 마음을 가져야 합니다. 그렇지 않으면 꿈을 성취할 수 없습니다. 꿈을 성취한 사람들은 무서우리만큼 강인합니다. 완전히 꿈을 성취하기 전까지는 꿈 이야기를 하지 않습니다.

요셉은 꿈 때문에 팔려 간 후 한 번도 꿈 이야기를 하지 않습니다. 할 수도 없었습니다. 그의 꿈 이야기를 할 만한 사람도 없었습니다. 요셉은 꿈 이야기를 하다가 고생길로 들어섰습니다. 애굽에서 꿈 이야기를 했다가는 일찍 죽을지도 모릅니다. 해와 달과 열한 별이 절한다는 그의 꿈은 바로가 절한다는 말일 수도 있습니다. 그 당시 바로는 해와 같은 인물이었습니다. 바로가 요셉의 꿈을 일찍이 들었다면 그를 죽였을지도 모릅니다.

정말 지혜로운 사람은 자기 실력을 감출 줄 아는 사람입니다. 하나님의 때가 오기 전까지 자신의 실력을 감출 줄 아는 실력이 필요합니다. 예수님도 십자가를 지시기 전까지 철저하게 자신을 감추셨습니다. 십자가의 고난에 대한 말씀은 공생애를 시작한 지 3년이 되었을 때에야 비로소 말씀하셨습니다. 예수님도 때가 오기 전까지는 하나님이 주신 꿈을 가슴에 품고 사셨습니다.

꿈꾸는 사람은 거친 손과 강한 마음을 가져야 합니다. 자신의 감정을 감출 수 있는 강한 얼굴을 가져야 합니다. 자신을 철저하게 훈련해야 합니다.

●　●　●

## 꿈꾸는 자는 부드러운 마음을 가져야 한다

요셉의 얼굴은 엄했지만 그 마음은 부드러웠습니다. 24절을 보십시오.

요셉이 그들을 떠나가서 울고 다시 돌아와서 그들과 말하다가 그들 중에서 시므온을 취하여 그들의 목전에서 결박하고.

요셉이 웁니다. 요셉은 눈물이 있는 사람입니다. 부드러운 사람입니다. 하나님은 눈물을 흘릴 줄 아는 사람을 귀히 여기십니다. 43장 30절을 보면 베냐민을 보고 웁니다. "요셉이 아우를 인하여 마음이 타는 듯하므로 급히 울 곳을 찾아 안방으로 들어가서 울고." 43장 31절에서는 "얼굴을 씻고 나와서 그 정을 억제하고 음식을 차리라 하매"라고 말씀합니다. 45장 1-2절에서는 "요셉이 시종하는 자들 앞에서 그 정을 억제하지 못하여 소리질러 모든 사람을 자기에게서 물러가라 하고 그 형제에게 자기를 알리니 때에 그와 함께 한 지기 없었더라 요셉이 방성대곡하니 애굽 사람에게 들리며 바로의 궁중에 들리더라"고 기록합니다.

요셉에게는 눈물이 있습니다. 정이 있습니다. 요셉이 자신을 드러낼 때 흘린 눈물만 해도 이렇게 많은데 그가 종살이하면서, 감옥에서 죄수들을 섬기면서 남 모르게 흘린 눈물은 얼마나 많았겠습니까?

보고 싶은 아버지와 친동생인 베냐민을 생각하면서 눈물을 흘렸을 것입니다. 그리고 그의 형제들도 보고 싶었을 것입니다. 비록 자기를 팔았지만, 그 형제들 가운데 르우벤은 자기를 살려 주려고 힘썼고 유다는 죽임을 당할 자신을 상인들에게 팔아 자신을 살려 주었다는 것을 기억했을 것입니다. "미운 정, 고운 정 든다"는 말이 있지 않습니까? 그래도 형제는 형제입니다. 한 아버지의 아들로서 흐르는 피는 진한 것입니다.

요셉은 고향을 생각하면서 눈물을 흘렸고, 어린 시절 특별한 사랑을 받았던 옛 생각을 할 때마다 주체할 수 없는 눈물을 흘렸을 것입니다. 눈물은 귀합니다. 눈물은 우리를 치료해 줍니다. 우리의 영혼의 눈을 맑게 해줍니다. 때로는 하염없이 눈물을 흘리다가 문득, 넘치는 평화와 환희를 경험하기도 합니다. 마음이 따뜻해지는 것을 경험합니다.

## 감정 지수가 높은 사람이 꿈을 성취한다

꿈꾸는 사람은 부드러운 마음을 가져야 합니다. 부드러운 마음을 가진 사람들은 꿈을 성취합니다. 왜냐하면 사랑하는 마음이 있기 때문입니다. 요셉은, 요즈음 자주 쓰는 단어인, 감성 지수가 높았던 사람입니다.

최근에 교육계에 혁신을 일으켰던 책 가운데 대니얼 골먼이 쓴 「감성 지능(*Emotional Intelligence*)」(비전코리아)이란 책이 있습니다. 그는 이 책에서 인생을 성공적으로 산 사람들은 지성 지수(IQ)가 높은 사람들이기보다 감성 지수(EQ)가 높은 사람들이라는 사실을 주장합니다. 그는 감성 지능이 인생을 성공적으로 살아가는 데 결정적인 영향을 끼친다고 강조합니다. 감성 지능이란 자기 통제, 열정, 인내력, 그리고 자신에 대한 동기 부여 등을 통칭하는 개념입니다.

셀로비 박사는 자신의 감정 지능에 대한 기본 정의에 가드너 박사의 인간적 지능을 포함시키면서 다섯 가지 범주로 각 능력을 확장시켰습니다. 그는 다음과 같이 그 능력을 설명하고 있습니다.

"첫째는 자신의 감정을 인식하는 능력이다. 즉 자신의 감정을 객관화하는 능력이다. 둘째는 자신의 감정을 조절하는 능력이다. 자신의 감정을 인식하고 조절할 수 있는 사람은 탁월한 삶을 살 수가 있다. 셋째는 자신에게 동기를 부여하는 능력이다. 자기를 움직일 수 있는 사람은 다른 사람을 움직일 수 있다. 넷째는 타인의 감정을 인식하는 능력이다. 이 능력은 다른 사람을 이해하고 섬기는 데 도움이 되는 능력이다. 다섯째는 인간 관계를 관리하는 능력이다. 인간 관계를 관리하는 능력은 타인의 감정을 관리하는 능력이기도 하다."

엄밀한 의미에서 이 다섯 가지 능력은 인생을 성공적으로 살아가는 데 정말 중요한 능력임을 인정할 수밖에 없습니다.

감성 지수가 높다는 것은 사랑이 많다는 것입니다. 사랑이 그 가슴에 있을 때 다른 사람을 생각하게 됩니다. 다른 사람을 사랑하는 것이 꿈을 성취하는 데 힘을 부여합니다. 꿈꾸는 사람이 꿈을 성취하기 위해 최선을 다하는 것도 누군가를 사랑하는 데서 오는 결과입니다

## 심력을 강화하라

DY 학습법을 제창한 원동연 박사는 21세기를 주도할 사람들로 '다

이아몬드 칼라(diamond collar)'를 주장합니다. 블루 칼라(blue collar)도 화이트 칼라(white collar)도 아닌 다이아몬드 칼라(diamond collar)는 어떤 사람들입니까?

첫째는 지력을 가진 사람입니다. 둘째는 심력을 가진 사람입니다. 셋째는 체력을 가진 사람입니다. 여기에서 심력은 단순한 의지력이 아닙니다. 이웃을 위해 희생하고 봉사하려는 의지력을 말합니다. 요셉이 가졌던 '부드러운 마음'이 곧 심력입니다. 원동연 박사는 이런 사람을 '뜨거운 가슴'을 가진 사람, '나 중심'이 아닌 '타인 중심의 사람'이라고 말합니다.

'뜨거운 가슴'을 가지려면 풍부한 정서력을 가져야 합니다. 그래서 음악이나 예술 활동이 필요합니다. 놀라운 것은 마음이 훈훈하고 감성 지수가 높아지면 학문적인 창조적 능력이 개발된다고 합니다. 이런 정서를 가진 사람들은 희로애락이 분명합니다. 슬픈 일이 있으면 울고 기쁜 일이 있으면 웃는 사람들입니다.

요셉은 기쁨을 알고 슬픔을 아는 사람이었습니다. 눈물을 흘릴 줄 아는 정이 많은 사람이었습니다. 이런 부드러운 마음이 그로 하여금 무서운 집념과 뜨거운 신앙으로 살게 했습니다. 자신을 지키며 정상에 올라서게 했습니다. 그렇다면 부드러운 사람은 어떤 성품의 사람일까요?

### 첫째, 마음이 부드러운 사람은 온유합니다.

'온유'라는 말은 따뜻하고 부드럽다는 말에서 나왔습니다. 이 세상에서 가장 강한 사람은 온유한 사람입니다. 온유한 사람이 승리합니다. 사실 눈에 띄게 강한 것들은 일찍 사라집니다. 공격을 받아 쓰러집니다. 부드러운 것일수록 오래갑니다. 마태복음 5장 5절에는 "온유한 자는 복이 있나니 저희가 땅을 기업으로 받을 것임이요"라고 말씀합니다.

노자가 그의 스승이 세상을 뜨기 직전에 찾아가서 "선생님, 제자들에게 남길 말씀이 없습니까?"라고 물었습니다. 스승은 "내 입을 보라"고 하면서 그의 입을 벌려 보여 주었습니다. 그리고 이렇게 물었습니다.

"내 이가 있느냐?"

"하나도 없습니다."

"혀는 있느냐?"

"혀는 있습니다."

"제자들에게 가서 이것을 전하라."

그리고 나서 죽었다고 합니다. 중국의 현인이 남긴 교훈은, 부드러운 것만이 남고 결국 승리한다는 것입니다. 강한 것은 뽑히게 된다는 것입니다.

요셉은 부드러운 마음을 가졌습니다. 우리는 요셉에게서 싸우는 것을 볼 수 없습니다. 어느 누구와도 싸우지 않습니다. 다만 자신과 경쟁하고, 자신과 싸워 이깁니다. 자신의 분노를 정복했고, 자신의 좌절을 정복했고, 자신의 외로움을 정복했습니다. 자신의 나태와 안일을 정복했습니다. 편안하고 싶은 마음을 정복했습니다.

**둘째로 마음이 부드러운 사람은 관계가 원만합니다.**

자신의 감정을 이해하고, 자신의 감정을 객관화할 수 있는 사람은 다른 사람의 감정도 잘 이해합니다. 자신의 감정을 다스릴 줄 아는 사람은 다른 사람의 격한 감정도 부드럽게 만드는 지혜가 있습니다. 온유한 사람은 사람들과 좋은 관계를 갖습니다. 항상 상대방을 먼저 생각합니다. 사실 인생의 성패와 행복은 다 관계에서 옵니다. 부드러운 사람은 하나님과의 관계, 이웃과의 관계, 지도자와의 관계에서 원만합니다.

요셉이 어떻게 지도자로서 원만한 인간 관계를 가졌을까요? 사실 그것은 그가 복잡한 가정에서 태어났기 때문입니다. 요셉이 태어난 가정 환경은 좋은 가정 환경이 아니었습니다. 네 명의 여인들 사이에 태어난 여러 형제들과 더불어 살았습니다. 요셉은 다양한 형제들을 보면서 인간을 깊이 이해하는 경험을 했습니다. 서로 다른 성격을 가진 형제들, 그들의 마음속에 있는 죄의 본성을 이해했습니다. 다양한 형제들과 살면서 다양한 사람들을 품을 수 있는 넓은 품을 갖게 된 것입니다.

하나님은 인간의 실수도 선용하십니다. 야곱의 실수와 형제들의 실수를 선용하셔서 요셉으로 하여금 탁월한 인간 관계를 가진 지도자로 세우셨습니다. 요셉은 일찍부터 마음의 그릇을 넓혔습니다. 넓은 품을 가졌습니다.

'마음에 안 든다'는 말은 '마음이 좁다'는 말입니다. 마음에 안 드는 사람까지도 품을 수 있는 여유가 요셉에게는 있었습니다. '마음에 안 든다'라는 말은 '마음에 안 들어온다'는 말입니다. 왜 사람들이 내 마음에 안 들어옵니까? 내 마음이 작아서 그 사람을 수용할 능력이 없기 때문입니다.

부드러운 마음을 가진 사람은 모든 사람을 품는 따뜻한 품을 소유한 사람입니다. 그 사람은 마음이 넓어서 많은 사람을 품습니다. 인생의 크기는 마음의 크기에 따라 결정됩니다. 마음의 크기는 다양한 사람들을 얼마나 가슴에 품을 수 있느냐에 따라 결정됩니다.

싫어하는 사람까지도 품을 수 있는 품은 귀합니다. 어떤 사람이든지 그를 품고 변화시킬 수 있다면 그 품은 태양과 같고 대지와 같습니다. 사도 바울은 이렇게 권면합니다. "내가 자녀에게 말하듯 하노니 보답하는 양으로 너희도 마음을 넓히라"(고후 6:13).

그러면 어떻게 우리 마음을 넓힐 수 있을까요? 저는 세 가지 방법을 통해 마음이 넓어지는 경험을 했습니다.

먼저는 기도함으로 마음이 넓어졌습니다. 기도는 놀라운 능력이 있습니다. 마음을 넓혀 달라고 기도할 때, 하나님은 제 마음에 사랑을 부어 주셨습니다. 도저히 품을 수 없다고 생각했던 사람까지도 품을 수 있는 사랑의 능력을 주셨습니다. 기도를 통해 하나님은 까다로운 사람을 품을 수 있는 지혜를 주셨습니다. 인생에서 가장 중요한 것은 사랑임을 가르쳐 주셨습니다. 인생의 마지막을 먼저 보게 하셨습니다. 그리고 가장 소중한 것은 일보다는 사람이며, 과업의 성취보다 사랑임을 알게 하셨습니다. 과업 지향적인 사람보다 사람 지향적인 사람이 되는 것이 중요하다는 것을 알게 하셨습니다. 물론 과업은 중요합니다. 그러나 그 과업은 사랑의 관계 속에서 성취되어야 함을 철저히 깨달았습니다.

> 다른 사람을 성공시키는 것을 행복의 조건으로 삼는 것입니다.
> 다른 사람을 성공시킴으로 나도 성공하겠다는 역설적인 삶의 원리를 선택하는 것입니다.
> 바로 이 원리가 성공의 원리입니다.

또한 사람들에게 무조건적인 사랑을 베풀 때 마음이 넓어지는 것을 경험했습니다. 무조건적인 용서를 베푸십시오. 특별히 우리의 사랑을 받을 자격이 없는 사람들에게 무조건적인 사랑을 베푸십시오. 그러면 우리 마음은 그만큼 넓어지는 것을 경험합니다. 스티븐 코비는 그때 우리 마음에 있는 감정의 뱅크가 충만해진다고 말합니다.

마음을 넓히는 마지막 방법은 다른 사람들이 성공하도록 자꾸 길을 열어 주는 것입니다. 우리 자신이 잘되는 것에 대한 관심보다 다른 사람이 잘되도록 도와 주는 것입니다. 다른 사람을 성공시키는 것을 행복의 조건으로 삼는 것입니다. 다른 사람을 성공시킴으로 나도 성공하겠다는 역설적인 삶의 원리를 선택하는 것입니다. 바로 이 원리가 성공의 원리입니다.

요셉은 남의 앞길을 막지 않습니다. 국무총리가 된 후에도 계속해서 바로 왕의 성공을 도와 줍니다. 형제들이 행복하게 살도록 도와 줍니다. 바로 여기에 마음을 넓히는 비밀이 담겨 있습니다.

### 셋째, 마음이 부드러운 사람은 겸손합니다.

부드러운 사람은 자신을 크게 생각하지 않습니다. 요셉은 겸손했습니다. 그가 누리는 축복에 감사하며 살았습니다. 겸손하기 때문에 사람들이 요셉을 좋아했습니다. 겸손은 존귀의 앞잡이입니다. 겸손은 관계의 비결이요, 성공의 비결입니다. 또한 성공한 위치를 계속 지키도록 도와 주는 것도 겸손입니다.

요셉은 거친 손과 부드러운 마음을 가졌습니다. 어떻게 요셉처럼 거친 손과 부드러운 마음을 가질 수 있습니까? 그것은 건전한 꿈을 가질 때 가능합니다. 자신의 욕심을 채우기 위한 꿈이 아니라 다른 사람을 섬기기 위한 꿈을 가질 때 가능합니다.

에이브러햄 링컨이 그런 사람이었습니다. 칼 샌버그는 에이브러햄 링컨에 대하여 다음과 같이 기록했습니다. "인류의 역사를 통해 강하면서 부드러운 사람, 돌같이 단단하면서 개구리같이 유연하게 움직이는 사람, 즉 그의 마음속에 거친 폭풍우 같은 역설과 완전하고 형용할 수 없는 평화를 간직하고 있는 사람을 발견하기란 쉽지 않다."

요셉이 바로 그런 사람이었습니다. 인생의 시련의 바다를 항해할 때 그는 강했습니다. 그러나 사람들을 대할 때 그의 마음에는 정이 있었습니다. 인간미가 있었습니다. 눈물이 있었습니다. 그럼에도 그는 자신의 감정을 객관화할 줄 알았고, 감정을 다스릴 줄 알았습니다. 파괴적일 수 있는 분노의 감정을 건설적인 꿈을 성취하는 일과 사랑하는 데 필요한 에너지로 사용할 줄 알았던 사람입니다.

## 탕자를 품으시는 아버지의 두 손

우리는 요셉의 모습을 통해 돌아온 탕자를 맞이하는 하나님 아버지의 사랑을 배웁니다. 램브란트가 그린 "탕자의 귀향"이라는 그림이 있습니다. 탕자를 품에 안은 아버지의 모습을 그린 그림입니다. 인자한 아버지의 모습, 그리고 아들의 어깨를 감싼 두 손이 보입니다.

하나는 거친 손이고, 하나는 부드러운 손입니다. 두 손이 다릅니다. 하나는 거친 아버지의 손이요, 하나는 부드러운 어머니의 손입니다. 램브란트는 하나님의 사랑의 모습을 두 손에 담았습니다. 하나님은 때로 모질게 자기 자녀를 훈련시키십니다. 사랑하는 요셉을 종살이, 감옥살이로 보내십니다. 사랑하는 예수님을 십자가에 못박혀 죽게 하십니다. 강인하고 엄한 모습입니다. 그러나 그때도 하나님의 마음은 우십니다. 눈물을 흘리십니다. 하나님의 마음은 부드럽습니다. 이런 마음을 알았던 예레미야는 "주께서 인생으로 고생하며 근심하게 하심이 본심이 아니시로다"(애 3:33)라고 말합니다.

하나님은 사랑 때문에 때로 엄하십니다. 이스라엘 민족들을 광야로 보내십니다. 예수님을 십자가로 보내십니다. 참 사랑을 위해서입니다. 사랑하는 자녀에게 채찍이 있습니다. 사생자에게는 징계가 없지만 하나님이 받으시는 아들마다 훈육하십니다.

인생은 어렵습니다. 나만 어려운 것이 아닙니다. 다 어렵습니다. 그러므로 우리는 강해야 합니다. 인생은 외롭습니다. 나만 외로운 것이 아닙니다. 다 외롭습니다. 그러므로 우리는 서로 부드러운 사랑을 나누어야 합니다. 서로 사랑하며 살아야 합니다. 그래야 인생이 아름다워집니다. 꿈은 성취되고 완성됩니다. 관계도 아름답고, 사랑도 풍성해집니다.

이제 요셉의 꿈은 성취를 넘어서 완성의 단계로 들어갑니다. 성장을 넘어서 성숙으로 들어갑니다. 성공을 넘어서 섬김으로 승화됩니다. 풍성한 열매는 화려한 꽃이 피었다가 떨어질 때 맺기 시작합니다.

## 끝없이 능력을 공급받는 원리를 터득하라

세상을 이기기 위해서는 비전의 능력, 성령의 능력, 사랑의 능력이 필요합니다. 날마다 능력을 주시는 하나님께 나아갑시다. 나 혼자 힘으로는 살 수 없는 것이 인생입니다. 하나님의 공급하시는 힘이 날마다 필요합니다. 그래서 기도해야 합니다. 꿈을 성취하고 완성하기까지 끝없는 하나님의 능력이 필요합니다.

탁월한 지도자가 되기 위해서는 에너지를 비축하는 비결을 배워야 합니다. 자신의 에너지가 고갈되지 않도록 해야 합니다. 자신 안에 있는 잠재적인 에너지를 발휘되는 에너지로 전환할 수 있는 지혜가 필요합니다. 사람을 섬기는 데는 엄청난 에너지가 필요합니다. 그래서 매일 매일 하나님의 능력을 공급 받아야 합니다. 로리 베스 존스는

「최고 경영자 예수」(한언)라는 책에서 에너지 비축의 비결을 다음과 같이 가르쳐 줍니다.

에너지는 도처에 있으나, '잠재적인' 에너지에서 '발휘되는' 에너지로 전환되기 위해서는 침묵이 주요한 역할을 한다. 나는 나비의 날개 위의 비늘이 사실은 태양 전지와 같아서, 나비들이 아침 햇살을 받아야만 날개를 펼친다는 사실을 알고 놀랐다. 그러한 에너지원이 없다면 나비들은 날 수가 없는 것이다. 구약 성경의 선지자들이나 리더들의 대부분이 목자였다는 것은 결코 우연이 아니다. 즉 그들은 들을 수 있는 충분한 시간을 가진 사람들이었다. 만약 산에 눈이 없다면 들녘에는 가뭄이 있게 된다. 모든 사람들에게는 자신의 에너지 원천과 조화를 이루는 것이 필요하다. 예수님은 자신의 에너지를 절제하셨다.

거친 사랑의 손과 부드러운 마음을 갖기 위해서 날마다 하나님께 나아가십시오. 말씀을 묵상하고 침묵하는 시간을 가지십시오. 나비들이 아침 햇살을 받아야만 날개를 펼친다는 사실을 기억하십시오. 날마다 아침 햇살 되시는 하나님께 나아가십시오. 그리고 그 햇살을 받아 날개를 펼치십시오. 그런 무한한 사랑의 능력으로 사람들을 섬기는 축복을 누리시길 빕니다.

# 하나님은 꿈의 동역자 11

… 그들이 그 집으로 들어가서 그 예물을 그에게 드리고 땅에 엎드리어 절하니 요셉이 그들의 안부를 물으며 가로되 너희 아버지 너희가 말하던 그 노인이 안녕하시냐 지금까지 생존하셨느냐 … 그들이 마시며 요셉과 함께 즐거워하였더라(창 43:11-34).

## 꽃이 아닌 열매를 찾으시는 하나님

요셉은 그의 꿈이 성취되는 성공을 맛보았습니다. 기나긴 인고의 세월 끝에 핀 한송이 꽃처럼, 하루아침에 감옥에 있던 요셉이 애굽의 국무총리가 되는 성공을 경험합니다. 꿈을 성취하는 것은 달콤한 것입니다. 형통은 아름다운 것입니다. 성공은 감미로운 것입니다. 모든 사람들의 관심을 끄는 것이 성공입니다. 이 세상에 태어나 모든 사람들이 객관적으로 인정할 수 있는 성공이라는 자리에 서는 것은 쉬운 일이 아닙니다.

성공은 꽃과 같은 것입니다. 꽃처럼 화려한 것이 성공입니다. 자기가 꿈꾸던 것이 성취되는 것이 성공입니다. 그런데 하나님은 우리에게서 꽃을 찾으시는 것이 아니라 열매를 찾으십니다. 꽃이 목표라면 열매는 생의 목적입니다. 나무에 꽃이 핀 후에 열매가 맺히지 않는다면, 그 나무는 목적을 이루지 못한 것입니다. 나무의 영광은 꽃에 있는 것이 아닙니다. 열매에 있습니다.

많은 사람들이 한때 성공했다가는 더욱 불행해지는 것을 봅니다. 성공이 화가 되고, 성공이 가정에 재앙을 가져오는 것을 봅니다. 그것은 그들이 목적 없는 삶을 살았기 때문입니다. 성공까지만 목표를 정했지 성공 후에 맺어야 할 열매에 대해서는 관심을 갖지 않았기 때문입니다.

사실 중요한 것은, 성공 후에 어떤 열매를 맺을 것인지에 관심을 가지는 것입니다. 이것을 우리는 사명이라고 합니다. 생의 목적이라고 말합니다. 성공에 인생 최종 목표가 있는 것이 아닙니다. 사명 완수에 우리의 최종 목표가 있는 것입니다.

## 인생 최고의 날은 사명을 자각한 날이다

세상에 태어나서 사명을 발견한 사람은 행복한 사람입니다. 요셉의 꿈은 정치가가 되어 만인을 섬기는 것이었습니다. 이것이 그의 사명이었습니다. 정치가가 되는 것이 그의 목표였다면, 만인의 목자가 되어 하나님의 사명을 완수하는 것은 그의 목적이었습니다.

세상에 사명감처럼 무서운 것이 없습니다. 그리고 사명의 자각처럼 위대한 자각이 없습니다. 인간이 자기의 사명을 자각할 때 그의 눈에서는 빛이 솟습니다. 그의 몸에서는 힘이 넘쳐 납니다. 그의 생활에는 열기가 솟구치고, 그의 정신에서는 영감이 넘쳐 납니다. 그의 인격에서는 덕성이 발산됩니다.

사명처럼 우리를 부지런하게 만들고, 용감하게 만들고, 성실하게 만들고, 지혜롭게 만들고, 경건하게 만들고, 진지하게 만드는 것이 없습니다. 스위스의 사상가 칼 힐티는 "인간 생애의 최고의 날은 자기 인생의 사명을 자각하는 날이다. 하나님이 나를 이 목적에 쓰겠다고 작정한 그 목적을 깨닫는 것이다"라고 말했습니다.

인생의 대업을 성취한 사람을 보십시오. 역사의 큰일을 이룬 사람을 보십시오. 한결같이 사명을 자각한 사람입니다. 자기 사명을 위해 목숨을 바친 사람입니다. 키에르케고르는 22세의 코펜하겐 대학의 신학생 시절, 일기에 이렇게 썼습니다.

"온 천하가 다 무너지더라도 내가 이것은 꽉 붙들고 놓을 수가 없다. 내가 이것을 위해서 살고 이것을 위해서 죽을 수 있는, 나의 사명을 발견해야 한다."

## 꿈의 성취로 만족하지 말고, 사명의 성취를 추구하라

요셉은 꿈의 성취로 만족한 것이 아니라 사명의 성취를 추구했던 사람입니다. 그래서 그는 국무총리가 되었을 때도 쉽게 안주하지 않았습니다. 그의 사명을 완수할 때까지 지칠 줄 모르는 정열로 일했습니다.

요셉에게 있어서 꿈이 실현되는 것은 그의 모든 형제와 부모가 와서 그에게 절을 하는 것입니다. 애굽의 국무총리가 되었을 때 애굽의 백성들이 그에게 절을 했습니다. 그러나 아직 그의 꿈이 실현된 것이 아니었습니다.

요셉은 분별력이 탁월한 사람입니다. 아무나 와서 절을 한다고 해서 그 꿈이 실현되었다고 믿었던 사람이 아닙니다. 애굽 사람들이 와서 그에게 절을 한 때는 그가 성공한 때이지 꿈이 실현된 때는 아닙니다.

꿈의 성취와 실현에는 차이가 있습니다. 꿈의 성취는 그의 꿈이 완성되는 초기의 사건입니다. 꿈의 실현은 꿈이 완성되는 것을 의미합니다. 그가 꾼 꿈은 선명했습니다. 37장 7절을 보면 요셉의 단은 일어서고 형제들의 단은 요셉의 단을 둘러서서 절을 했다고 했습니다. 또 37장 9절에는 "요셉이 다시 꿈을 꾸고 그 형들에게 고하여 가로되 내가 또 꿈을 꾼즉 해와 달과 열한 별이 내게 절하더이다 하니라"고 말씀합니다. 요셉의 꿈이 실현되는 것은 그의 형제들과 부모가 와서 절을 하는 것을 보는 것입니다.

요셉의 생애는 그가 그리워했던 아우 베냐민을 보는 데서 절정에 이르게 됩니다. 29-30절을 보십시오.

요셉이 눈을 들어 자기 어머니의 아들 자기 동생 베냐민을 보고 가로되 너희가 내게 말하던 너희 작은 동생이 이냐 그가 또 가로되 소자여 하나님이 네게 은혜 베푸시기를 원하노라 요셉이 아우를 인하여 마음이 타는 듯하므로 급히 울 곳을 찾아 안방으로 들어가서 울고.

요셉이 아버지의 생존을 확인하고 열한 형제에게서 절을 받는 순간, 드디어 그의 꿈이 실현되는 것을 봅니다. 요셉의 관심은, 그가 기근으로 고통당하는 많은 사람을 먹이는 것보다 더 중요한 것에 있었습니다. 그것은 그 아버지의 열두 아들을 통해서 이루시기 원하시는 하나님의 구원의 역사였습니다.

요셉은 야곱을 통해서 아브라함에게 하신 하나님의 약속을 기억하고 있었습니다. 요셉이 어릴 적에 이삭은 살아 있었습니다. 할아버지 이삭을 통해서 아브라함에게 주신 이스라엘 민족, 하나님의 백성에 대한 예언을 들었습니다. 그 예언의 말씀은 15장 13-16절의 말씀입니다.

여호와께서 아브람에게 이르시되 너는 정녕히 알라 네 자손이 이방에서 객이 되어 그들을 섬기겠고 그들은 사백 년 동안 네 자손을 괴롭게 하리니 그 섬기는 나라를 내가 징치할지며 그 후에 네 자손이 큰 재물을 이끌고 나오리라 너는 장수하다가 평안히 조상에게로 돌아가 장사될 것이요 네 자손은 사 대 만에 이 땅으로 돌아오리니 이는 아모리 족속의 죄악이 아직 관영치 아니함이니라 하시더니.

이 말씀이 성취되려면 야곱의 형제들이 애굽에 내려와야 합니다. 요셉 자신의 출세만으로 하나님의 뜻이 실현될 수 없었습니다. 어떤 의미에서 그가 그 당시 열국을 섬기는 자리에 있었던 것보다 더 중요한 것은, 이스라엘 백성의 원 뿌리가 되는 그의 아버지 야곱과 형제들을 구원하는 일이었습니다. 그 일은 그 형제들이 자기에게 와서 절을 하고 그 아버지를 모시는 것으로 성취되는 일이었습니다.

우리는 본문에서 동생 베냐민과 형제들이 와서 절을 하는 순간, 하나님의 예언 성취의 시작을 보게 됩니다. 요셉의 고귀한 꿈이 실현되는 것을 통해서 배울 수 있는 것은 무엇입니까? 우리는 꿈을 성취케 하시는 하나님을 바라보는 시간을 가져야 합니다.

* * *

## 꿈이 실현되는 것은 하나님의 은혜로 가능하다

요셉의 생애를 통해서 배우는 것은 요셉의 위대함이 아닙니다. 우리가 배워야 할 것은 요셉을 위대하게 만드신 하나님입니다. 여기에 말씀의 핵심이 있습니다. 우리가 요셉을 연구하는 데 그친다면 말씀 공부에는 의미가 없습니다.

사실 요셉과 같은 성품을 가진 인물은 세계 역사 가운데서도 찾아볼 수 있습니다. 역사에 기록되지 않고 드러나지 않은 인물들 가운데서도 요셉의 성품과 기질을 가진 사람들을 많이 찾을 수 있습니다. 그러므로 우리의 관심을 한 인물의 성품이나 기질이나 노력에 초점을 맞춘다면, 하나님이 우리에게 주시고자 하시는 메시지의 반만 배우게 되는 것입니다. 요셉의 배후에서 역사하시는 분은 바로 하나님이십니다.

## 피해 의식이 아닌 은혜 의식 속에 살라

베냐민을 데리고 곡식을 다시 사러 가려고 하는 일을 지체하는 아버지 야곱에게 요셉의 형제들이 재촉하는 모습이 10절에 나옵니다.

우리가 지체하지 아니하였더면 벌써 두 번 갔다 왔으리이다.

이 재촉 앞에 야곱이 드디어 결단을 내립니다. 11-14절을 보십시오.

그들의 아비 이스라엘이 그들에게 이르되 그러할진대 이렇게 하라 너희는 이 땅의 아름다운 소산을 그릇에 담아 가지고 내려가서 그 사람에게 예물을 삼을지니 곧 유향 조금과 꿀 조금과 향품과 몰약과 비자와 파단행이니라 너희 손에 돈을 배나 가지고 너희 자루 아구에 도로 넣어 온 그 돈을 다시 가지고 가라 혹 차착이 있었을까 두렵도다 네 아우도 데리고 떠나 다시 그 사람에게로 가라 전능하신 하나님께서 그 사람 앞에서 너희에게 은혜를 베푸사 그 사람으로 너희 다른 형제와 베나민을 돌려보내게 하시기를 원하노라 내가 자식을 잃게 되면 잃으리로다.

야곱이 하는 일은 항상 머리가 앞섭니다. 항상 두려움이 앞섭니다. 어떤 일을 보아도 부정적으로 봅니다. 그의 자녀들이 애굽에서 돌아오면서 시므온을 두고 옵니다. 그리고 베냐민을 데려가야 한다고 말할 때 야곱은 두려워합니다.

42장 36절에서는 "그 아비 야곱이 그들에게 이르되 너희가 나로 나의 자식들을 잃게 하도다 요셉도 없어졌고 시므온도 없어졌거늘 베냐민을 또 빼앗아 가고자 하니 이는 다 나를 해롭게 함이로다"라고 합니다. 인생에서 중요한 것은 해석입니다. 그런데 야곱은 모든 것을 부정적으로 해석합니다. "이는 다 나를 해롭게 함이로다."

사실 하나님의 안목에서 본다면 이 모든 일은 야곱을 유익하게 하는 일입니다. 그런데 야곱은 하나님의 안목으로 보는 것이 아니라 지극히 인간적인 생각만을 합니다.

그는 태어날 때부터 항상 피해 의식이 강했습니다. 그래서 형 에서의 발뒤꿈치를 붙잡고 태어납니다. 형 에서의 장자권을 팥죽 한 그릇에 빼앗습니다. 그리고 아버지의 사랑을 받지 못한 채 살아가던 야곱이 형 에서가 받아야 할 축복을 도둑질해서 받습니다. 그때도 축복은 고사하고 저주를 받으면 어떻게 할까 두려워합니다. 야곱의 생애를 이끄는 것은 두려움이었습니다. 그러면서도 그에게는 무서운 집념과 욕망이 꿈틀거리고 있었습니다.

야곱은 어떻게 보면 욕망을 가진 인간, 두려워하는 인간의 전형적인 모습입니다. 신앙을 가지고도 인간적으로 살아가는 우리들의 모습을 닮았다고 해도 과언이 아닙니다. 야곱은 어떤 일에 직면하게 되면 먼저 머리가 움직이는 사람입니다. 컴퓨터처럼 그의 머리가 움직입니다.

삼촌 라반의 집에서도 그는 피해 의식 속에서 삽니다. 라헬을 얻기 위해 7년을 일한 후에 그가 받은 것은 라헬이 아니라 레아였습니다. 삼촌에게 속은 것입니다. 품삯을 수도 없이 변역하는 삼촌에게 속아 온 인생을 삽니다. 그는 삼촌 라반을 떠날 때도 피해 의식과 두려움 속에서 몰래 도망칩니다.

에서를 만나러 갈 때도 야곱의 가슴속에는 두려움으로 가득 차 있었습니다. 결코 믿을 수 없는 형 에서가 자기를 죽일지도 모른다는 공포심이 그를 사로잡았습니다. 그래서 에서를 위해 예물을 준비합니다. 하나님을 의지하기보다는 예물을 의지합니다. 야곱은 얍복 강에서 하나님과 씨름하는 가운데 축복을 받습니다. 그런데도 항상 머리가 앞서는 사람이었습니다.

그런 버릇을 버리는 것이 쉬운 일이 아닙니다. 베냐민을 데리고 곡식을 사러 가는 아들들에게 가르치는 것이 바로 예물입니다. 하나님이 먼저 그의 입술에서 나온 것이 아닙니다. 하나님은 나중에 나옵니다.

야곱은 자녀들에게, 예물을 가져 가고 돈도 두 배나 가져 가라고 말합니다. 그 말 끝에도 "혹 차착이 있었을까 두렵도다"라고 말합니다. 야곱의 언어를 보면 얼마나 부정적인지 모릅니다. "다 나를 해하려 함이로다." "두렵도다." 42장 38절에도 "나의 흰 머리로 슬피 음부로 내려가게 함이 되리라"고 말합니다.

그런데 감사한 것은 이런 야곱을 붙잡아 주시는 분이 계십니다. 하나님이십니다. 하나님의 은혜가 야곱을 계속 붙잡아 줍니다. 야곱은 그런 와중에 하나님을 생각합니다. 하나님을 바라봅니다. 그리고 인생의 결정적인 순간에 하나님을 붙잡습니다.

14절 말씀에서 야곱의 신앙 고백을 듣게 됩니다.

전능하신 하나님께서 그 사람 앞에서 너희에게 은혜를 베푸사 그 사람으로 너희 다른 형제와 베냐민을 돌려보내게 하시기를 원하노라 내가 자식을 잃게 되면 잃으리로다.

야곱은 전능하신 하나님을 믿고 있습니다. 하나님의 은혜를 믿고 있습니다. "자식을 잃게 되면 잃으리로다"라는 고백을 하면서 모든 것을 하나님께 맡깁니다. 야곱의 인생의 또 한 번의 전환점입니다. 결코 포기할 수 없고 맡길 수 없는 베냐민을 이제는 손을 펴서 하나님께 맡깁니다.

## "맡기지 않은 물건은 책임지지 않습니다. 주인백"

하나님의 역사는 항상 이렇게 나타납니다. 우리의 두 손을 펴서 전능하신 하나님께 우리의 문제를 맡겨 드릴 때 하나님은 우리를 위해 일하십니다. 인생의 노력을 넘어서서 하나님의 은혜를 바라볼 때, 신비롭게 하나님의 축복이 임하게 됩니다. 문제는 풀리고, 말할 수 없는 평화가 찾아옵니다.

한국을 방문해서 목욕탕에 가보면 써 있는 말이 있습니다. "맡기지 않은 물건은 책임지지 않습니다. 주인백." 우리 그리스도인들이 명심해야 할 말입니다. 우리 생애, 우리 자녀, 우리 사업, 우리의 재능과 은사를 하나님께 맡기면 하나님이 책임져 주십니다. 그러나 우리가 붙잡고 있으면 우리가 책임을 져야 합니다. 우리에게 걱정이 많고, 스트레스가 많은 것은 우리가 모든 것을 맡았기 때문입니다. 하나님께 맡겨야 합니다. 그때 하나님은 우리 마음에 평화를 부어 주십니다.

야곱이 지금 경험하는 것이 바로 그런 평화입니다. 인간의 노력으로 할 수 없다는 것을 깨닫고 하나님의 섭리의 손길 앞에 자신의 생애를 맡깁니다. 가만히 이 말씀을 묵상해 보면, 하나님이 야곱을 항복하지 않을 수 없는 곳까지 몰아가십니다. 야곱의 생애 가운데 야곱을 붙잡고 있는 것은 그의 집념도, 그의 야심도 아닙니다. 하나님의 은혜입니다. 이런 하나님의 은혜를 우리는 요셉의 생애에서도 보게 됩니다.

요셉은 아버지 야곱과는 달랐습니다. 하나님을 의지한 것은 같았으나 그의 삶의 방식은 많이 달랐습니다. 요셉은 꿈을 가졌습니다. 그는 비전을 가졌습니다. 그는 비전을 이루기 위해 노력할 줄 알았던 사람입니다. 그는 최선을 다하는 삶을 살았습니다.

그리고 요셉에게서 배울 수 있는 삶의 자세는, 항상 하나님의 은혜를 사모했다는 것입니다. 보디발의 아내의 유혹을 피할 때에도 그는 하나님 앞에서 악을 행할 수 없다는 고백을 했습니다. 그의 눈에는 하나님이 보였습니다. 요셉이 바로의 꿈을 해석할 때에도 그 꿈의 해석이 하나님께로부터 온다는 사실을 고백했습니다.

## 오직 하나님의 은혜를 갈망하라

하나님의 은혜는 너무도 귀합니다. 우리는 하나님의 은혜의 물을 먹고 살아야 합니다. 보잘것없는 노예를 국무총리로 만드신 것은 하나님의 은혜입니다. 요셉을 시련 중에 붙잡아 주시고, 많은 적들에게서 그를 보호해 주신 것은 하나님의 은혜였습니다.

우리는 하나님의 은혜를 사모해야 합니다. 애굽이라는 이방 땅, 자신을 신이라고 믿고 있는 바로 왕 아래서 요셉은 형통의 축복을 경험합니다. 그것은 하나님의 은혜입니다. 하나님이 주신 꿈이 실현되기를 원한다면 우리는 하나님의 은혜를 사모해야 합니다.

하나님의 은혜가 임할 때 기회가 주어집니다. 하나님의 은혜가 임할 때 모든 시련이 축복으로 변화됩니다. 하나님의 은혜가 임할 때 좋은 사람들을 만나게 됩니다. 하나님의 은혜가 임할 때 역사의 무대가 준비됩니다.

요셉을 위해서 하나님은 7년의 풍년과 7년의 기근을 보내셨습니다. 요셉이 애굽에서 탁월한 인물로 부각된 것은 그가 역사의 시련의 때에 등장했기 때문입니다. 시련의 때를 이겨낸 사람이 인물이 됩니다. 이 모든 것이 하나님의 은혜입니다.

하나님의 은혜를 갈망하고, 하나님의 은혜를 위해 기도하십시오. 그때 하나님의 꿈이 실현되는 기쁨을 누리게 됩니다.

● ● ●

## 꿈이 실현되는 것은 성령님의 도우심으로 가능하다

우리는 하나님의 사람들입니다. 하나님의 사람들은 하나님이 역사하시는 손길을 볼 수 있어야 합니다. 꿈을 이루기 위해 인생을 시작하는 것은 누구나 할 수 있습니다. 그러나 그 일이 완결되는 데는 성령님의 도우심이 필요합니다. 이것이 세상의 지도자들과 영적인 지도자들의 차이입니다. 이것이 세상의 성공과 그리스도인들의 성공의 차이입니다.

하나님의 역사는 성령님에 의해서 시작되고 성령님에 의해서 완성됩니다. 요셉의 생애를 보면서 절대로 간과해서는 안되는 것은, 성령님이 그와 함께 하신다는 사실입니다. 우리가 꿈꾸는 일들이 실현되기를 원한다면 우리는 하나님의 은혜를 사모할 뿐 아니라 성령님의 도우심을 구해야 합니다.

## 성령님 안에 꿈을 성취하는 데 필요한 모든 것이 있다

꿈을 성취하고 실현하는 요셉의 모습에서 볼 수 있는 것은, 세상 사람이 감당할 수 없는 지혜와 총명입니다. 지혜와 총명은 성령님의 역사입니다. 이사야 11장 2절에서는 "여호와의 신 곧 지혜와 총명의 신이요 모략과 재능의 신이요 지식과 여호와를 경외하는 신이 그 위에 강림하시리니"라고 말씀합니다. 성령님 안에 꿈을 성취하는 데 필요한 모든 것이 담겨 있습니다.

요셉이 바로 왕의 꿈을 해석해 줄 때 바로가 요셉에 대해서 말하는 성경 말씀에 다시 한 번 귀를 기울여야 합니다. 41장 38절에는 "바로가 그 신하들에게 이르되 이와 같이 하나님의 신이 감동한 사람을 우리가 어찌 얻을 수 있으리요 하고 요셉에게 이르되 하나님이 이 모든 것을 네게 보이셨으니 너와 같이 명철하고 지혜 있는 자가 없도다"라고 말씀합니다.

하나님의 신에 감동된 사람이란 말 속에 요셉의 승리의 비결이 있습니다. 우리는 성경을 읽을 때 성경 속에서 하나님이 말씀하기 원하

우리는 하나님의 사람들입니다.
하나님의 사람들은 하나님이 역사하시는 손길을 볼 수 있어야 합니다.
꿈을 이루기 위해 인생을 시작하는 것은 누구나 할 수 있습니다.
그러나 그 일이 완결되는 데는 성령님의 도우심이 필요합니다.

시는 금맥을 발견해야 합니다. 모든 사건 속에는 핵심이 있고, 성공하는 인물들의 삶 속에는 승리의 비결이 있습니다. 하나님의 사람들에게는 성령님의 역사가 그 비결입니다.

요셉의 인품과 기질과 실력을 논하기 전에 우리의 관심은 성령님께 있어야 합니다. 요셉을 요셉 되게 했던 하나님의 은혜에 있어야 합니다. 하나님은 능히 죽은 자를 살리시고, 없는 것을 있는 것같이 부르시는 분이십니다. 하나님은 천지를 창조하시고, 가난한 자를 부요케 하시고, 교만한 자를 꺾으시고, 병 든 자를 고치시고, 왕을 세우기도 하시고, 왕을 폐하기도 하시는 분이십니다.

## 문제는 누가 하나님의 손에 붙잡히느냐에 있다

문제는 누가 그 하나님의 손에 붙잡히느냐에 있습니다. 요셉은 바로 하나님의 성령에 감동을 받았고, 하나님의 성령의 손에 붙잡혔습니다. 우리가 하던 일이 안되거나 시작한 일이 매듭되지 못할 때 우리가 의지해야 할 분은 성령님이십니다.

스가랴 4장 6-9절을 보면 성령님이 하시는 일을 이렇게 말씀합니다. "그가 내게 일러 가로되 여호와께서 스룹바벨에게 하신 말씀이 이러하니라 만군의 여호와께서 말씀하시되 이는 힘으로 되지 아니하며 능으로 되지 아니하고 오직 나의 신으로 되느니라 큰 산아 네가 무엇이냐 네가 스룹바벨 앞에서 평지가 되리라 그가 머릿돌을 내어 놓을 때에 무리가 외치기를 은총 은총이 그에게 있을지어다 하리라 하셨고 여호와의 말씀이 또 내게 임하여 가라사대 스룹바벨의 손이 이전의 지대를 놓았은즉 그 손이 또한 그것을 마치리라 하셨나니 만군의 여호와께서 나를 너희에게 보내신 줄을 네가 알리라 하셨느니라."

하나님의 성령께서는 일이 되게 하십니다. 큰 산과 같은 장애물도 평지가 되게 하십니다. 시작할 때 은총 은총을 외치게 하신 성령님께서 그 손으로 그것을 마치게 하십니다. 그리고 하나님께서 보낸 사람이라는 사실을 알게 하십니다. 그러므로 우리는 성령님을 의지해야 합니다.

예수님께서 제자들을 키우셨습니다. 그들에게 비전을 심어 주셨습니다. 제자들에게 심어 준 예수님의 비전은 성령님에 의해서 실현됩니다. 예수님은 제자들에게 아버지의 약속하신 성령님을 기다리라고 말씀하셨습니다. 성령님을 충만하게 받기 전까지는 움직이지 말라고 하셨습니다. 오직 성령님의 역사만이 세계를 복음화할 수 있고 주님이 시작하신 일을 완수할 수 있다고 말씀하셨습니다.

누가복음 24장 49절에는 "볼지어다 내가 내 아버지의 약속하신 것을 너희에게 보내리니 너희는 위로부터 능력을 입히울 때까지 이 성에 유하라 하시니라"고 말씀합니다. 사도행전 1장 8절에는 "오직 성령이 너희에게 임하시면 너희가 권능을 받고 예루살렘과 온 유대와 사마리아와 땅 끝까지 이르러 내 증인이 되리라 하시니라"고 말씀합니다. 하나님의 역사는 성령님에 의해서 시작되고 성령님에 의해서 실현됩니다.

우리는 성령님으로 거듭난 사람들입니다. 성령님이 주신 꿈을 가지고 살아갑니다. 우리는 성령님을 의지해야 합니다. 예수님의 사역도 성령님에 의해서 시작되고 완성되었습니다. 성령님으로 잉태하시고, 성령 세례를 받으시고, 성령님의 능력으로 귀신을 쫓아내시고 병 든 자를 고치시고 선한 일을 하셨습니다. 또 복음을 전파하셨습니다.

예수님은 성령님의 도우심으로 제자들을 가르치셨으며, 성령님께 모든 것을 맡기시고 천국에 올라가셨습니다. 거기에서 지금도 우리를 위해서 기도하십니다. 사도행전 10장 38절은 "하나님이 나사렛 예수에게 성령과 능력을 기름 붓듯 하셨으매 저가 두루 다니시며 착한 일을 행하시고 마귀에게 눌린 모든 자를 고치셨으니 이는 하나님이 함께 하셨음이라"고 말씀합니다.

## 성령님을 동업자로 모시라

우리의 꿈이 성취되고 실현되는 것을 보기 원한다면 우리의 삶 속에 성령님을 환영하고, 성령님을 의지하고, 성령님을 우리 삶 속에서 동업자로 모셔야 합니다. 성령님의 지혜를 구하고, 성령님의 인도를 구하고, 성령님의 가르치심을 구해야 합니다. 우리의 힘으로 감당할 수 없는 수많은 일들을 성령님의 능력으로 도와 주시도록 기도해야 합니다. 그때 우리도 요셉과 같이 꿈을 실현하는 인물들이 될 수가 있습니다.

●　●　●

# 꿈이 실현되는 기쁨은 인내를 통해서 찾아온다

요셉의 생애 가운데 가장 인상적인 것은 그가 성공한 다음입니다. 그가 형제들을 만난 다음입니다. 그는 결코 서두르지 않습니다. 마치 곡식에서 싹이 나고 열매가 맺고, 그 열매가 무르익기를 기다리는 농부처럼 살았습니다.

## 인생의 사계절

요셉은 모든 인생의 계절을 즐길 줄 알았던 사람입니다. 인생에는 사계절이 있습니다. 봄, 여름, 가을, 겨울이 있습니다. 우리의 생애에도 사계절이 있다는 것을 알아야 합니다.

씨를 뿌리는 봄이 있습니다. 우리의 꿈이 시작되는 계절입니다. 씨에서 새싹이 나서 자라면 어느덧 열매가 맺히기 시작합니다. 그때 뜨거운 여름이 찾아옵니다. 고난과 시련을 통과합니다. 뜨거운 태양 볕에 곡식이 영글어 갑니다. 나무의 열매도 영글어 갑니다. 이때를 잘 거쳐야 합니다. 때로는 홍수를 만나기도 하고, 때로는 가뭄을 만나기도 합니다. 그 시련의 때를 잘 통과할 때 곡식은 알차게 무르익습니다.

> 젊은 날에 눈물을 흘리는 데
> 인색해서는 안됩니다.
> 젊은 날에 땀을 흘리는 것을
> 소홀히 해서는 안됩니다.
> 젊은 날은 눈물과 땀과 피로 얼룩진
> 뜨거운 액체를
> 쏟아야 하는 때입니다.

뜨거운 여름이 지나면 결실한 곡식을 추수하는 가을이 옵니다. 하늘은 푸르고 말이 살쪘다는 가을은 추수의 계절입니다. 이 추수의 계절은 저절로 주어지는 것이 아닙니다. 봄에 많은 씨를 뿌리고, 뜨거운 태양 볕 아래서 눈물을 흘리며 곡식을 가꾼 농부에게 주어지는 영광의 계절입니다. 이 추수의 계절이 지나면 겨울이 찾아옵니다. 겨울은 나누는 계절입니다. 풍성한 열매를 함께 나누는 계절입니다.

이처럼 요셉의 생애에도 인생의 사계절이 있습니다. 요셉은 지금 아름다운 추수의 계절을 맞이하고 있습니다. 요셉은 정말 눈물을 흘리며 씨를 뿌렸던 사람입니다. 그리하여 많은 결실을 맺었습니다.

우리는 젊은 날에 눈물을 흘리는 데 인색해서는 안됩니다. 젊은 날에 땀을 흘리는 것을 소홀히 해서는 안됩니다. 젊은 날은 눈물과 땀과 피로 얼룩진 뜨거운 액체를 쏟아야 하는 때입니다. 바로 그런 사람들에게 희망찬 내일이 기다리고 있습니다.

시편 126편 5-6절에는 "눈물을 흘리며 씨를 뿌리는 자는 기쁨으로 거두리로다 울며 씨를 뿌리러 나가는 자는 정녕 기쁨으로 그 단을 가지고 돌아오리로다"라고 말씀합니다.

## 하나님의 열심으로 열심을 내라

인생은 정직합니다. 하나님의 은혜를 사모하는 사람은 게을러서는 안됩니다. 하나님의 은혜를 사모하는 사람들, 성령님을 의지하는 사람들의 삶의 모습 속에는 열정이 있습니다.

하나님 자신이 열심이 있는 분이십니다. 우리는 하나님처럼 열심히 살아야 합니다. 이사야 9장 7절에는 "그 정사와 평강의 더함이 무궁하며 또 다윗의 위에 앉아서 그 나라를 굳게 세우고 자금 이후 영원토록 공평과 정의로 그것을 보존하실 것이라 만군의 여호와의 열심이 이를 이루시리라"고 말씀합니다.

요셉은 형제들을 만나고 있습니다. 형제들을 관찰하고 있습니다. 그는 그의 꿈이 실현되기까지 결코 서두르지 않습니다. 최선을 다해 지혜를 씁니다. 형제들을 집으로 보낼 때도 시므온을 붙잡아 놓습니다. 시므온은 거친 사람입니다. 형제들 가운데서도 악한 일을 도모할 수 있는 사람입니다.

34장 25절에 기록되었듯이, 시므온은 동생 디나가 강간당한 것을 보고 세겜 사람들을 처참하게 죽였던 사람입니다. 세겜 성의 남자들로 하여금 다 할례를 받게 한 다음, 그들이 고통 중에 있을 때에 성으로 들어가서 그 곳의 남자들을 다 죽였습니다. 이렇게 무참한 살육전을 감행한 잔인한 사람이 바로 시므온입니다. 성경에는 나오지 않지만 그의 기질로 보아 요셉을 구덩이에 던지고 죽이도록 도모했던 인물 또한 시므온이었을 가능성이 있습니다.

요셉은 그의 가족을 구원하는 일을 이루기 위해 최선을 다합니다. 누구를 남겨 두어야 하고, 어떻게 가족들을 다시 돌아오게 할 것인지에 대한 지혜를 짜 냅니다. 또한 그의 형제들이 얼마나 성숙했는가를 시험하는 시간도 갖습니다. 그들이 하나님 앞에서 회개했는지도 시험합니다.

요셉은 인자하고 사랑이 많은 사람입니다. 정이 많은 사람입니다. 30-31절을 보십시오.

요셉이 아우를 인하여 마음이 타는 듯하므로 급히 울 곳을 찾아 안방으로 들어가서 울고 얼굴을 씻고 나와서 그 정을 억제하고 음식을 차리라 하매.

이렇게 정이 많은 사람이었지만, 그는 정이나 따뜻한 감정으로 모든 일을 처리하지 않았습니다. 33-34절을 보십시오.

그들이 요셉의 앞에 앉되 그 장유의 차서대로 앉히운 바 되니 그들이 서로 이상히 여겼더라 요셉이 자기 식물로 그들에게 주되 베냐민에게는 다른 사람보다 오 배나 주매 그들이 마시며 요셉과 함께 즐거워하였더라.

요셉이 왜 베냐민에게만 식물의 다섯 배를 주었을까요? 어머니가 같은 형제였기 때문이었을까요? 특별한 편애를 하는 것일까요? 요셉의 성품으로 미루어 보면 그럴 리가 없습니다. 그것은 그 형제들 안에 있는 질투심을 시험하기 위한 것입니다.

요셉은 자기를 질투해서 노예로 팔았던 형들을 기억하며 그들 가운데 질투의 뿌리가 뽑혔는지를 시험합니다. 본문에 보면 요셉의 형제들은 그것을 극복합니다. 질투하거나 시기하지 않고 자기들에게 준 몫을 따라 즐거워합니다. 요셉은 그것을 보고 기뻐합니다. 요셉은 형제들을 용서하는 기쁨을 누립니다. 형제들의 화해를 확인하는 기쁨을 누립니다. 형제들을 돕는 기쁨을 누립니다.

하나님의 은혜 속에서 이루어지는 성공이란 이렇게 좋은 것입니다. 요셉이 만일 형통하지 못했다면 이런 기쁨을 누릴 수 없었을 것입니다. 그 당시 열방뿐만 아니라 자기 가족을 돕는 기쁨을 누릴 수가 없었을 것입니다. 또한 요셉의 기쁨이 컸던 것은 쉽게 얻은 꿈의 성취가 아니었기 때문입니다. 아무나 이룰 수 있는 꿈의 성취가 아니었기에 더욱 감격하는 것입니다.

## 이 시대의 요셉이 되라

이제 요셉은 이 땅에 없습니다. 하나님의 관심은 꿈을 꾸는 당신에게 있습니다. 하나님은 요셉처럼 당신이 가진 꿈이 실현되길 원하십니다. 꿈이 실현되는 기쁨을 누리시길 원하십니까? 부디 꿈을 소유하십시오. 소원을 가져야 소원을 성취합니다. 꿈이 있어야 꿈을 이룹니다.

자신의 꿈이 실현된 것을 경험한 사람들의 공통점은 꿈이 실현되기를 강렬하게 원했다는 것입니다. 꿈이 실현되기를 갈망하십시오. 어떤 사람들은 성공하기를 싫어합니다. 그 까닭은 부유하고 잘 살게 되면 도와 달라는 사람이 많을 것이기 때문입니다. 세금도 많이 내야 하고, 부탁하는 사람도 많아질 것입니다. 어떤 성도는 십일조를 많이 내야 하기 때문이라고 합니다. 그래서 자신을 자꾸 가난과 실패 속으로 몰아 넣습니다.

병 낫기를 거절하는 사람들도 있습니다. 질병을 선택하며 살아갑니다. 감당해야 할 짐이 무겁다는 이유로, 육체적인 연약함을 짊어지고 살아갑니다. 그래서 예수님은 병자들을 고쳐 주실 때 "네가 낫고자 하느냐? 내가 네게 무엇을 해주길 원하느냐?"고 물으셨습니다. 그 말씀은 "네가 책임을 지는 존재로 살아가겠느냐"고 도전하시는 것입니다. 인생을 살면서 마땅히 치러야 할 값을 치르며 살겠느냐고 도전하시는 것입니다. 하나님의 은혜는 값싼 은혜가 아닙니다. 하나님이 은혜를 베푸실 때는 그 은혜를 통해 사명을 감당하기 원하시는 것입니다.

제발 가난한 생각을 버리십시오. 부요하면 영적이 아니라고 생각하는 사람들도 있습니다. 가난해야만 영적이라고 착각합니다. 성실히 살아도 가난할 수 있습니다. 그러나 억지로 가난을 선택하지는 마십시오. 차라리 형통한 후에 검소한 삶을 선택하십시오. 부요하지만, 나누어 주고 베풀어 주기 위해서 가난한 삶의 양식을 선택한다면 정말

> 눈에 보이는 성공만 성공이 아닙니다.
> 당신의 마음에 아름다운 성품의 열매가 있다면 그것이 성공의 열매입니다.
> 시련과 고통을 통과하면서 다른 사람이 갖지 못한
> 인생의 깊이와 지혜를 가졌다면 그것이 성공의 열매입니다.

로 멋있는 일입니다.

우리는 생각을 바꾸어야 합니다. 꿈의 성취와 실현은 남을 섬기기 위한 것입니다. 꽃이 아니라 열매를 맺기 위한 것입니다. 우리가 잘되어야 민족도 돕고 가족들도 도울 수 있기 때문입니다.

## 온 천하가 무너져도 놓을 수 없는 사명을 붙잡고 살라

당신은 꿈의 성취를 위해 노력하십니까? 구체적인 목표를 세우십시오. 그리고 실천에 옮기십시오. 확신을 가지고 최선을 다하십시오. 눈물을 흘리며 씨를 뿌리십시오. 기쁨으로 거두게 될 것입니다. 그러나 기억하십시오. 최선만 가지고 안됩니다. 하나님의 은혜가 함께 해야 합니다. 성령님이 도와 주셔야 합니다. 겸손히 하나님을 의지하십시오.

당신이 어느 위치에 있든지, 어느 인생의 계절에 있든지 낙심하거나 좌절하지 마십시오. 하나님이 당신과 함께 하십니다. 당신은 하나님의 자녀입니다. 성령님이 당신 안에 계십니다. 하나님의 지혜와 명철이 당신 안에 있습니다. 하나님을 의지할 때 불가능이 없습니다. 시련도, 역경도, 고난도 하나님의 손에서는 기회와 축복과 영광으로 변화됩니다.

젊은 날에 눈물로 씨앗을 심고 가꾸지 않아서 지금 고생하는 분이 계십니까? 지금도 늦지 않았습니다. 다시 시작하십시오. 눈에 보이는 성공만 성공이 아닙니다. 당신의 마음에 아름다운 성품의 열매가 있다면 그것이 성공의 열매입니다. 감사하십시오. 시련과 고통을 통과하면서 다른 사람이 갖지 못한 인생의 깊이와 지혜를 가졌다면 그것이 성공의 열매입니다. 그것으로도 감사하십시오.

비록 세상에 보이는 것은 갖지 못했다 할지라도 하나님을 모신 기쁨으로 살아간다면 그것은 아름다운 것입니다. 그 아름다운 성품으로 그리스도의 복음을 전하십시오. 천하보다 귀한 한 영혼을 돌아보십시오.

　하나님은 꽃이 아니라 열매를 찾습니다. 아름다운 성품, 향기로운 인격을 원하십니다. 번영과 성공에 머무르지 않고 사명을 이루는 삶을 원하십니다. 사명을 구하십시오. 온 천하가 무너져도 놓을 수 없는 사명을 구하십시오. 그것을 위해 죽을 수 있는 당신만의 사명을 발견하십시오. 그리고 그것을 위해 사십시오. 죽기까지 그 사명을 완수하십시오. 당신과 제가 이 땅에 존재하는 이유가 바로 결코 포기할 수 없는 사명 때문임을 명심하십시오.

# 꿈꾸는 **12**
## 사람의 균형 잡힌
### 인격

… 나를 이리로 보낸 자는 당신들이 아니요 하나님이시라 하나님이 나로 바로의 아비를 삼
으시며 그 온 집의 주를 삼으시며 애굽 온 땅의 치리자를 삼으셨나이다 … 그 아비 야곱이
요셉의 자기를 태우려고 보낸 수레를 보고야 기운이 소생한지라 이스라엘이 가로되 족하
도다 내 아들 요셉이 지금까지 살았으니 내가 죽기 전에 가서 그를 보리라(창 45:1-28).

## 축복의 파도를 타려면 균형 잡는 법부터 배우라

하나님은 꿈꾸는 사람에게 때가 되면 축복의 파도를 보내 주십니다. 사람이 파도를 일으키는 것은 어렵습니다. 인간의 노력으로 파도를 일으키는 것은 힘든 일입니다. 그래서 파도를 타는 사람들은 파도를 기다립니다. 때를 기다립니다. 하나님의 축복의 파도가 찾아오면 모든 것이 쉬워집니다. 힘들지 않게 풀립니다. 중요한 것은 축복의 파도가 찾아올 때 그 파도를 탈 수 있어야 합니다.

파도를 타는 사람에게 제일 중요한 것은 균형입니다. 균형을 잡지

못하면 파도 속으로 곤두박질하게 됩니다. 파도를 타려다가 그만 파도에 삼켜 버리게 됩니다. 파도는 좋지만 또한 무서운 것입니다. 얼마 전 팔로스버디스에서 낚시하던 교포 두 사람이 갑자기 덮친 파도에 휩싸이는 사고가 있었습니다. 한 사람은 해상 경비대에 의해 구조되었지만 한 사람은 죽었습니다.

축복의 파도가 찾아오고 번영의 파도가 찾아오면 우리는 감사해야 합니다. 또한 우리는 하나님이 파도를 일으키는 곳을 찾아가야 합니다. 축복과 은혜가 임하는 곳에 있어야 합니다. 그때 중요한 것이 균형입니다.

우리는 축복을 좋아하고 번영과 형통을 좋아합니다. 그러나 번영과 형통과 축복의 파도가 때로는 사람들을 파괴하기도 합니다. 영영 일어나지 못하게 만들기도 한다는 사실을 망각해서는 안됩니다. 좋아 보이는 성공의 파도 속에서도 균형을 잡지 못하면 그 성공 때문에 인생이 비극으로 끝날 수 있습니다. 그렇다고 하나님의 축복을 거절하거나 두려워해서는 안됩니다. 오히려 축복의 파도를 타고 즐길 수 있는, 균형 잡는 법을 배워야 합니다.

인생이 항상 어려운 것만은 아닙니다. 하나님이 풀어 주시고 길을 열어 주시는 때가 있습니다. 그 때를 잘 붙잡아야 합니다. 그 때를 위해 준비해야 합니다. 기회는 준비된 사람을 위한 것입니다. 하나님의 기회와 인간의 준비가 만나는 곳에 형통이 있습니다. 기회가 왔는데 준비되지 않아서 안타깝게 눈물을 흘려서는 안되겠습니다.

하나님이 보내 주시는 축복의 파도를 타기를 원한다면 요셉처럼 철저히 준비해야 합니다. 요셉은 13년 동안 시련을 통해서 파도 타기를 준비했습니다. 그때 애굽의 국무총리가 되는 기회가 찾아왔습니다. 요셉은 그 기회를 포착했습니다. 하나님이 형통의 파도를 보내 주셨을 때 요셉은 축복의 파도를 탔습니다. 한 번만 탄 것이 아니라 계속해서 탔습니다. 요셉이 축복의 파도를 계속 탈 수 있었던 것은 그가 가진 균형 잡힌 인격 때문이었습니다. 균형 잡힌 인격은 축복을 담는 그릇입니다.

## 오래 엎드린 새가 높이 난다

균형 잡힌 인격을 소유하려면 조급해서는 안됩니다. 대기 만성형의 사람이 되어야 합니다. 오래 엎드린 새가 높이 납니다. 높이 날기 위해서는 오랫동안 준비하는 지혜가 필요합니다.

본문은 요셉의 생애에 있어서 아주 극적인 장면입니다. 요셉이 22년 만에 형제들 앞에서 자신을 드러냅니다. 자신이 누구라는 사실을 보여 줍니다.

3절을 보십시오.

요셉이 그 형들에게 이르되 나는 요셉이라 내 아버지께서 아직 살아 계시니이까 형들이 그 앞에서 놀라서 능히 대답하지 못하는지라.

요셉이 "나는 요셉이다"라고 자신을 밝힙니다. 그때 형제들의 당황하고 놀라는 모습을 상상해 보십시오. 그들이 구덩이에 던졌던 요셉이 살아 있습니다. 그들이 애굽으로 가는 이스마엘 상고에게 팔았던 요셉이 애굽의 국무총리가 되어, 그들 앞에 서 있는 것입니다.

사실 지난 22년 동안 그들의 가슴속에는 엄청난 죄책감과 고통이 있었을 것입니다. 다른 사람을 해치고 어떻게 자신이 행복할 수 있을까요? 남을 쓰러뜨리고 어떻게 행복할 수가 있겠습니까? 요셉의 형제들은 요셉의 일을 잊으려고 노력했고 또 여러 날 잊고 살기도 했을 것입니다. 그러나 완전히 잊을 수는 없었을 것입니다. 살려 달라고 애걸하던 요셉의 부르짖음, 애굽으로 팔려 가면서 애처롭게 그들을 바라보던 요셉의 눈빛, 요셉을 잃고 울부짖는 아버지 야곱의 모습이 시시때때로 생각났을 것입니다. 그런데 그 동생 요셉이, 지금 그들 앞에서 자신을 밝히고 있습니다.

그런데 놀라운 것은, 요셉은 22년 동안 그의 가슴에 복수와 원한을 키운 것이 아니라 사랑을 키워 왔다는 것입니다. 요셉은 복수 대신 사랑과 용서와 축복을 베풀고 있습니다. 정말 아름다운 장면입니다. 요셉의 꿈이 성취에서 완성으로, 성공에서 섬김으로, 성장에서 성숙으로 무르익는 아름다운 모습입니다.

이런 요셉의 성숙은 바로 그의 균형 잡힌 삶에 있었습니다. 요셉의 삶에서 배울 수 있는 균형은 무엇입니까?

●　●　●

## 감성과 지성과 영성의 균형을 이루라

본문에서 우리는 먼저 요셉의 감성의 탁월함을 볼 수 있습니다. 1-2절을 보십시오.

요셉이 시종하는 자들 앞에서 그 정을 억제하지 못하여 소리질러 모든 사람을 자기에게서 물러가라 하고 그 형제에게 자기를 알리니 때에 그와 함께 한 자가 없었더라 요셉이 방성대곡하니 애굽 사람에게 들리며 바로의 궁중에 들리더라.

## 희로애락이 분명한 사람이 되라

요셉은 정이 많은 사람입니다. 그는 형제들에 대한 따뜻한 정 때문에 방성대곡합니다. 가장 건강한 사람은 희로애락이 분명한 사람입니다. 기뻐하고 노하고 슬퍼할 줄 아는 사람입니다. 모든 감정을 다 소유한 사람입니다.

가장 성숙한 사람은 가장 인간적인 사람입니다. 가장 인간적인 것이 가장 영적인 것입니다. 하나님이 인간에게 주신 모든 감정을 인정하고 받아들이는 사람이 성숙한 사람입니다. 기쁠 때 기뻐하고, 슬플 때 슬퍼하는 사람입니다. 고통이 찾아올 때 그 고통을 직면하고 고통마저도 품에 안는 사람입니다.

요셉은 모든 감정을 소유하고 그것을 잘 다스릴 줄 알았습니다. 그리고 그 감정을 성숙하게 표현할 줄 알았습니다. 14-15절을 보십시오.

자기 아우 베냐민의 목을 안고 우니 베냐민도 요셉의 목을 안고 우니라 요셉이 또 형들과 입맞추며 안고 우니 형들이 그제야 요셉과 말하니라.

요셉은 베냐민의 목을 안고 울고, 형제들과 일일이 입맞추며 웁니다. 요셉은 형제들을 사랑했습니다. 요셉은 감정 지수가 높았던 사람입니다. 따뜻한 사랑의 감정, 목놓아 울 수 있는 사랑의 정서가 있었던 사람입니다.

> 성공보다 더 중요한 것은 균형 잡힌 인격입니다.

## 지혜는 지식을 활용하는 능력이다

요셉은 감성이 풍부했을 뿐만 아니라 국무총리가 되기에 충분한 그의 지성을 개발했습니다. 지식은 능력입니다. 사람들은 지식을 소유한 자들에게 머리를 숙입니다. 그들에게 찾아갑니다. 우리가 지식과 정보가 많을 때 사람들에게 영향력을 줄 수가 있습니다. 지식은 문제의 해결책을 제시하는 정보를 제공해 줍니다.

지식과 함께 요셉에게는 지혜가 있었습니다. 엄밀한 의미에서 지식은 능력이 아니라 잠재된 능력이라고 말할 수 있습니다. 아무리 지식이 많아도 사용하지 않는다면 무익한 것입니다. 지식을 활용할 수 있도록 도와 주는 것이 지혜입니다. 지혜는 지식을 활용하는 능력입니다. 문제 해결을 위해 지식과 정보를 찾아내고 활용하는 능력이 바로 지혜입니다. 요셉은 바로 지식과 지혜를 겸비한 지성을 갖추었습니다.

그의 지식과 지혜가 그를 유능하게 했습니다. 실력 있는 사람이 되게 했습니다. 실력은 과업을 완수하는 능력입니다. 사람이 좋다고 과업을 완수하는 것이 아닙니다. 착한 것만 가지고 부족합니다. 과업을 성취하기 위해서는 실력이 있어야 합니다. 요셉은 지식을 갖춘 지혜자였습니다. 요셉은 감성이 풍부했지만 그의 감성으로 일을 처리하지 않았습니다. 냉철한 지성으로 사건을 처리했습니다.

요셉이 애굽의 국무총리가 되었을 때, 바로에게 주신 하나님의 꿈대로 칠 년 동안 풍년이 들었습니다. 그리고 지금, 이 년째 기근을 맞이했습니다. 기근이 들자 사람들이 요셉을 찾아와서 곡식을 구합니다. 그런데 요셉은 사람들이 온다고 무조건 곡식을 주지 않습니다. 때로는 아주 냉철하고 냉정하리만큼 사람들에게 돈을 받고 곡식을 나누어 줍니다. 나중에는 곡식을 나누어 주는 대신 백성들이 소유한 땅을 받습니다. 왜냐하면 그렇게 해야만 곡식을 낭비하지 않기 때문입니다. 그렇게 해야만 모든 사람이 함께 살 수 있기 때문입니다.

가슴보다 더 중요한 것은 머리입니다. 머리는 진리의 통로입니다. 사고를 제공하고 분별력을 제공합니다. 지나친 감정의 노출은 때로 지성을 마비시킵니다. 이런 인생의 원리를 안 요셉은 철저히 하나님이 주신 지혜와 애굽에서 배운 모든 지식을 활용해서 국무총리의 일을 잘 감당했던 것입니다.

## 말씀으로 단련된 지성을 소유하라

하나님의 사람은 지성을 개발할 줄 알아야 합니다. 지각을 개발해야 합니다. 깊이 생각하는 훈련, 사색하는 훈련을 해야 합니다. 특별히 그리스도인의 지성은 말씀으로 연단되어야 합니다. 참된 지성이란 하나님을 높이는 지성이요, 하나님의 영광을 드러내는 지성입니다. 요셉에게는 말씀으로 단련된 지성이 있었습니다. 시편 105편 19절에서는 요셉의 훈련된 모습을 "그 말씀이 저를 단련하였도다"라고 기록합니다.

요셉은 냉철한 지성을 가졌지만 형제들을 대하는 그의 가슴은 뜨거웠습니다. 그 가슴에는 사랑의 정서가 있었습니다. 온유와 겸손이 있었습니다. 말할 수 없는 따뜻한 정이 흐르고 있었습니다. 업무에 대해서는 철저한 분별력으로 일을 처리했지만, 사람들을 향한 동정과 사랑이 그 중심에 있었습니다.

## 영성 개발은 인성과 야성을 개발하는 것이다

요셉에게 있었던 또 하나는 영성입니다. 영성은 하나님을 닮은 모습입니다. 그는 하나님처럼 죄를 미워했습니다. 하나님처럼 인내할 줄 알았습니다. 하나님처럼 용서할 줄 알았습니다.

영성은 경건이라는 말로 표현됩니다. 경건의 극치는 하나님을 경외하는 것입니다. 하나님의 임재 아래서 삶 전체가 예배로 나타나는 것입니다. 요셉이 보디발의 아내의 유혹을 이겼던 것은 바로 하나님의 임재 아래 살았기 때문입니다.

영성이 깊다는 말을 성령 충만이란 말로 표현할 수도 있습니다. 경건한 분위기라고 말할 수도 있습니다. 영성 개발은 인성 개발과 야성 개발로 구분합니다. 인성 개발은 성품을 개발하는 것입니다. 야성 개발은 능력 있게 사역하도록 재능과 은사를 개발하는 것입니다.

## 오직 성령님의 은혜 아래 거하라

인성 개발이 내면을 개발하는 것이라면, 야성 개발은 과업의 완수를 위해 외적으로 재능과 은사를 개발하는 것입니다. 이 모든 일은 성령님의 은혜 아래서 이루어집니다. 단순한 인간의 노력이나 몸부림이 아닙니다. 성령님의 인도 아래서 이루어지는 영성 훈련을 의미합니다.

요셉에게는 보통 사람과 다른 것이 있었습니다. 그것은 그 안에 성령님이 계셨다는 것입니다. 하나님이 함께 하셨다는 것입니다. 클래식 곡에서 반복해서 연주되는 테마처럼 요셉의 꿈과 성취를 통해서 반복적으로 듣는 테마는, 요셉 안에 하나님이 함께 하셨다는 사실입니다.

9절을 보십시오.

당신들은 속히 아버지께로 올라가서 고하기를 아버지의 아들 요셉의 말에 하나님이 나를 애굽 전국의 주로 세우셨으니 내게로 지체 말고 내려오사.

요셉은 그를 치리자로 삼으신 하나님을 높입니다. 이것이 요셉의 인격의 핵심입니다. 성경적인 성공의 원리입니다. 지속적인 형통의 비결입니다.

39장 2-3절에서는 "여호와께서 요셉과 함께 하시므로 그가 형통한 자가 되어 그 주인 애굽 사람의 집에 있으니 그 주인이 여호와께서 그와 함께 하심을 보며 또 여호와께서 그의 범사에 형통케 하심을 보았더라"라고 말씀합니다. 39장 9절에도 "이 집에는 나보다 큰 이가 없으며 주인이 아무것도 내게 금하지 아니하였어도 금한 것은 당신뿐이니 당신은 자기 아내임이라 그런즉 내가 어찌 이 큰 악을 행하여 하나님께 득죄하리이까"라고 말씀합니다.

요셉은 사람의 안목이 아닌 하나님의 안목으로 죄를 보았습니다. 모든 사람이 괜찮다고 생각하며 짓는 작은 죄도 큰 악으로 생각했습니다. 그는 죄를 멀리했습니다. 이것이 요셉의 경건입니다.

41장 25절에는 "요셉이 바로에게 고하되 바로의 꿈은 하나이라 하나님이 그 하실 일을 바로에게 보이심이니이다"라고 말씀합니다. 요셉은 하나님을 생각하며 하나님과 함께 하나님의 은혜 속에 살았습니다. 이 사실을 보디발도, 바로도 알았습니다.

41장 38-39절에는 "바로가 그 신하들에게 이르되 이와 같이 하나님의 신이 감동한 사람을 우리가 어찌 얻을 수 있으리요 하고 요셉에게 이르되 하나님이 이 모든 것을 네게 보이셨으니 너와 같이 명철하고 지혜 있는 자가 없도다"라고 말씀합니다.

## 쉬운 성공을 쫓아가지 말라

요셉 안에 계신 성령님께서 그의 삶에 균형을 주셨습니다. 성령님께서는 요셉에게 지혜뿐만 아니라 사랑의 감정도 주셨습니다. 그는 하나님의 은혜 속에 사는 동시에 그가 해야 할 일에 책임을 질 줄 아는 균형 잡힌 삶을 살았습니다.

요셉은 지혜와 총명의 신, 모략과 재능의 신, 지식과 여호와를 경외하는 신(사 11:2)이신 성령님의 은혜 아래 살았습니다. 그의 영혼을 관리했습니다. 그는 유혹을 물리치기 위해 겉옷을 버리고 도망가는 경건의 훈련을 쌓았던 사람입니다.

우리는 요셉에게서 참된 성공의 원리를 배워야 합니다. 쉬운 성공을 쫓아가지 마십시오. 성공보다 더 중요한 것은 균형 잡힌 인격입니다. 요셉처럼 지성과 감성과 영성을 겸비한 균형 잡힌 사람이 되시길 바랍니다.

하나님의 은혜를 사모하십시오. 동시에 당신이 감당해야 할 일을 위해 훈련받는 일에 대가를 지불하십시오. 무엇보다도 균형을 이루시길 바랍니다.

● ● ●

## 누림과 나눔의 균형을 이루라

요셉은 하나님이 축복하실 때 그 축복을 거부하지 않았습니다. 하나님이 그를 위하여 길을 열어 주실 때 사양하지 않았습니다. 하나님이 그를 높이 세우실 때 그 위치를 사양하지 않았습니다. 감사히 받았습니다. 그는 축복을 누릴 줄 알았던 사람입니다. 8절을 보십시오.

그런즉 나를 이리로 보낸 자는 당신들이 아니요 하나님이시라 하나님이 나로 바로의 아비를 삼으시며 그 온 집의 주를 삼으시며 애굽 온 땅의 치리자를 삼으셨나이다.

요셉은 자신의 위치에 대한 정확한 이해와 또한 자부감을 가지고 있습니다. 하나님이 그를 바로의 아비로 삼으셨다는 사실, 그 온 집의 주인으로 삼으셨다는 사실, 애굽 온 땅의 치리자로 삼으셨다는 사실을 인정하고 있습니다.

그는 바로가 내린 모든 축복을 하나님이 주신 것으로 받아 누렸습니다. 아름다운 기억을 위해 41장 41-43절을 다시 한 번 보십시오.

바로가 또 요셉에게 이르되 내가 너로 애굽 온 땅을 총리하게 하노라 하고 자기의 인장 반지를 빼어 요셉의 손에 끼우고 그에게 세마포 옷을 입히고 금사슬을 목에 걸고 자기에게 있는 버금 수레에 그를 태우매 무리가 그 앞에서 소리지르기를 엎드리라 하더라 바로가 그로 애굽 전국을 총리하게 하였더라.

바로는 "내가 너를 애굽 온 땅을 총리하게 하노라"고 말합니다. 그러나 요셉은 "하나님이 나로 바로의 아버지로 삼으시며 온 땅의 치리자로 삼으셨다"고 말합니다. 그는 바로가 아니라 하나님이 축복을 주셨음을 확실히 알았습니다. 그리고 하나님이 예비하신 축복을 주저함 없이 누리고 있습니다.

13절을 보십시오.

당신들은 나의 애굽에서의 영화와 당신들의 본 모든 것을 다 내 아버지께 고하고 속히 모시고 내려오소서 하며.

## 참된 경건은 누릴 줄 아는 것이다

진정한 경건은 누릴 줄 아는 것입니다. 비천에도 풍부에도 처할 줄 아는 것입니다. 요셉은 비천할 때에도 자족했지만 하나님이 주신 영화도 마음껏 누렸습니다. 빌립보서 4장 12절에서 바울은 "내가 비천에 처할 줄도 알고 풍부에 처할 줄도 알아 모든 일에 배부르며 배고픔과 풍부와 궁핍에도 일체의 비결을 배웠노라"고 말씀합니다. 디모데전서 6장 17절에서는 "내가 이 세대에 부한 자들을 명하여 마음을 높이지 말고 정함이 없는 재물에 소망을 두지 말고 오직 우리에게 모든 것을 후히 주사 누리게 하시는 하나님께 두며"라고 말씀합니다.

## 섬김을 받는 것도 섬김이다

바울은 비천에 처할 줄도 알았고 풍부를 누릴 줄도 알았습니다. 하나님은 후히 주십니다. 그리고 누리게 하십니다. 하나님의 축복을 누리십시오. 주님도 옥합을 깨뜨린 여인의 값비싼 섬김을 받으셨습니다. 그리고 누리셨습니다. 참된 섬김은 베푸는 것만이 아닙니다. 섬김을 받는 것도 섬김입니다. 그래서 리처드 포스터는 「영적 훈련과 성장」(생명의말씀사)에서 "섬김을 받는 것도 섬김이다"라고 말합니다.

부디, 하나님이 주신 축복을 누리십시오. 복음 안에서 죄 사함을 받는 용서를 누리십시오. 하나님은 예수님을 믿는 당신의 모든 죄를 다 사하셨습니다. 하나님의 자녀가 된 자녀 됨의 권세를 누리십시오. 하나님 아버지가 당신의 아버지시요, 당신의 기도를 들으시며 축복하심을 믿고 누리십시오.

예수님이 주신 권세를 가지고 귀신을 쫓아내고, 병을 고치고 축복을 베푸십시오. 과거의 모든 허물과 죄와 죄책감으로부터 자유케 하신 하나님의 은혜를 누리십시오. 하나님이 주신 금보다 귀한 믿음과 성령님의 은혜와 말씀을 누리십시오.

요셉은 누릴 뿐 아니라 나눌 줄 알았습니다. 요셉은 나누면서 더욱 풍성해졌습니다. 그는 애굽의 모든 곡식을 그 땅의 백성들과 나눌 줄 알았습니다. 또한 요셉은 그의 축복을 가족과 나눌 줄 알았습니다. 9-13절을 보십시오.

진정한 경건은
누릴 줄 아는 것입니다.
비천에도 풍부에도
처할 줄 아는 것입니다.

당신들은 속히 아버지께로 올라가서 고하기를 아버지의 아들 요셉의 말에 하나님이 나를 애굽 전국의 주로 세우셨으니 내게로 지체 말고 내려오사 아버지의 아들들과 아버지의 손자들과 아버지의 양과 소와 모든 소유가 고센 땅에 있어서 나와 가깝게 하소서 흉년이 아직 다섯 해가 있으니 내가 거기서 아버지를 봉양하리이다 아버지와 아버지의 가속과 아버지의 모든 소속이 결핍할까 하나이다 하더라 하소서 당신들의 눈과 내 아우 베냐민의 눈이 보는바 당신들에게 이 말을 하는 것은 내 입이라 당신들은 나의 애굽에서의 영화와 당신들의 본 모든 것을 다 내 아버지께 고하고 속히 모시고 내려오소서 하며.

## 세심한 지도자의 모습을 바로에게 배우라

16-24절을 보십시오.

요셉의 형들이 왔다는 소문이 바로의 궁에 들리매 바로와 그 신복이 기뻐하고 바로는 요셉에게 이르되 네 형들에게 명하기를 너희는 이렇게 하여 너희 양식을 싣고 가서 가나안 땅에 이르거든 너희 아비와 너희 가속을 이끌고 내게로 오라 내가 너희에게 애굽 땅 아름다운 것을 주리니 너희가 나라의 기름진 것을 먹으리라 이제 명을 받았으니 이렇게 하라 너희는 애굽 땅에서 수레를 가져다가 너희 자녀와 아내를 태우고 너희 아비를 데려오라 또 너희의 기구를 아끼지 말라 온 애굽 땅의 좋은 것이 너희 것임이니라 하라 이스라엘의 아들들이 그대로 할새 요셉이 바로의 명대로 그들에게 수레를 주고 길 양식을 주며 또 그들에게 다 각기 옷 한 벌씩 주되 베냐민에게는 은 삼백과 옷 다섯 벌을 주고 그가 또 이와 같이 그 아비에게 보내되 수나귀 열 필에 애굽의 아름다운 물품을 실리고 암나귀 열 필에는 아비에게 길에서 공궤할 곡식과 떡과 양식을 실리고 이에 형들을 돌려보내며 그들에게 이르되 당신들은 노중에서 다투지 말라 하였더라.

요셉은 부모를 공경할 줄 알았던 사람입니다. 아버지를 공경할 줄 알았습니다. 형제들에게 축복을 나눌 줄 알았습니다. 자기 혼자만 영화를 누리는 것이 아니라 자신의 영화를 나눌 줄 알았습니다. 자신의 가족들을 소중히 여길 줄 알았습니다. 요셉은 바로 앞에서 그의 가족들을 자랑스럽게 생각했습니다.

요셉의 가족 사랑이 지극합니다. 그 요셉의 마음을 아시고 하나님이 바로를 통해서 그의 가족을 돌아보게 합니다. 하나님이 바로의 마음을 움직이십니다. 그리고 요셉은 바로가 자기 가족을 위해 베푸는 축복과 가족에 대한 배려를 사양하지 않습니다. 하나님의 축복인 것을 알고 누립니다.

바로는 세심한 사람입니다. 멋있는 사람입니다. 20절에는 "또 너희의 기구를 아끼지 말라 온 애굽 땅의 좋은 것이 너희 것임이니라 하라"고 말합니다. 바로는 자기를 위해 일하는 요셉의 복지를 귀히 여겼습니다. 큰 나라의 왕답게 여유를 가지고 요셉의 가족에게 축복을 베풉니다. 요셉의 복지뿐만 아니라 그의 가족의 복지까지도 책임집니다. 바로는 요셉의 충성에 대한 보답을 마음으로만 아니라 물질적으로도 보답하고 있습니다.

풍부하고 넉넉한 것은 좋은 것입니다. 그 이유는 베풀 수 있고 나눌 수 있기 때문입니다. 요셉이 축복을 받음으로 그의 가족이 축복을 받고, 그의 아버지 야곱이 축복을 받습니다. 축복받은 한 사람은 그 주위에 있는 모든 사람을 축복되게 합니다.

## 신약에 약속된 부모 공경의 축복

요셉이 계속해서 축복을 누릴 수 있었던 것은 그가 부모를 공경하고 형제를 돌아보았기 때문입니다. 사도 바울은 부모를 공경하는 일과 가족을 돌보는 일에 대해 강조합니다.

에베소서 6장 1-3절에는 "자녀들아 너희 부모를 주 안에서 순종하라 이것이 옳으니라 네 아버지와 어머니를 공경하라 이것이 약속 있는 첫 계명이니 이는 네가 잘되고 땅에서 장수하리라"고 말씀합니다. 우리는 부모를 공경하고 가족의 복지에 관심을 가져야 합니다.

디모데전서 5장 8절에서는 "누구든지 자기 친족 특히 자기 가족을 돌아보지 아니하면 믿음을 배반한 자요 불신자보다 더 악한 자니라"고 말씀합니다.

예수님도 30년 동안 어머니와 형제들을 돌보셨습니다. 십자가 상에 서조차 어머니를 요한에게 부탁하셨을 정도입니다. 3년 동안 인류 구원을 위해 잠시 가족을 떠나셨지만, 그 일을 통해서 그 가족을 더욱 영광스럽게 하셨습니다. 어머니 마리아를 더욱 위대하게 만들었습니다.

## 자녀의 형통을 위해 기도하라

요셉으로 인해 누리는 야곱의 기쁨을 보십시오. 25-28절을 보십시오.

그들이 애굽에서 올라와 가나안 땅으로 들어가서 아비 야곱에게 이르러 고하여 가로되 요셉이 지금까지 살아 있어 애굽 땅 총리가 되었더이다 야곱이 그들을 믿지 아니하므로 기색하더니 그들이 또 요셉이 자기들에게 부탁한 모든 말로 그 아비에게 고하매 그 아비 야곱이 요셉의 자기를 태우려고 보낸 수레를 보고야 기운이 소생한지라 이스라엘이 가로되 족하도다 내 아들 요셉이 지금까지 살았으니 내가 죽기 전에 가서 그를 보리라.

야곱의 기쁨을 보십시오. 믿어지지 않는 현실, 꿈 같은 현실이 험악한 인생을 살아온 야곱에게 찾아온 것입니다. 인생은 항상 시련과 고통만 계속되는 것이 아닙니다. 이렇게 축복과 기쁨의 날도 찾아옵니다.
요셉과 같은 형통을 달라고 하나님께 기도하십시오. 그 형통으로 부모님을 공경하십시오. 그리고 여러분의 자녀를 잘 키우십시오. 자녀의 형통을 위해서 기도하십시오. 요셉 같은 자녀를 두면 부모의 생의 마지막이 아름답게 됩니다. 요셉과 같은 형통의 축복, 야곱과 같은 자녀의 축복을 누리시길 빕니다.

● ● ●

## 사건을 하나님의 안목에서 보는 균형을 이루라

요셉은 사건을 직시하는 눈과 그 사건을 하나님의 섭리로 보는 눈을 가진 균형 잡힌 사람이었습니다. 우리에게도 현실을 직시하는 눈과 하나님의 안목으로 모든 것을 해석하는 눈이 필요합니다.

요셉은 형제들의 과오나 잘못을 무조건 잘했다고 하지 않습니다. 그들의 성품도 무조건 괜찮다고 말하는 것이 아닙니다. 다만 그 모든 것 속에서 하나님의 섭리를 보는 것입니다.

4절을 보십시오.

요셉이 형들에게 이르되 내게로 가까이 오소서 그들이 가까이 가니 가로되 나는 당신들의 아우 요셉이니 당신들이 애굽에 판 자라.

요셉은 그들이 자기를 팔았다는 사실을 분명히 합니다. 그런데 5-8절을 보면, 그 사건을 하나님의 섭리로 보는 안목으로 해석합니다. 이것이 요셉의 균형입니다.

당신들이 나를 이곳에 팔았으므로 근심하지 마소서 한탄하지 마소서 하나님이 생명을 구원하시려고 나를 당신들 앞서 보내셨나이다 이 땅에 이 년 동안 흉년이 들었으나 아직 오 년은 기경도 못하고 추수도 못할지라 하나님이 큰 구원으로 당신들의 생명을 보존하고 당신들의 후손을 세상에 두시려고 나를 당신들 앞서 보내셨나니 그런즉 나를 이리로 보낸 자는 당신들이 아니요 하나님이시라 하나님이 나로 바로의 아비를 삼으시며 그 온 집의 주를 삼으시며 애굽 온 땅의 치리자를 삼으셨나이다.

## 하나님의 섭리로 보는 안목으로 사건을 보라

요셉은 바로 하나님의 섭리라는 시각 때문에 모든 형제들을 용서했습니다. 모든 것을 초월했습니다. 이것이 위대한 것입니다. 요셉의 균형 잡힌 시각은 형제들을 대하는 데서 더욱 분명해집니다. 요셉은 현실을 직시할 줄 알았습니다. 형제들의 현주소를 아는, 인간 이해에 탁월했습니다. 24절을 보십시오.

이에 형들을 돌려보내며 그들에게 이르되 당신들은 노중에서 다투지 말라 하였더라.

> 지성, 감성 그리고 영성을 겸비한 균형 잡힌 하나님의 사람이 되십시오.
> 누릴 줄 알고 나눌 줄 아는 사람이 되십시오.
> 또한 현실을 직시할 줄 앞면서도 모든 사건을 하나님의 섭리로 볼 줄 아는
> 균형 잡힌 사람이 되십시오.

요셉은 그의 형제들을 잘 알았습니다. 아직도 그들 안에 다투고 싸우는 기질이 남아 있을 수 있음을 알고 주의를 줍니다. 요셉은 형제들 안에, 그들 자신도 어찌할 수 없는 기질과 본성이 있음을 알았습니다. 그럼에도 불구하고 그들을 용서하고 관용하고 축복을 베풉니다.

요셉은 아름다운 균형을 그의 삶 속에 이루었습니다. 요셉은 시련을 축복으로 바꾸시고, 인간의 악한 실수마저도 선으로 바꾸시는 전능하신 하나님의 섭리를 경험했습니다. 그런 하나님의 손길을 사도 바울은 로마서 8장 28절에 이렇게 선언합니다.

우리가 알거니와 하나님을 사랑하는 자 곧 그 뜻대로 부르심을 입은 자들에게는

모든 것이 합력하여 선을 이루느니라.

## 균형 잡힌 인격의 그릇을 준비하라

하나님은 모든 환경을 하나님의 섭리의 손길로 믿는 사람을 축복하십니다. 그때 하나님의 축복은 고난 중에도 더욱 크게 나타납니다. 요셉의 축복과 영화는 하루아침에 된 것이 아닙니다. 많은 날의 시련과 고통을 통과하면서 이룩된 것입니다. 하나님의 축복의 파도를 계속 탈 수 있는 요셉의 균형 잡힌 인격은 그의 시련의 때에 준비되었습니다. 그의 시련의 때에 하나님의 도우심 속에서 이룬 영성 훈련의 결과였습니다.

지성, 감성 그리고 영성을 겸비한 균형 잡힌 하나님의 사람이 되십시오. 누릴 줄 알고 나눌 줄 아는 사람이 되십시오. 또한 현실을 직시할 줄 알면서도 모든 사건을 하나님의 섭리로 볼 줄 아는 균형 잡힌 사람이 되십시오. 좌로나 우로나 치우치지 맙시다.

하나님의 축복을 계속 누릴 수 있는 그릇을 준비하십시오. 그 그릇은 바로 꿈꾸는 사람의 균형 잡힌 인격입니다. 요셉을 닮은 아름다운 인격, 균형 잡힌 인격이 당신의 삶 속에도 나타나길 빕니다.

## 3 부

# 꿈꾸는 자의 축복의 열매

# 큰 숲을 13
## 그리며 꿈의 씨앗을
## 심으라

야곱과 함께 애굽에 이른 자는 야곱의 자부 외에 육십육 명이니 이는 다 야곱의 몸에서 나온 자며 애굽에서 요셉에게 낳은 아들이 두 명이니 … 야곱이 바로에게 고하되 내 나그네 길의 세월이 일백삼십 년이니이다 나의 연세가 얼마 못 되니 우리 조상의 나그네 길의 세월에 미치지 못하나 험악한 세월을 보내었나이다 하고 … (창 46:26-47:10).

## 눈물 없이 볼 수 없는 만남의 순간

꿈 꾸는 사람 요셉이 드디어 22년 만에 아버지를 만납니다. 요셉은 감격의 눈물을 또 흘립니다. 눈물 없이는 볼 수 없는 만남의 순간이 펼쳐집니다. 미치도록 보고 싶었던 아버지, 꿈속에도 그리워하던 아버지, 그 아버지를 드디어 만나게 되었습니다. 요셉에게만 행복한 순간이 아닙니다. 요셉을 잃고 울고 울었던 야곱의 상한 마음이 치료되고, 찢긴 가슴이 회복되는 순간입니다. 28-30절을 보십시오.

야곱이 유다를 요셉에게 미리 보내어 자기를 고센으로 인도하게 하고 다 고센 땅에 이르니 요셉이 수레를 갖추고 고센으로 올라가서 아비 이스라엘을 맞으며 그에게 보이고 그 목을 어긋 맞겨 안고 얼마 동안 울매 이스라엘이 요셉에게 이르되 네가 지금까지 살아 있고 내가 네 얼굴을 보았으니 지금 죽어도 가하도다.

## 가장 멋있는 남자, 가슴에 눈물이 있는 남자

요셉이 고센으로 올라가서 아버지 야곱을 만납니다. 아들과 아버지가 부둥켜 안고 얼마 동안 함께 웁니다. 요셉은 울보입니다. 형제들을 만났을 때도 방성대곡했습니다. 베냐민을 보고도 울었습니다. 이제 아버지를 보고 웁니다. 눈물을 흘릴 줄 아는 남자가 요셉입니다. 감정이 풍부한 남자, 감성이 풍부한 남자입니다. 그 가슴에 사랑이 있고 그 가슴에 그리움이 있는 사람입니다. 요셉은 멋이 있는 남자입니다.

저는 시인 용혜원 목사님을 좋아합니다. 용 목사님의 시를 읽을 때마다 나이가 들어 가면서도 마르지 않는 풍성한 감성을 보며 감탄합니다. 그분 안에 넘쳐 흐르는 감정의 우물을 만납니다. 그 가슴에 사랑이 있고, 그리움이 있고, 눈물이 있습니다. 그래서 그분은 멋이 있습니다. 용 목사님을 생각하면 요셉이 생각납니다.

요셉이 아버지를 안고 아버지의 품에 안기는 순간, 지난 22년이 다시 한 번 그 앞에 주마등처럼 스쳐 갑니다. 입었던 채색 옷을 빼앗기고 구덩이에 던져진 채 하염없이 흘렸던 눈물의 추억, 보디발의 집에서 종살이하던 날들, 감옥에 던져진 채 햇볕을 보지 못했던 시련의 날들이 떠오릅니다. 그 순간, 칠흑같이 어두웠던 그의 생애가 새롭게 해석되기 시작합니다. 이 만남을 위해, 이 기쁨을 위해 하나님은 요셉의 생애에 터질 듯한 슬픔을 연출하셨던 것입니다.

하나님은 왜 이토록 요셉을 연단시켰을까요? 왜 이토록 기다리게 하셨을까요? 그 이유는 하나님이 그를 통해 이루시기 원하는 꿈 때문입니다. 하나님의 꿈은 작은 이스라엘 백성이 큰 민족이 되는 꿈입니다. 그 후손 가운데 메시아를 이 땅에 보내시는 꿈입니다. 그 꿈은 야곱이 요셉을 만나기 위해 애굽에 내려온 사건 속에 새롭게 펼쳐집니다. 하나님의 꿈은 작은 부족에 불과한 야곱의 가족이 애굽에서 큰 민족이 되는 것입니다.

그 작은 씨앗이 애굽 땅에 심겨지는 순간이 본문의 말씀입니다. 이 본문은 요셉의 꿈의 완성과 함께, 또 다른 작은 꿈이 시작되고 펼쳐지는 축복된 순간입니다. 70명으로 시작된 야곱의 자손이 430년이 지날 때 장정만 60만, 전 이스라엘 백성이 300만이 넘는 큰 민족으로 성장하게 됩니다. 27-28절을 보십시오.

> 애굽에서 요셉에게 낳은 아들이 두 명이니 야곱의 집 사람으로 애굽에 이른 자의 도합이 칠십 명이었더라 야곱이 유다를 요셉에게 미리 보내어 자기를 고센으로 인도하게 하고 다 고센 땅에 이르니.

야곱의 집 사람으로 애굽에 이른 자의 도합이 칠십 명입니다. 그런데 430년이 지날 때는 큰 군대가 되었습니다. 출애굽기 12장 41절에는 "사백삼십 년이 마치는 그날에 여호와의 군대가 다 애굽 땅에서 나왔은즉"이라고 말씀합니다. 민수기 1장 45-46절에서는 "이같이 이스라엘 자손의 그 종족을 따라 이십 세 이상으로 싸움에 나갈 만한 자가 이스라엘 중에서 다 계수함을 입었으니 계수함을 입은 자의 총계가 육십만 삼천오백오십 명이었더라"라고 말씀합니다.

이런 큰 민족의 출발은 작은 꿈에서 시작됩니다. 그래서 꿈은 위대합니다. 그 꿈을 이루시는 하나님은 위대하십니다. 하나님의 섭리는 신비롭습니다. 본문에서 우리는 작은 꿈을 통해서 위대한 일을 이루시는 하나님의 섭리를 세 가지로 배울 수 있습니다.

● ● ●

## 작은 꿈은 생명의 씨앗처럼 성장한다

요셉의 가슴에 심겨진 작은 꿈, 작은 씨앗이 22년을 지나면서 세계를 구원하는 구원자로 성장합니다. 꿈은 생명의 씨앗과 같습니다. 작은 씨앗은 생명입니다. 생명 있는 작은 씨앗은 무엇보다도 귀하고 중요합니다.

하나님의 역사는 작은 것에서 출발합니다. 하나님의 나라는 작은 씨앗에서 시작됩니다. 하나님은 작은 씨앗 속에서 비전을 보는 사람, 그 씨앗을 키우기 위해 전생애를 다 바치고자 하는 사람을 찾으십니다.

하나님의 사람은 작은 씨앗에서 수천 그루의 나무를 볼 수 있어야 합니다. 작은 씨앗을 심으면서 숲을 보아야 합니다. 작은 씨앗을 보면서 수천 개의 열매를 볼 수 있어야 합니다. 그것이 바로 비전입니다. 비전은 남이 볼 수 없는 것을 보는 것입니다. 눈에 보이는 것만 보는 것이 아니라 그 뒤에 감추인 것을 보는 것입니다. 작은 것 속에 감추인 큰 것을 보는 것이 비전입니다.

### 한 톨의 도토리 속에서 숲을 보라

중국의 현인, 노자는 "씨앗 속에 담겨 있는 것을 보는 것, 그것이 바로 천재의 눈이다"라고 말했습니다. 에머슨은 "수천 그루의 나무로 울창해진 숲도 한 톨의 도토리로부터 비롯된 것이다"라고 말했습니다. 에머슨의 말처럼, 하나님의 사람은 한 톨의 도토리 속에서 수천 그루의 나무를 보고, 한 톨의 도토리 속에서 울창해진 숲을 보아야 합니다.

하나님은 작은 씨앗과 같은 꿈을 심어 주시는 분이십니다. 그 작은 꿈은 제일 먼저 아브라함의 가슴에 심어졌습니다. 아브라함이 아직 아들이 없었을 때에 하나님은 그를 부르셨습니다. 그리고 그에게 하늘의 별을 보게 하셨습니다. 15장 3절에는 "아브람이 또 가로되 주께서 내게 씨를 아니 주셨으니 내 집에서 길리 우는 자가 나의 후사가 될 것이니이다"라고 합니다.

아브라함이 하나님에게 씨를 이야기합니다. 이 씨는 하나님의 구원의 역사에서 굉장히 중요한 의미를 갖습니다. 아브라함은 자기 몸에서 태어날 아들을 씨라고 표현합니다. 성경에서 씨는 사람입니다. 결국 이 씨는 신약에 오면 예수님을 말합니다(갈 3:16, 19). 장차 씨로 오실 예수님의 그 첫 출발은 아브라함에게서 태어날 한 생명에서 시작됩니다. 왜 그 씨가 아브라함에게서 출발할까요? 그 이유는 바벨탑 사건 이후 아브라함이 구속사에 등장하는 첫 인물이기 때문입니다. 그가 믿음의 조상이기 때문입니다.

> 하나님은 작은 씨앗 속에서 비전을 보는 사람, 그 씨앗을 키우기 위해 전생애를 다 바치고자 하는 사람을 찾으십니다.

그런데 아브라함이 하나님께 나아가 그 씨를 갖게 될 소망이 없다고 말합니다. 그때 하나님이 말씀하십니다. 15장 4-5절에서는 "여호와의 말씀이 그에게 임하여 가라사대 그 사람은 너의 후사가 아니라 네 몸에서 날 자가 네 후사가 되리라 하시고 그를 이끌고 밖으로 나가 가라사대 하늘을 우러러 뭇별을 셀 수 있나 보라 또 그에게 이르시되 네 자손이 이와 같으리라"고 말씀합니다. 하나님은 아브라함의 가슴에 비전을 심어 주십니다. 장차 그의 몸에서 태어날 자손이 하늘의 별처럼 많을 것이라는 비전입니다. 그때 아브라함이 그것을 믿습니다. 15장 6절에서 "아브람이 여호와를 믿으니 여호와께서 이를 그의 의로 여기시고"라고 말씀합니다. 이 한 순간에 이스라엘 민족, 유대 민족이 시작된 것입니다.

이 꿈은 이삭을 거쳐 야곱에게 내려갑니다. 야곱이 요셉의 초청을 받고, 애굽으로 내려갈 때 하나님이 다시 그에게 나타나십니다. 46장 1-3절을 보십시오.

이스라엘이 모든 소유를 이끌고 발행하여 브엘세바에 이르러 그 아비 이삭의 하나님께 희생을 드리니 밤에 하나님이 이상 중에 이스라엘에게 나타나시고 불러 가라사대 야곱아 야곱아 하시는지라 야곱이 가로되 내가 여기 있나이다 하매 하나님이 가라사대 나는 하나님이라 네 아비의 하나님이니 애굽으로 내려가기를 두려워 말라 내가 거기서 너로 큰 민족을 이루게 하리라.

하나님이 다시 한 번 아브라함에게 주셨던 비전을 야곱에게 심어 주십니다. "내가 거기서 너로 큰 민족을 이루게 하리라." 하나님은 비전의 하나님이십니다. 인간의 상상을 초월하고 인간의 한계를 초월하십니다. 초월자 하나님은 모든 것을 초월할 수 있는 축복을 비전을 통해서 주십니다. 믿음의 성장은 하나님의 비전을 우리의 비전으로 받아들일 때 일어납니다. 이해하려고 해서 되는 것이 아닙니다. 다만 아브라함처럼 하나님을 믿고, 그의 약속을 믿어야 합니다.

비전의 하나님이 자기 백성에게 주시는 약속을 보십시오. 신명기 1장 11절에는 "너희 열조의 하나님 여호와께서 너희를 현재보다 천 배나 많게 하시며 너희에게 허락하신 것과 같이 너희에게 복 주시기를 원하노라"고 말씀합니다. 이사야 60장 22절에서는 "그 작은 자가 천을 이루겠고 그 약한 자가 강국을 이룰 것이라 때가 되면 나 여호와가 속히 이루리라"고 말씀합니다. 이것은 엄청나고 놀라운 비전입니다. 현재보다 천 배나 많게 하시고, 가장 작은 자가 천을 이루고 가장 약한 자가 강한 나라를 이룰 것이라는 비전입니다.

## 작은 겨자씨를 심으며 새소리를 들으라

하나님의 비전은 처음에는 이해하기 어렵고 받아들이기 어렵습니다. 그러나 비전을 따라 역사하는 것이 하나님 나라의 원리입니다. 마태복음 13장 31-32절을 보면 "또 비유를 베풀어 가라사대 천국은 마치 사람이 자기 밭에 갖다 심은 겨자씨 한 알 같으니 이는 모든 씨보다 작은 것이로되 자란 후에는 나물보다 커서 나무가 되매 공중의 새들이 와서 그 가지에 깃들이느니라"라고 말씀합니다. 작은 겨자씨를 심으면서 큰 나무를 보는 사람, 작은 겨자씨를 심으면서 새소리를 듣는 사람이 비전의 사람이요 하나님의 사람입니다.

꿈꾸는 야곱 그리고 꿈꾸는 요셉의 가슴속에 작은 꿈은 전달됩니다. 그 작은 씨앗이 거대한 민족을 이루게 됩니다. 작은 씨앗 속에서 숲을 보고 작은 씨앗 속에서 새의 노래를 들을 수 있는 꿈꾸는 사람이 되시길 빕니다.

# 작은 씨앗은 고난을 통해서 성장한다

씨앗이 나무가 되어 열매를 맺기 위해서는 고난을 통과해야 합니다. 씨앗은 가능성입니다. 씨앗은 가능성을 담고 있는 생명입니다. 그 씨앗이 아름다운 열매가 되기 위해서는 땅으로 떨어져서 깨어지는 시련을 통과해야 합니다.

하나님이 주시는 꿈도 마찬가지입니다. 그것은 하나의 가능성입니다. 그 꿈도 대가를 지불하는 고통을 통과해야 합니다. 그때 꿈은 성취되고, 아름다운 열매를 맺게 됩니다.

70명이 심겨진 땅이 고센이라는 땅입니다. 처음에는 70명이라는 작은 씨앗이 조용히 떨어집니다. 그리고 거센 고난을 통해 그 씨앗은 깨어집니다. 그리고 성장합니다. 거대한 민족으로 성장합니다.

작은 씨앗이 열매 맺는 원리를 예수님은 요한복음 12장 24절에서 말씀하십니다. "내가 진실로 진실로 너희에게 이르노니 한 알의 밀이 땅에 떨어져 죽지 아니하면 한 알 그대로 있고 죽으면 많은 열매를 맺느니라." 이것이 열매 맺는 비결입니다. 이것이 꿈을 가진 요셉의 삶의 비결입니다. 하나님의 나라의 비밀이요 영적인 원리입니다. 작은 씨앗은 어떤 고난을 통과하며 풍성한 열매를 맺습니까?

## 위에서 아래로 떨어지는 고난을 통과해야 한다

요셉은 애굽의 국무총리로 높이 올라가기 전에 먼저 구덩이로 떨어졌습니다. 애굽으로 내려갔습니다. 보디발의 집에 던져졌습니다. 감옥에 던져졌습니다. 요셉이 아래로 떨어지지 않으면 열매를 맺을 수

> 씨앗은 가능성을 담고 있는 생명입니다. 그 씨앗이 아름다운 열매가 되기
> 위해서는 땅으로 떨어져서 깨어지는 시련을 통과해야 합니다.

없기 때문에, 하나님은 먼저 위에서 아래로 떨어뜨리셨습니다. 마치 독수리가 자기 새끼를 훈련시키듯이, 보금자리를 흩어 위에서 아래로 떨어뜨리셨습니다.

예수님도 하늘 보좌에서 이 땅에 떨어지는 고난을 맛보셨습니다. 결국 십자가로 떨어지셨고, 음부에까지 떨어지셨습니다. 그리고 나서 만주의 주, 만왕의 왕이 되셨습니다.

당신의 생애 속에 이렇게 떨어지는 경험을 하셨다면 그것은 비극의 시작이 아니라 축복의 시작입니다. 절망의 시작이 아니라 희망의 시작입니다. 풍성한 열매를 맺는 하나님의 역사의 시작입니다.

## 땅에 감추이는 고난을 통과해야 한다

씨앗은 땅에 심겨져야 합니다. 땅에 감추어져야 합니다. 그래야 열매를 맺을 수 있습니다. 하나님의 사람은 자신을 은닉해야 할 때가 있습니다. 아무도 알아주지 않는 삶을 통과해야 합니다. 이것이 광야의 생활입니다. 잊혀진 존재로 사는 것입니다.

요셉은 그렇게 살았습니다. 13년 동안 형제들과 아버지를 떠나 잊혀진 존재로 살았습니다. 말은 쉽지만, 고독한 생애였습니다. 고통스러운 나날이었습니다. 요셉이 경험한 숨막히는 것 같은 고통이 바로 은폐된 삶 속에 있었습니다.

하나님께 귀하게 쓰임받기 위해서는 감추인 채로 기다려야 하는 기

간을 잘 통과해야 합니다. 꿈꾸는 사람은 인내가 필요합니다. 끈질김이 필요합니다. 이 기간 동안 철저히 준비해야 합니다. 기도해야 합니다. 성공을 준비하고 형통을 준비해야 합니다. 번영의 순간에 섬길 수 있는 인격을 준비해야 합니다. 위로 올라서기 전에 아래로 뿌리를 내리는 시간을 가져야 합니다.

대나무는 씨앗을 심은 후 첫 4년 동안은, 죽순이 하나 올라오는 것을 빼면 아무것도 보이지 않습니다. 4년 동안 모든 성장은 땅 속에서 이루어집니다. 그 동안 섬유질의 뿌리 구조가 형성되어 땅속으로 깊고 넓게 퍼져 나갑니다. 그리고 나서 5년째에 대나무는 25미터 높이로 자랍니다. 우리는 대나무에게서 배워야 합니다. 처음 4년 동안 땅 속에 감추어져서 깊이 뿌리를 내리는 모습을 통해서, 감추인 채로 준비한다는 것이 무엇인지 배워야 합니다.

하나님은 70명을 고센에 보내셔서 철저하게 은폐시키십니다. 감추십니다. 여인의 자궁 속에 감추인 자녀와 같이 이스라엘 백성들을 그 안에 넣으시고 감추어 두십니다. 그 기간 동안 이스라엘 민족은 준비됩니다.

너무 쉽게 드러나려고 하지 마십시오. 일찍 등장한다고 좋은 것이 아닙니다. 인생은 속도보다 방향이 중요합니다. 길이보다도 내용이 중요합니다. 모세는 40년 동안 광야에서 잊혀진 존재로 은폐되어 살았습니다. 다윗도 광야의 아둘람 굴에서 기나긴 세월을 보냈습니다. 예수님도 3년을 위해 30년을 감추어 사셨습니다.

## 깨어지는 아픔을 통과해야 한다

씨앗의 생명은 씨눈에 있습니다. 껍질이 벗겨져야 합니다. 껍질이 벗겨지기 위해서는 상처를 받아야 합니다. 깨어지기 위해서는 아픔을 통과해야 합니다. 깨어지고 상처받고 부서지는 경험을 통해서 씨앗은 싹트기 시작합니다. 위에서 아래로 떨어지면서 깨어지고 땅에 감추인 동안 부서지고 땅에 머물면서 드디어 죽습니다. 그런데 바로 거기서 생명의 싹이 용솟음쳐 오릅니다. 생명은 약동합니다. 생명은 꿈틀거립니다. 생명은 감출 수 없습니다. 생명은 겉으로 드러나게 되어 있습니다. 깨어진 생명은 드디어 싹이 나고 줄기가 나고 큰 나무가 되고 열매를 맺게 됩니다.

요셉의 생애를 보십시오. 열매 맺는 사람의 모형입니다. 깨어지는 아픔을 두려워하지 마십시오. 요셉은 형들에게, 보디발에게 버림받았습니다. 요셉은 공격을 받았습니다. 죽을 고비를 넘겼습니다. 그러나 하나님이 그를 붙잡고 계셨습니다.

예수님의 생애를 보십시오. 요셉이 은 이십 개에 팔린 것처럼 은 삼십에 팔리셨습니다. 마치 요셉이 구덩이에 던져졌듯이 로마 병정들에게 던져지고 찢기셨습니다. 오해받고 상처받고 매 맞고 능욕당하고 침 뱉음을 당했습니다. 예수님의 깨어짐은 우리의 축복입니다. 깨어진 반석에서 생수가 나오듯이 예수님의 깨어진 육체에서 물과 피가 쏟아졌습니다. 생수가 쏟아진 것입니다. 스가랴가 예언했던 죄와 더러움을 씻는 샘이 터진 것입니다(슥 13:1). 예수님의 그 찢긴 희생의 상처 속에서 부활의 생명이 약동했습니다. 이것이 고난은 신비요, 깨어짐의 축복입니다. 그 깨어짐 속에 깊은 하나님의 뜻이 있습니다.

당신이 깨어지고 부서지는 순간, 오히려 하나님의 뜻을 발견하십시오. 당신이 깨어지는 순간이 바로 생명이 움트는 순간입니다. 고센에서 이스라엘 민족은 430년을 지내면서 철저히 깨어집니다. 그런데 깨어지면 깨어질수록 더욱 번성하고 강성해집니다. 위에서 아래로 떨어지고,

감추이고, 깨어지는 과정을 통해 풍성한 열매를 맺을 수 있습니다.

• • •

# 꿈을 가진 자는 구별된 삶을 통해 성장한다

하나님은 꿈을 가진 사람들을 철저하게 구별시키십니다. 꿈을 가진 자들의 특징은 자신을 보통 사람들과 구별할 줄 안다는 것입니다. 야곱이 애굽으로 내려갔을 때 요셉이 그들을 인도한 곳은 고센 땅입니다. 그것은 이스라엘 자손과 애굽 백성을 구별하기 위한 것입니다. 요셉은 이스라엘 백성들과 애굽인들을 구별하기를 원하시는 하나님의 뜻을 알았습니다. 야곱도 요셉의 안내를 잘 받아 고센으로 갑니다.

## 철저하고 치밀한 사람이 되라

28절을 보십시오.

야곱이 유다를 요셉에게 미리 보내어 자기를 고센으로 인도하게 하고 다 고센 땅에 이르니.

야곱이 이주해 간 곳은 고센입니다. 그 곳은 화려한 곳이 아닙니다. 목축하는 곳입니다. 요셉도 철저하게 그 형제들을 고센에 머물도록 준비시킵니다. 31-34절을 보십시오.

요셉이 그 형들과 아비의 권속에게 이르되 내가 올라가서 바로에게 고하여 이르기를 가나안 땅에 있던 내 형들과 내 아비의 권속이 내게로 왔는데 그들은 목자라 목축으로 업을 삼으므로 그 양과 소와 모든 소유를 이끌고 왔나이다 하리니 바로가 당신들을 불러서 너희의 업이 무엇이냐 묻거든 당신들은 고하기를 주의 종들은 어렸을 때부터 지금까지 목축하는 자이온데 우리와 우리 선조가 다 그러하니이다 하소서 애굽 사람은 다 목축을 가증히 여기나니 당신들이 고센 땅에 거하게 되리이다.

요셉에게 배울 수 있는 것은 그의 철저함입니다. 그는 치밀한 사람입니다. 그는 어떤 일이든지 과업을 성취하기 위해서는 하나님을 의지할 뿐만 아니라 계획과 전략이 필요하다는 것을 알았습니다. 요셉이 그의 가족들을 고센에 거하게 하기 위해, 바로 왕 앞에 나갈 때도 철저하게 계획과 전략을 세웁니다. 47장 1-6절을 보십시오

요셉이 바로에게 가서 고하여 가로되 나의 아비와 형들과 그들의 양과 소와 모든 소유가 가나안 땅에서 와서 고센 땅에 있나이다 하고 형들 중 오 인을 택하여 바로에게 보이니 바로가 요셉의 형들에게 묻되 너희 생업이 무엇이냐 그들이 바로에게 대답하되 종들은 목자이온데 우리와 선조가 다 그러하니이다 하고 그들이 또 바로에게 고하되 가나안 땅에 기근이 심하여 종들의 떼를 칠 곳이 없기로 종들이 이곳에 우거하러 왔사오니 청컨대 종들로 고센 땅에 거하게 하소서 바로가 요셉에게 일러 가로되 네 아비와 형들이 네게 왔은즉 애굽 땅이 네 앞에 있으니 땅의 좋은 곳에 네 아비와 형들로 거하게 하되 고센 땅에 그들로 거하게 하고 그들 중에 능한 자가 있는 줄을 알거든 그들로 나의 짐승을 주관하게 하라.

## "10분 안에 결정된 선입견을 고치는 데는 10년이 걸린다"

요셉이 바로 왕 앞에 나갈 때 모든 형제들을 데리고 가지 않습니다.

형제들 중에 다섯 명을 선택합니다. 형제들 가운데 대표할 만한 인물을 선택했습니다. 요셉은 바로가 그의 형제들에 대해 좋은 인상을 가지기를 원했습니다. 인간 관계를 연구하는 사람들은 "한 사람에 대한 선입견은 10분 안에 결정되고, 그 선입견을 고치는 데는 10년이 걸린다"는 말을 합니다. 요셉은 인간 관계의 원리를 알았던 사람입니다. 그는 바로가 그의 형제들에 대해 좋은 인상을 갖도록 하기 위해 전략적으로 형제들 가운데 대표적인 인물들을 선택했던 것입니다.

## 언어의 능력을 아는 자가 지도자다

요셉은 언어의 능력을 알았던 사람입니다. 그는 형제들에게 할 말을 미리 가르쳐 줍니다. 바로 앞에 나가서 할 말을 줄 뿐만 아니라 리허설까지 시킵니다. 그는 사람들의 마음을 감동시키는 것이 언어임을 알았습니다. 똑같은 언어를 사용하는데도 기술이 필요하다는 것을 알았습니다. 언어의 내용뿐만 아니라 표현 방법 그리고 언어를 구사하는 적절한 때가 중요하다는 것을 알았습니다.

대화의 기술은 분별력에 있습니다. 무엇을 말하고, 언제 말하고, 어떻게 말하는지 분별하는 것입니다. 아무리 좋은 말도 적합한 때 쓰지 않으면 능력을 발휘하지 못합니다. 잠언 27장 14절에는 "이른 아침에 큰소리로 그 이웃을 축복하면 도리어 저주같이 여기게 되리라"고 말씀합니다.

반면에 우리의 언어를 적합하게 쓰면 놀라운 일들이 일어납니다. 정말 아름다운 것은 적합한 언어를 적합한 때에 쓰는 것입니다. 잠언 15장 23절에는 "사람은 그 입의 대답으로 말미암아 기쁨을 얻나니 때에 맞은 말이 얼마나 아름다운고"라고 말씀합니다. 질문에 대해 적절한 대답을 할 줄 아는 것은 대단히 중요합니다. 잠언 15장 1절에는 "유순한 대답은 분노를 쉬게 하여도 과격한 말은 노를 격동하느니라", 잠언 12장 25절에는 "근심이 사람의 마음에 있으면 그것으로 번뇌케 하나 선한 말은 그것을 즐겁게 하느니라"고 말씀합니다.

요셉은 형제들에게 언제 말하며, 질문에 어떻게 대답하며, 구체적으로 무엇을 말하며, 어떻게 말할 것인가를 가르쳐 줍니다. 이것이 요셉의 지혜입니다. 앞을 미리 내다보고 형제들을 준비시키는 것입니다.

## 앞을 내다보는 선견자가 되라

요셉은 선견자였습니다. 앞을 내다보는 사람이었습니다. 앞을 내다보는 그의 탁월한 안목은 애굽과 전세계를 구원하는 일뿐만 아니라 가족들을 돕는 일에도 한결같았습니다. 요셉의 위대함은 가족들을 돌보는 것이 하나님의 뜻을 이루는 것임을 알았습니다. 무엇보다도 요셉은 탁월한 영적 분별력을 가지고 살았습니다.

고센 땅은 야곱의 작은 가족을 큰 민족으로 탄생시킨 여인의 자궁과 같은 곳입니다. 그 곳에서 70명으로 시작한 그들은 430년 동안 300만 명으로 성장합니다. 대단합니다.

왜 요셉은 고센 땅을 선택했을까요? 그 이유는 자기 가족들을 애굽 신들과 분리시키기 위해서입니다. 요셉은 애굽에서 살면서 애굽 사람들이 바로를 신처럼 믿고 있다는 사실과 그들이 우상을 섬기는 것을 알았습니다.

요셉은 애굽에서 우상 숭배의 유혹을 받으면서 살았습니다. 그럼에도 불구하고 그는 우상 앞에 절하지 않았고, 그 몸을 더럽히지 않았습니다. 그러나 요셉은 그의 형제들의 연약함을 잘 알았습니다. 상황이

나 편의에 따라 얼마든지 타협할 수 있다는 것을 알았습니다. 그 곳은 애굽의 우상 숭배와 분리된 곳이었습니다. 애굽 사람들은 목축을 가증히 여겼기 때문에 고센에 가까이하지 않았습니다.

## 거인 공포증을 신앙으로 극복하라

야곱과 그 가족은 비록 고센에 거했지만, 그들은 하나님의 선택된 민족이라는 자부감이 있었습니다. 47장 7-10절을 보십시오.

요셉이 자기 아비 야곱을 인도하여 바로 앞에 서게 하니 야곱이 바로에게 축복하매 바로가 야곱에게 묻되 네 연세가 얼마뇨 야곱이 바로에게 고하되 내 나그네 길의 세월이 일백삼십 년이니이다 나의 연세가 얼마 못 되니 우리 조상의 나그네 길의 세월에 미치지 못하나 험악한 세월을 보내었나이다 하고 야곱이 바로에게 축복하고 그 앞에서 나오니라.

야곱이 바로를 축복하고 있습니다. 성경에 나오는 가장 멋있는 장면 중에 하나입니다. 130세인 야곱이 바로 왕을 축복합니다. 야곱은 바로를 두려워하지 않습니다. 오히려 그를 축복합니다. 야곱은 소위 말하는 거인 공포증을 극복한 사람입니다.

보통 인간은 큰 사람, 유력한 사람, 부자 앞에서 두려워하고 그들 앞에서 비굴해지기 쉽습니다. 소위 거인이라고 생각되는 사람들 앞에서는 말도 잘 못하는 경향이 있습니다. 보통 인간은 권력자 앞에서 비굴해지고, 비천한 자 앞에서 교만해지기 쉽습니다.

그러나 야곱은 권력자 앞에서 당당하게 서 있습니다. 오히려 그에게 축복을 빕니다. 무엇이 야곱으로 하여금 이토록 담대한 사람이 되게 했을까요? 한때 그렇게 두려워했던 야곱, 소심했던 야곱을 누가 이렇게 변화시켰습니까? 전능하신 하나님이십니다.

야곱의 담대함은 하나님을 아는 데서 왔습니다. 그는 바로보다 더 높은 하나님, 바로를 왕으로 세우기도 하시고, 폐하기도 하시는 하나님을 믿었습니다. 전능하신 하나님을 믿었습니다. 죽은 줄 알았던 요셉을 살려 두시고, 애굽의 국무총리가 되게 하신 하나님을 믿었습니다. 그렇기 때문에 바로를 축복할 수가 있었습니다.

축복은 본래 높은 사람이 아래 사람에게 빌어 주는 것입니다. 히브리서 7장 7절에는 "폐일언하고 낮은 자가 높은 자에게 복 빎을 받느니라"고 말씀합니다. 야곱이 바로 왕에게 축복을 빈다는 사실은 바로 왕보다 한 수 위에 있다는 사실을 보여 주는 것입니다. 바로보다 여유가 있다는 사실입니다.

하나님을 모신 사람은 세상 어떤 사람보다 부요합니다. 그렇기 때문에 세상에 나가서 만나는 모든 사람에게 축복을 빌 수 있습니다. 하나님을 모신 자보다 더 부요한 사람은 없습니다. 진정한 부요는 물량으로 측정할 수 없습니다. 진정한 부요는 그 사람이 가지고 있는 가능성으로 측정됩니다.

하나님을 모신 야곱은 무한대의 가능성을 가진 부요한 자였습니다. 야곱은 바로를 두려워하지 않았습니다. 바로 앞에 마치 권세자처럼 섰습니다. 우리가 알 듯이 야곱은 형 에서를 두려워했습니다. 형에 대한 공포로 20년을 시달려야 했습니다. 그는 강자를 두려워했습니다. 사람을 두려워했습니다. 그런데 지금은 바로 앞에서도 당당하게 서 있습니다. 비록 옷은 남루하지만 용사와 같고, 부자와 같이 서 있습니다.

## 오직 하나님 아는 것을 자랑하라

하나님을 믿는 사람은 모든 부요와 지혜와 충만의 원천을 소유한 사람입니다. 그의 인생의 내일은 밝습니다. 그 인생의 미래는 아름답습니다. 기적으로 충만한 생애가 될 수 있습니다. 그 이름은 창대케 됩니다. 그러므로 하나님을 믿는 사람은 어디를 가든지 여유를 가지고 살아야 합니다. 누구 앞에서도 비굴해서는 안됩니다.

예레미야 9장 23-24절에서는 "여호와께서 이같이 말씀하시되 지혜로운 자는 그 지혜를 자랑치 말라 용사는 그 용맹을 자랑치 말라 부자는 그 부함을 자랑치 말라 자랑하는 자는 이것으로 자랑할지니 곧 명철하여 나를 아는 것과 나 여호와는 인애와 공평과 정직을 땅에 행하는 자인 줄 깨닫는 것이라 나는 이 일을 기뻐하노라 여호와의 말이니라"고 말씀합니다.

당신이 하나님을 알고 천지를 지으신 전능하신 하나님을 모시고 살고 있다면, 가장 부요한 자라는 사실을 믿으십시오. 그리고 여유를 가지고 당당하게 살아가십시오. 하나님의 백성은 축복을 베풀 만큼 부요한 자들입니다. 진정한 부요는 영적인 것입니다. 우리는 영적인 부요를 소유한 백성, 하나님을 자기 기업으로 삼은 하나님의 백성입니다. 그래서 축복을 베풀 수 있는 것입니다. 축복을 베푸는 자가 큰 자요, 부요한 자입니다. 만나는 모든 사람에게 축복을 베푸십시오.

## 극복해야 할 환경과 피해야 할 환경을 분별하라

요셉은 지혜자입니다. 지혜는 분별력입니다. 그는 인간이 환경의 영향력 아래 있음을 알았습니다. 그는 싸워야 할 유혹과 피해야 할 유혹을 알았습니다. 극복해야 할 환경이 있고, 피해야 할 환경이 있음을 알았습니다. 나무도 중요하지만 나무가 잘 자랄 수 있는 토양의 중요성도 알았습니다.

그는 애굽의 우상 숭배로부터 하나님의 백성을 지키는 길은 분리된 환경만이 가능한 것임을 알았습니다. 그래서 고센을 선택한 것입니다.

꿈을 가진 사람은 구별된 삶을 삽니다. 세상과 짝하지 않습니다. 세상에서 자신을 지킬 줄 압니다. 하나님의 영광을 위해, 위대한 하나님의 일을 위해 성별된 삶을 삽니다. 로마서 12장 2절에서는 "너희는 이 세대를 본받지 말고 오직 마음을 새롭게 함으로 변화를 받아 하나님의 선하시고 기뻐하시고 온전하신 뜻이 무엇인지 분별하도록 하라"고 말씀합니다.

요셉은 구별된 삶을 살았습니다. 또한 자기 형제들도 구별된 삶을 살 수 있도록 도왔습니다. 요셉처럼 다니엘처럼 뜻을 정하십시오. 하나님의 꿈을 성취하기 위해 구별된 삶을 사십시오.

> 당신이 하나님을 알고 천지를 지으신 전능하신 하나님을 모시고 살고 있다면, 가장 부요한 자라는 사실을 믿으십시오. 여유를 가지고 당당하게 살아가십시오. 하나님의 백성은 축복을 베풀 만큼 부요한 자들입니다.

## 하나님은 작은 씨앗을 통해 위대한 일을 이루신다

요셉은 작은 씨로 애굽에 심겨졌습니다. 그의 위대한 성취는 작은 꿈에서 시작되었습니다. 하나님의 백성인 이스라엘 민족도 야곱의 작은 가족에서 시작되었습니다. 70명에서 시작되었습니다. 작은 씨에서 꿈은 시작되었습니다. 예수님도 씨이십니다. 씨알은 예수님이십니다. 예수님은 그 백성 중에 한 씨알로 오셨습니다. 참된 씨알은 백성입니다. 작은 백성, 소외된 백성, 때로 가난하고 연약한 백성입니다. 그런데 하나님은 그 작은 씨앗을 통해 위대한 일을 이루십니다.

하나님은 작은 것을 크게 보십니다. 하나님의 사람들은 작은 것을 크게 보는 눈을 가진 사람들입니다. 그것이 비전입니다. 작은 것은 커집니다. 고난의 용광로에서 커집니다. 고센 땅은 결국은 고난의 풀무였습니다. 그 곳에서 깨어지고 부서졌습니다. 껍질이 벗겨졌습니다. 깨어진 생명이 큰 민족을 이루었습니다. 하나님은 바로 그 곳에서 이스라엘을 부르셨습니다. 이사야 48장 10절에는 "보라 내가 너를 연단하였으나 은처럼 하지 아니하고 너를 고난의 풀무에서 택하였노라"고 말씀합니다.

## 고난 중에도 비전을 가지고 전진하라

스스로 작다고 생각하는 분이 있습니까? 비전을 가지십시오. 희망을 가지십시오. 고난의 풀무에서 고통당하는 분이 있습니까? 낙심하지 마십시오. 떨어지고, 감추이고, 깨어지는 과정을 통해 당신은 변화되고 있습니다. 성장하고 있습니다. 씨앗은 고난을 통해 성장하는 것입니다. 고센과 같은 곳에서 잊혀진 존재로 살아가는 분이 있습니까? 그 곳은 잊혀진 장소가 아닙니다. 하나님이 당신을 위해 구별해 놓으신 특별한 장소입니다.

비전을 가지고 전진하십시오. 하나님을 위해 구별된 자로 살아가십시오. 바로를 축복한 야곱처럼 당당하게 서십시오. 누구를 만나든지 축복을 비는 축복의 사람이 되시길 바랍니다.

# 축복 기도로 14 자녀의 꿈을 키우라

… 요셉이 두 아들을 이끌어 아비 앞으로 나아가니 … 그날에 그들에게 축복하여 가로되 이스라엘 족속이 너로 축복하기를 하나님이 너로 에브라임 같고 므낫세 같게 하시리라 … 이스라엘이 요셉에게 또 이르되 나는 죽으나 하나님이 너희와 함께 계시사 너희를 인도하여 너희 조상의 땅으로 돌아가게 하시려니와 … (창 48:8-22).

## 눈에 보이지 않는 것에 가치를 두는 사람이 되라

형통하는 사람들에게는 공통점이 있습니다. 그것은 보이지 않는 것에 더 큰 가치를 둔다는 것입니다. 일시적인 것보다는 영원한 것에 우선 순위를 둡니다.

요셉은 형통한 자입니다. 눈에 보이는 것보다는 눈에 보이지 않는 것의 중요성을 알았습니다. 눈에 보이지 않는 꿈의 중요성을 알았고, 항상 꿈을 생각하며 살았습니다. 그는 눈에 보이지 않는 하나님을 존귀히 여겼습니다. 요셉은, 한 인생의 크기가 그의 꿈에 의해서 결정된다는 것과 그와 함께 하시는 하나님의 크기에 의해 결정됨을 알았습니다.

## 세상에서 가장 아름다운 것은 가슴으로 느껴야 한다

요셉의 생애를 위대하게 만든 것은 그의 외모나 환경이 아니었습니다. 그를 위대하게 만든 것은 작은 가슴에 심어졌던 큰 꿈과 그가 신뢰했던 하나님 때문이었습니다. 또한 요셉은 눈에 보이지 않은 사랑의 중요성을 알았습니다. 아버지를 향한 사랑, 형제들을 향한 사랑이 그의 가슴을, 그의 생애를 움직였습니다. 헬렌 켈러는 "이 세상에서 가장 좋고 제일 아름다운 것은 눈으로 볼 수도 없고 손으로 만질 수도 없다. 그런 것은 가슴으로 느껴야 한다"라고 말했습니다. 요셉은 눈으로 볼 수 없고 손으로도 만질 수 없고, 다만 가슴으로 느낄 수 있는 것들을 고귀하게 생각했습니다.

요셉이 꿈, 하나님, 사랑과 더불어 소중히 여겼던 것은 축복 기도입니다. 요셉은 축복 기도의 중요성을 알았습니다. 보이지 않는 축복 기도를 통해 미래가 결정된다는 사실을 알았습니다. 그것을 몸소 체험했습니다. 그래서 아버지 야곱의 임종이 가까웠을 때 그의 아들들을 데리고 와서 야곱의 축복 기도를 받게 합니다. 요셉을 통해서 배우는 축복 기도에 대한 영적인 교훈은 무엇입니까?

● ● ●

## 축복 기도는 자녀를 위해 남길 수 있는 최고의 유산이다

자녀를 형통케 하는 가장 좋은 유산은 축복 기도입니다. 보이는 유

형의 유산보다 보이지 않는 무형의
유산인 축복 기도가 더 소중합니
다. 그래서 히브리 사람들은 임종
의 순간에 자녀에게 축복 기도를
해주었습니다. 어떤 유산보다 가장
중요하게 생각했기 때문입니다.

야곱도 그의 마지막이 가까워
왔을 때 그의 아들들을 불러모아

자녀를 형통케 하는
가장 좋은 유산은 축복 기도입니다.
보이는 유형의 유산보다
보이지 않는 무형의 유산인
축복 기도가 더 소중합니다.

축복 기도를 해주었습니다. 그 축복 기도는 야곱이 남기는 유산이면
서 자녀들의 내일을 위해 심는 축복의 씨앗과 같은 것이었습니다. 49
장 1절에는 "야곱이 그 아들들을 불러 이르되 너희는 모이라 너희의
후일에 당할 일을 내가 너희에게 이르리라"고 말씀하고 있고, 49장
28절에는 "이들은 이스라엘의 십이 지파라 이와 같이 그 아비가 그들
에게 말하고 그들에게 축복하였으되 곧 그들 각인의 분량대로 축복하
였더라"고 말씀합니다.

## 말은 살아 있는 능력이다

히브리 사람들은 말의 능력을 믿었습니다. 하나님의 말씀의 능력을
믿었습니다. 말씀이 곧 미래를 창조하고 내일을 만들어 낸다고 믿었
습니다. 말씀은 곧 살아 있으며 움직이고 약동하고 역사합니다. 히브
리서 4장 12절에서는 "하나님의 말씀은 살았고 운동력이 있어 좌우에
날선 어떤 검보다도 예리하여 혼과 영과 및 관절과 골수를 찔러 쪼개
기까지 하며 또 마음의 생각과 뜻을 감찰하나니"라고 말씀합니다.

또한 히브리 사람들은 한 번 나간 말은 다시 돌아올 수 없다고 믿었

습니다. 이사야 55장 11절에서는 "내 입에서 나가는 말도 헛되이 내게로 돌아오지 아니하고 나의 뜻을 이루며 나의 명하여 보낸 일에 형통하리라"고 말씀합니다. 그래서 히브리 사람들은 그들이 비는 축복 기도에 목숨을 걸었습니다.

이와 같은 경험을 한 사람이 야곱입니다. 야곱은 아버지 이삭의 축복을 받기 위해 생명을 거는 모험을 한 사람입니다. 이삭이 그의 생애 마지막이 되었을 때 에서를 먼저 축복하려고 했습니다. 리브가가 그 사실을 알고 야곱을 불러서 먼저 축복을 받게 합니다. 만약에 들키면 저주를 받을지도 모른다는 위험 부담을 안고도 축복 기도를 받습니다.

야곱이 이삭의 축복을 받은 내용이 27장 27-29절에 나옵니다.

그가 가까이 가서 그에게 입맞추니 아비가 그 옷의 향취를 맡고 그에게 축복하여 가로되 내 아들의 향취는 여호와의 복 주신 밭의 향취로다 하나님은 하늘의 이슬과 땅의 기름짐이며 풍성한 곡식과 포도주로 네게 주시기를 원하노라 만민이 너를 섬기고 열국이 네게 굴복하리니 네가 형제들의 주가 되고 내 어미의 아들들이 네게 굴복하며 네게 저주하는 자는 저주를 받고 네게 축복하는 자는 복을 받기를 원하노라.

## 한 번 빌어 준 축복 기도는 돌이킬 수 없다

야곱이 에서를 대신해서 이삭의 축복을 받은 후에 에서가 아버지에게 축복 기도를 받기 위해서 옵니다. 에서가 이삭에게 와서 보니 자기가 받을 축복을 동생이 도둑질해서 받았습니다. 에서는 그 사실을 알고 분노합니다. 아버지 이삭은 축복을 받으러 온 에서에게, 안타깝지만 단호히 말합니다. 27장 33절을 보십시오.

이삭이 심히 크게 떨며 가로되 그런즉 사냥한 고기를 내게 가져 온 자가 누구냐 너 오기 전에 내가 다 먹고 그를 위하여 축복하였은즉 그가 정녕 복을 받을 것이니라.

한 번 빈 축복 기도는 돌이킬 수 없다는 것입니다. 이스라엘 백성들은 한 번 나간 축복은 돌이킬 수 없다고 믿었습니다. 그 축복은 그 자녀의 미래요 예언이었습니다. 이삭이 야곱에게 베푼 축복 기도는 야곱의 생애 가운데 다 이루어졌습니다. 야곱은 "만민이 너를 섬기고 열국이 네게 굴복하리니 네가 형제들의 주가 되고 네 어미의 아들들이 네게 굴복하며"(27:29)라는 이삭의 축복 기도가 그의 아들 요셉을 통해서 성취된 것을 보았습니다.

## 축복하는 언어의 열매를 먹고 살라

요셉은 축복 기도의 능력을 알았기 때문에 임종이 가까운 야곱에게 두 아들을 데려와 축복 기도를 받게 합니다. 우리도 요셉처럼 자녀들에게 축복 기도를 해주어야 합니다. 좋은 말로 축복을 빌어 주어야 합니다. 자녀들은 축복 기도, 축복의 말의 열매를 먹고 살게 됩니다.

잠언 18장 20-21절에서는 "사람은 입에서 나오는 열매로 하여 배가 부르게 되나니 곧 그 입술에서 나는 것으로 하여 만족하게 되느니라 죽고 사는 것이 혀의 권세에 달렸나니 혀를 쓰기 좋아하는 자는 그 열매를 먹으리라"고 말씀합니다.

축복 기도의 언어는 축복의 열매를 맺습니다. 야곱은 요셉과 그의 자녀들에게 축복을 빕니다. 요셉에게뿐 아니라 요셉의 아들들에게 두 번이나 축복 기도를 해줍니다. 그 이유는 야곱이 요셉을 특별히 사랑했기 때문입니다. 아니 그것은 요셉이 어떤 형제보다도 아버지를 사랑했고 공경했기 때문입니다.

48장에서 요셉은 다른 형제들보다 먼저 축복을 받습니다. 48장 1절에는 "이 일 후에 혹이 요셉에게 고하기를 네 부친이 병 들었다 하므로 그가 곧 두 아들 므낫세와 에브라임과 함께 이르니"라고 말씀합니다. 아버지 야곱이 병 들었다는 소식을 듣고 제일 먼저 달려온 아들이 요셉입니다. 다른 형제들도 분명히 소식을 들었을 텐데 오히려 떨어져 사는 요셉이 먼저 두 아들을 데리고 와서 야곱을 문병합니다. 사실 요셉은 아버지의 축복을 두 번이나 받을 만했습니다. 그만큼 아버지를 공경하는 아들이었습니다.

## 축복 기도의 소중함을 일찍부터 배우라

요셉이 아버지를 찾아온 이유는 아버지를 공경했기 때문만 아니라 두 아들에게 할아버지의 축복을 받게 하기 위한 것이었습니다. 요셉의 두 아들은 야곱의 축복을 받습니다. 요셉은 스스로의 힘만으로는 인생에서 절대로 형통할 수 없다는 사실을 알았습니다. 하나님이 축복해 주셔야만 형통한다는 사실을 알았습니다. 요셉은 어디서 그런 귀중한 영적 교훈을 터득했을까요?

요셉은 분명히 할아버지인 이삭의 축복을 받으면서 성장했을 것입니다. 할아버지 이삭은 180세까지 살았습니다. 요셉의 꿈 이야기가 시작될 때 야곱의 나이는 108세였고, 이삭은 168세였습니다. 요셉이 애굽으로 팔려 간 후에도 이삭이 12년을 더 살았습니다. 그렇다면 요셉은 그의 어린 시절에 할아버지 이삭의 사랑과 축복을 받고 성장했음이 분명합니다. 요셉은 이삭으로부터 하나님의 축복에 관한 이야기를 많이 들었을 것입니다. 그의 증조 할아버지 아브라함이 받은 축복의 이야기, 에서 대신에 야곱에게 축복 기도를 베푼 이야기를 이삭을 통해 들었을 것입니다.

요셉은 일찍이 축복 기도의 비결을 배웠습니다. 그리고 아버지 야곱에게 약속된 하나님의 축복이 요셉의 생애를 통해서 성취됨을 눈으로 목도했습니다. 보는 것은 무섭습니다. 우리는 보는 것을 닮게 됩니다. 보는 것을 얻고, 본 것을 따라 살게 됩니다.

그래서 요셉은 두 아들을 축복해 달라고 야곱에게 데려왔습니다. 자녀들에게 남길 수 있는 최고의 유산이 축복 기도임을 알았기 때문입니다. 그리고 요셉 자신도 야곱의 축복을 받습니다.

## 하루에 한 번 자녀를 축복하라

최근에 베스트 셀러가 된 롤프 가복이 쓴 「하루에 한 번 자녀를 축복하라」(도서출판 두란노)는 책이 있습니다. 자녀를 사랑하는 부모라면 누구나 읽어야 할 필독서입니다. 또한 게리 스몰리와 존 트랜트가 공저한 「축복하면서 사랑하면서」(예찬사)라는 책도 같은 맥락으로 쓰여졌습니다. 이 책도 한때 가장 많이 읽힌 책 중 하나입니다.

자녀를 사랑하는 가장 소중한 방법은 자녀를 축복하며 기도해 주는 것이라고 이 책에서는 강조하고 있습니다. 좋은 말로 기도해 주는 것입니다. 헨리 나우웬은 축도의 중요성을 강조합니다. 축도(benediction)라는 말의 어원은 "좋은 말을 해주다"에서 왔습니다. 우리가 다른 사람을 향해 좋은 말을 하면서 축복을 빌고 있다면 사실 그 자체가 축도입니다. 그런 면에서 우리 모두가 축도를 할 수 있습니다.

한국 교회는 질서를 위해 주일 예배의 축도를 목회자가 맡았지만, 어떤 의미에서 평신도 모두가 축복을 빌 수 있습니다. 그리스도인들은 모든 사람에게 축복을 빌도록 부름받은 사람들입니다. 베드로전서 3장 9절을 보면 "악을 악으로, 욕을 욕으로 갚지 말고 도리어 복을 빌라 이를 위하여 너희가 부르심을 입었으니 이는 복을 유업으로 받게 하려 하심이라"고 말씀합니다.

부모들이여, 하루에 한 번씩 자녀들을 축복하십시오. 손자들과 손녀들에게 축복을 베푸십시오. 만나는 모든 사람들을 축복하십시오. 우리가 만나는 사람들에게 해줄 수 있는 최상의 일은 축복을 빌어 주는 것입니다. 기억합시다. 자녀들에게 남길 수 있는 최상의 유산은 축복 기도입니다.

● ● ●

## 축복 기도로 자녀의 미래를 예언하라

축복 기도는 자녀들을 위한 최고의 유산입니다. 뿐만 아니라 축복 기도는 자녀들의 미래를 위한 예언입니다. 축복 기도는 예언 기도입니다. 요셉이 야곱에게 받은 첫 번째 축복 기도가 15-16절에 나옵니다.

그가 요셉을 위하여 축복하여 가로되 내 조부 아브라함과 아버지 이삭의 섬기던 하나님, 나의 남으로부터 지금까지 나를 기르신 하나님, 나를 모든 환난에서 건지신 사자께서 이 아이에게 복을 주시오며 이들로 내 이름과 내 조부 아브라함과 아버지 이삭의 이름으로 칭하게 하시오며 이들로 세상에서 번식되게 하시기를 원하나이다.

야곱이 요셉에게 베푸는 축복 기도 속에 그의 신앙의 역사가 담겨 있습니다. 하나님에 대한 신앙 고백이 담겨 있습니다. 조상 대대로 내려오는 하나님에 대한 경험적 지식이 담겨 있습니다. 축복 기도는 하나님에 대한 확신으로 시작됩니다. 야곱의 생애 마지막에, 그의 아들들에게 베푸는 축복 기도 속에는 그의 신앙의 순례 속에서 만난 하나님에 대한 애절한 고백이 담겨져 있습니다. 15절을 다시 보십시오. 야곱은 하나님이 그를 기르셨다고 고백합니다. "그가 요셉을 위하여 축복하여 가로되 내 조부 아브라함과 아버지 이삭의 섬기던 하나님, 나의 남으로부터 지금까지 나를 기르신 하나님 …."

## 우리를 기르시는 하나님

하나님은 우리를 기르시는 하나님이십니다. 하나님은 지렁이와 같은 야곱, 그 야곱을 결코 포기하지 않으시고 기르셨습니다. 사기꾼이고 거짓말쟁이인 야곱을 하나님은 사랑하셨습니다. 아니 야곱을 사랑하기로 선택하셨습니다. 뜨거운 열정으로 그를 사랑하셨습니다.

하나님은 자녀를 기르는 어머니에 자신을 비유하십니다. 어찌 어미가 자녀를 잊겠으며 어찌 사랑하는 아비가 자녀를 포기할 수 있겠습니까? 그럴 수 없습니다. 그러나 혹시 그들이 잊을지라도 하나님은 잊을 수 없음을 말씀하십니다. 이사야 49장 15절에는 "여인이 어찌 그 젖 먹는 자식을 잊겠

> 하루에 한 번씩 자녀들을 축복하십시오.
> 손자들과 손녀들에게 축복을 베푸십시오.
> 만나는 모든 사람들을 축복하십시오.
> 우리가 만나는 사람들에게 해줄 수 있는
> 최상의 일은 축복을 빌어 주는 것입니다.

으며 자기 태에서 난 아들을 긍휼히 여기지 않겠느냐 그들은 혹시 잊을지라도 나는 너를 잊지 아니할 것이라"고 말씀합니다.

야곱은 16절에서 하나님이 그를 모든 환난에서 건지셨다고 고백합니다.

> 나를 모든 환난에서 건지신 사자께서 이 아이에게 복을 주시오며 이들로 내 이름과 내 조부 아브라함과 아버지 이삭의 이름으로 칭하게 하시오며 이들로 세상에서 번식되게 하시기를 원하나이다.

## 우리를 보호하시는 하나님

하나님은 우리를 보호하시는 하나님이십니다. 야곱은 결코 편안한 삶을 살지는 못했습니다. 하나님이 그를 선택하셨고, 그를 사랑하셨지만 그의 생애는 험악한 세월의 연속이었습니다. 바로 앞에서 그가 말한 인생의 고백은 무엇입니까? 47장 9절에서 "야곱이 바로에게 고하되 내 나그네 길의 세월이 일백삼십 년이니이다 나의 연세가 얼마 못 되니 우리 조상의 나그네 길의 세월에 미치지 못하나 험악한 세월을 보내었나이다 하고"라고 말씀합니다.

그렇습니다. 야곱은 험악한 세월을 살았습니다. 그러나 그는 그가 걸어온 인생 길의 모든 환난 가운데서 그를 건져 주시고 보호하시는 하나님의 축복을 체험했습니다.

야곱이 경험한 하나님은 최후에 웃게 하시는 하나님이십니다. 처음보다 나중을 더욱 아름답게 하시는 하나님, 그의 생애 마지막을 더욱 창대케 하시는 하나님, 최후에 더욱 승리케 하시는 하나님이십니다. 야곱의 생애를 바라보면서 우리는 욥기 8장 7절에 나오는 "네 시작은 미약하였으나 네 나중은 심히 창대하리라"는 말씀을 기억합니다.

야곱은 그가 경험한 하나님의 이름으로 요셉과 그의 두 아들들을 축복합니다. 야곱이 베푼 축복은 그들의 미래를 예언하는 것이었습니다.

**첫째, 야곱의 축복은 하나님이 그 자녀들을 번식하게 하시는 축복이었습니다.**

16절에서 야곱은 "이들로 세상에서 번식되게 하시기를 원하나이다"라고 축복합니다. 야곱은 요셉의 자녀들에게 번식의 축복을 빕니다. 그 당시 자녀들을 많이 출생하는 것은 대단한 축복이었습니다. 야곱의 축복 기도는 400년 후에 아름답게 이루어집니다. 그들이 애굽을 떠날 때 장정만 60만이 되는 숫자로 번식하는 것을 봅니다. 야곱의 축복 기도는 그들의 미래에 대한 예언 기도가 되었습니다.

**둘째, 하나님이 함께 하시는 임마누엘의 축복이었습니다.**

야곱의 축복은 21-22절로 이어집니다.

이스라엘이 요셉에게 또 이르되 나는 죽으나 하나님이 너희와 함께 계시사 너희를 인도하여 너희 조상의 땅으로 돌아가게 하시려니와 내가 네게 내 형제보다 일부분을 더 주었나니 이는 내가 내 칼과 활로 아모리 족속의 손에서 빼앗은 것이니라.

야곱은 가장 소중한 축복을 요셉의 아들들을 위해 빕니다. 그것은 하나님이 함께 하시는 축복입니다. 임마누엘의 축복입니다. 이 축복은 모든 축복을 능가하고 모든 축복을 초월하는 축복입니다. 하나님의 백성의 형통의 비결입니다. 요셉이 일찍이 누렸던 축복입니다. 39장 2-3절에는 "여호와께서 요셉과 함께 하시므로 그가 형통한 자가 되어 그 주인이 여호와께서 그와 함께 하심을 보며 또 여호와께서 그의 범사에 형통케 하심을 보았더라"고 말씀합니다. 요셉은 그 귀한 축복을 다시 한 번 받습니다. 야곱의 축복 기도처럼 하나님은 요셉의 후손, 온 이스라엘 백성들과 함께 하셨습니다. 그들을 결코 버리지 않으시고 떠나지 않으셨습니다.

### 셋째, 하나님의 인도의 축복이었습니다.
야곱은 하나님이 그들을 인도하시리라고 축복합니다. 21절을 보십시오.

이스라엘이 요셉에게 또 이르되 나는 죽으나 하나님이 너희와 함께 계시사 너희를 인도하여 너희 조상의 땅으로 돌아가게 하시려니와.

하나님의 인도를 받는 것이 축복입니다. 하나님의 인도를 받으면 가장 안전합니다. 풍성하고 부족함이 없는 축복을 경험하게 됩니다. 시편 23편 1-2절에는 "여호와는 나의 목자시니 내가 부족함이 없으리로다 그가 나를 푸른 초장에 누이시며 쉴 만한 물가로 인도하시는도다"라고 말씀합니다. 이사야 58장 11절에는 "나 여호와가 너를 항상 인도하여 마른 곳에서도 네 영혼을 만족게 하며 네 뼈를 견고케 하리니 너는 물 댄 동산 같겠고 물이 끊어지지 아니하는 샘 같을 것이라"고 말씀합니다.

야곱의 축복 기도는 요셉의 미래에 그대로 성취됩니다. 애굽에 거한 지 430년이 지난 후 요셉의 시신과 함께 이스라엘 백성이 가나안 땅으로 돌아가게 됩니다. 축복 기도는 좋은 것입니다. 축복 기도는 무서운 것입니다. 축복 기도는 자녀의 미래를 예언하는 것입니다. 미래를 예측하게 만듭니다. 자녀의 미래를 결정하는 것입니다.

야곱처럼, 요셉처럼 축복 기도의 능력을 믿으십시오. 부모의 축복 기도를 받을 때 이런 믿음을 가지고 받으십시오. 자녀들을 목회자들에게 인도해서 축복 기도를 받을 때도, 축복 기도의 능력을 믿고 받도록 하십시오. 그들이 받는 축복 기도가 그들의 미래를 예언하는 기도가 되게 하십시오. 우리가 다른 사람에게 축복 기도를 베풀 때에도 그들의 미래에 이루어지기 원하는 마음으로 기도해 주십시오.

●　○　●

## 축복 기도를 통해 자녀를 형통케 하라

축복 기도는 자녀를 형통케 하는 하나님의 축복의 도구입니다. 부모의 축복을 받으며 성장하는 자녀들은 보통 자녀들과 다릅니다. 요셉이 어려운 시련 중에도 견고했던 것은 그가 축복 기도를 받고 자랐기 때문입니다.

요셉이 할아버지 이삭과 아버지 야곱을 통해 받은 축복 기도와 사랑은 그로 하여금 환경을 초월하는 인물이 되게 했습니다. 어떤 환경 속에서도 흔들림이나 요동함이 없는 인물이 되게 했습니다. 오히려 위기에 강한 사람이 되게 했습니다. 모든 환경을 역전시키는 사람이 되었고, 어려운 환경과 인생의 불공평을 비웃으며 우뚝 선 사람이 되었습니다. 요셉의 삶을 통해서, 축복 기도가 어떻게 자녀들이 형통하도록 도와 줄 수 있는지를 살펴봅시다.

## 축복 기도는 안정감을 누리게 한다

축복 기도를 받으면 마음에 안정감이 생깁니다. 하나님이 함께 하시고, 부모가 늘 곁에 있다는 확신을 갖게 됩니다. 하나님이 그들을 지켜 주시고, 하나님 아버지와 부모님으로부터 사랑을 받고 있다는 안정감을 경험합니다. 이 안정감은 소속감에서 오는 것입니다.

## 축복 기도는 자존감을 높여 준다

축복 기도를 받게 되면 자존감이 높아집니다. 우리를 괴롭히는 것 중에 하나가 열등 의식입니다. 열등 의식은 자신감을 파괴하고, 인간 관계를 깨뜨리는 원흉입니다. 그러나 축복 기도를 통해 자신에 대한 긍정적인 평가를 받으면 자연스럽게 자존감이 앙양되는 것을 경험합니다. 그때 건전한 자아상이 형성됩니다. 건전한 자아상이 형성될 때 다른 사람들과도 좋은 관계를 갖게 되는 것입니다.

## 축복 기도는 정서를 건강하게 한다

축복 기도를 받을 때 자녀들은 기도와 함께 따뜻한 접촉을 받게 됩니다. 부모들이 축복 기도를 할 때 예수님처럼 자녀를 품에 안거나 자녀의 머리에 손을 얹게 됩니다. 그때 하나님의 치유의 역사가 나타납니다. 부모님의 품처럼 좋은 안식처는 없습니다. 어머니의 품은 자녀를 정서적으로 건강하게 만들어 줍니다.

건강하게 사는 길은 누군가의 어루만짐 속에 사는 것입니다. 사랑하는 사람과의 접촉은 인생을 건강하게 사는 데 아주 중요한 역할을 합니다. 축복 기도를 할 때 두 가지 면에서 접촉이 이루어집니다. 하나는 따스한 육체적인 접촉이고 다른 하나는 다정한 언어의 접촉입니다. 따스하고 육체적인 접촉과 다정한 축복의 언어들은 우리의 상처받고 메마른 마음을 치료해 줍니다. 그리고 인생의 활력소가 되는 우리의 감정의 탱크를 충만하게 채워 주는 역할을 합니다.

## 축복 기도는 꿈과 비전을 갖게 한다

축복 기도는 꿈을 심어 주는 역할을 합니다. 축복을 받는 사람의 미래를 축복의 언어로 예언해 주는 역할을 하기 때문입니다. 축복 기도는 자녀의 미래에 대한 믿음의 선언과 같습니다. 아직 이루어지지 않은 일에 대한 믿음의 감사가 기도 속에 담겨 있기 때문입니다.

그래서 축복 기도를 받을 때 조금 어색하기도 합니다. 현실의 자신의 모습과 너무 차이가 나기 때문입니다. 그러나 축복 기도를 계속 듣게 되면, 그 축복 기도가 자신의 꿈이 되고, 그 꿈이 축복의 열매를 맺습니다.

저에게도 아름다운 축복 기도의 경험이 많이 있습니다. 사랑하는 어머니와 가족들, 동역자들, 그리고 저를 사랑하는 성도님들로부터 끝없는 축복을 받아 왔습니다. 저를 사랑하는 멘토들로부터 축복의 말씀을 들어 왔습니다. 그것이 저의 꿈이 되었고 저의 기대가 되었습니다.

## 축복 기도는 자신감을 갖게 한다

축복 기도를 받고 자라는 자녀는 자신감을 갖게 됩니다. 하나님께 축복을 구하는 기도를 듣고 자라는 자녀들은, 자기보다 크신 하나님이 함께 하심을 배웁니다. 야곱이 요셉을 위해 축복할 때 그의 조상의 하나님, 그를 기르시고 환난에서 건지신 하나님을 노래합니다. 전능하신 하나님, 그를 모든 열방 앞에서 높이 세우신 하나님을 고백하고, 그 하나님의 이름으로 축복합니다.

하나님이 함께 하신다는 확신은 인생에서 가장 큰 자원입니다. 거기서 자신감이 생깁니다. 에머슨은 "자신감이 성공의 제일 비결이다"라고 말했습니다. 하나님의 백성의 자신감은 하나님이 함께 하신다는 믿음에서 나옵니다. 그것이 그리스도인들이 추구하는 자신감입니다. 바울은 "내게 능력 주시는 자 안에서 내가 모든 것을 할 수 있느니라"(빌 4:13)고 말씀합니다. 바울이 그리스도 안에서 갖게 된 자신감은 세계를 복음으로 흔드는 사람이 되게 했습니다.

## 축복 기도는 인간 관계를 원만하게 한다

히브리 민족이 자녀들을 축복하는 것을 연구해 보면, 주로 자녀들의 장점을 따라 축복하는 것을 봅니다. 축복 기도를 받는 자녀들은 기도를 통해 자신의 장점을 발견합니다. 자신의 장점을 구체적으로 듣고 사는 사람은, 다른 사람의 장점을 발견하고 그 장점을 표현하는 언어 구사에 탁월해집니다.

축복 기도를 받는 사람은 다른 사람의 좋은 면을 보는 데 익숙합니다. 그리고 다른 사람을 축복하는 것을 좋아합니다. 이런 태도로 사람들을 대하면 인간 관계를 잘하게 됩니다. 인간 관계가 좋은 사람들의 특징은 장점 발견자입니다. 그리고 함께 일하는 사람들의 장점을 극대화시켜 줌으로써 최상의 결과를 얻어냅니다.

사실 모든 성공과 형통의 비결은 관계에 있습니다. 이것은 삶의 기본입니다. 형통한 사람들은 더불어 살 줄 아는 사람들입니다. 우리는 인생을 살면서 실력으로도 돈으로도 땀을 흘려도 안되는 것들이 좋은 관계 속에서 풀리는 것을 봅니다. 요셉은 인간 관계에 탁월했습니다. 만나는 사람들을 섬겼고, 축복했고, 가능성을 믿어 주었습니다.

## 축복 기도는 축복의 통로가 된다

축복 기도를 받고 자라는 자녀는 형통한 자가 될 뿐만 아니라 축복을 베푸는 사람이 됩니다. 축복의 근원이 되고 축복의 통로가 됩니다. 축복을 나누는 사람이 됩니다.

야곱이 이삭으로부터 축복 기도를 받았기 때문에 요셉에게 축복 기도를 베푼 것입니다. 그 축복은 아브라함에게서부터 흘러 내려옵니다. 아브라함은 하나님으로부터 축복을 받습니다. 12장에 보면 하나님이 아브라함을 축복하십니다. 그 축복이 아브라함에게서 이삭에게로 내려갑니다. 그리고 이삭의 축복이 야곱에게로, 야곱의 축복이 요셉에게로 흘러 내려갑니다. 그리고 그의 모든 자녀들에게 내려갑니다.

축복은 한곳에 머물러서는 안됩니다. 사해 바다처럼 머무르면 안됩니다. 머물면 썩게 됩니다. 축복은 흘러 내려야 합니다. 그때 더 풍성해집니다. 샘물을 퍼내면 퍼낼수록 더 많은 생수가 올라오는 것처럼 축복은 나눌수록 더욱 풍성해집니다.

우리가 축복을 받을 뿐만 아니라 우리가 축복의 통로가 되어, 다른 사람들에게 축복을 흘러 보내는 것은 더욱 큰 축복입니다. 왜냐하면 인간의 보람은 나눔에 있기 때문입니다. 우리는 축복을 받고 축복을 비는 사람이 되어야 합니다. 부모는 자녀들에게 축복을 빌어 주어야 합니다.

## 축복를 빌기 위해 축복 기도를 연구하라

자녀들에게 축복을 비는 부모가 되기 위해서는 성경에 나오는 축복들을 공부하십시오. 하나님이 사랑하는 백성들에게 베푸는 축복을 공부하십시오. 특별히 민수기 6장 24-26절의 말씀은 하나님께서 모세에게 명하신 축복의 내용입니다. 이 말씀을 암송하십시오. 가슴에 새기십시오. 그리고 자녀들과 만나는 사람들에게 복을 베풀어 주십시오.

여호와는 네게 복을 주시고 너를 지키시기를 원하며 여호와는 그 얼굴로 네게 비취사 은혜 베푸시기를 원하며 여호와는 그 얼굴을 네게로 향하여 드사 평강 주시기를 원하노라.

사도 바울은 성도들을 위해 기도할 때마다 신령한 축복을 구했습니다. 지혜와 계시의 정신을 주시기를 기도했습니다. 눈을 열어서 하나님의 기업의 풍성함을 보게 해달라고 기도했습니다.

저는 자녀들과 성도님들을 위해 축복 기도를 드릴 때 지혜와 명철을 주시도록 기도드립니다. 하나님이 기회를 주시도록 기도를 드립니다. 잘 준비된 사람이 되게 해달라고 기도를 드립니다. 인생의 형통이란 하나님의 기회와 인간의 준비가 만날 때 주어지기 때문입니다. 특별히 좋은 만남을 주시도록 기도드립니다. 하나님은 사람을 통해서 우리에게 은혜를 베푸십니다. 좋은 만남은 좋은 기회가 됩니다. 제가 지금 누리는 모든 축복도 좋은 만남을 통해서 주어진 것입니다.

축복을 빌 때 자녀들에게 하나님의 은혜와 평강을 구하십시오. 하나님의 능력과 보호를 구하십시오. 건강과 거룩과 경건을 구하십시오. 풍요와 번영을 구하십시오. 하나님이 주신 재능과 은사를 최대한 개발해서 하나님께 영광을 돌리도록 기도하십시오.

## 균형 잡힌 축복 기도를 드리라

균형 잡힌 축복 기도를 드리십시오. 기도 속에 아름다운 교훈이 담기도록 기도해 주십시오. 성공할 때 교만하지 않고, 번영 중에 타락하지 않고, 실패 중에 낙심하지 않고, 고난을 두려워하지 않는 사람이 되게 해달라고 기도해 주십시오.

마지막으로 자녀를 위한 축복 기도 가운데 가장 균형 잡힌 기도를 소개하려고 합니다. 더글라스 맥아더 장군의 자녀를 위한 기도문입니다.

오, 주님이시여!
나의 자녀를 이렇게 키워 주소서.
약할 때에 자기를 분별할 수 있는 강한 힘과
무서울 때 자신을 잃지 않을 수 있는 담대한 마음을 주시고
정직한 패배에 부끄러워하지 않고 태연하며
승리할 때 온유하고 겸손할 수 있는 자녀로 키워 주소서.

생각해야 할 때에 고집하지 말게 하시고
주님을 알고 자신을 아는 것이
지식의 근본임을 아는 자녀로 키워 주소서.

바라옵건대, 그를 안일과 쾌락의 길로 인도하지 마옵시고

고난과 역경 속으로 인도하사
폭풍우 속에서도 용감히 일어설 줄 알고
패자를 불쌍히 여길 수 있는 사랑을 배우게 하소서.

마음이 깨끗하고 목표가 고상한 자녀
남을 정복하려고 하기 전에 먼저 자기 자신을 다스릴 수 있는 자녀
장래를 내다보는 동시에 과거를 잊지 않는 자녀로 키워 주소서.

그리고 또 유머를 알게 하시고
인생을 엄숙하고 진지하게 살면서 삶을 즐길 줄 알게 하시며
자기 자신을 너무 크게 평가하지 않는 겸손한 자녀로 키워 주소서.

또한 참으로 위대한 것은 소박한 것이며
참된 지혜는 개방된 것이요
참된 힘은 온유함이라는 것을 항상 기억하게 하소서.

그러면 아버지 나는 감히 이렇게 고백하겠나이다.
"내 생애는 결코 헛되지 않았노라!"
아멘.

# 꿈꾸는 자는 15 축복의 열매를 거둔다

요셉은 무성한 가지 곧 샘 곁의 무성한 가지라 그 가지가 담을 넘었도다 활 쏘는 자가 그를 학대하며 그를 쏘며 그를 군박하였으나 요셉의 활이 도리어 견강하며 그의 팔이 힘이 있으니 야곱의 전능자의 손을 힘입음이라 … (창 49:22-26).

## "미래를 품은 나무라야 열매를 맺는다"

꿈을 성취한 하나님의 사람들은 축복 기도를 생명처럼 여겼습니다. 기도와 생명을 하나로 생각했습니다. 바벨론 땅에 포로로 끌려가서 형통했던 다니엘은 기도에 목숨을 걸었습니다. 그는 기도하면 사자 굴에 던져지는 것을 알면서도 이전에 행하던 대로 하루에 세 번씩 기도했습니다. 기도에 생명을 걸었습니다.

요셉도 기도를 생명처럼 여겼음이 틀림없습니다. 그는 바로가 그의 꿈을 해석해 달라고 말할 때 꿈의 해석은 하나님께로 온다는 사실을 강조했습니다. 바로의 꿈 이야기를 들은 다음 요셉은 하나님께 무릎을 꿇고 하나님의 도우심을 받았을 것입니다. 요셉의 생애를 보십시오. 그는 하나님을 의뢰하는 삶을 살았습니다. 그렇기 때문에 요셉은 야곱이 마지막으로 베푼 축복 기도를 받기 위해 최선을 다했습니다.

축복 기도와 사랑은 함께 갑니다. 우리는 사랑하는 사람을 위해 축복하며 기도합니다. 또한 축복하며 기도하는 사람을 사랑하게 됩니다.

기도는 씨앗과 같습니다. 기도로 심은 씨앗은 열매를 맺게 됩니다. 심은 것이 없으면 열매도 없습니다. 그러므로 기도하는 사람의 생애에 미래가 있고, 기도하는 부모를 둔 자녀들의 생애에 미래가 있는 것입니다. 기도하는 사람에게도 시련이 찾아올 수 있습니다. 기도하는 부모를 둔 자녀에게도 역경과 고난이 있을 수 있습니다. 그러나 기도로 심은 씨앗은 시련 중에도 남아 아름다운 열매를 맺습니다.

희망찬 미래는 하루아침에 오지 않습니다. 고난을 통과한다고 해서 무조건 밝은 내일이 있는 것이 아닙니다. 눈물을 흘리며 씨를 심은 자에게, 울며 나무를 심은 자에게 미래가 있는 것입니다. 그래서 박노해 시인은 이렇게 노래했습니다.

폭풍우 지나간들 무엇하리
꽃심을 지닌 땅이어야 꽃이 피어나지.

햇살이 눈부신들 무엇하리
미래를 품은 나무라야 열매를 맺지.

## 기도는 미래를 위해 심는 씨앗이다

하나님의 사람이 심어야 할 가장 소중한 씨앗이 있다면 기도입니다. 심어야 할 나무가 있다면 기도의 나무입니다. 요셉의 아버지 야곱은 기도의 사람이었습니다. 그는 눈물로 기도의 씨앗을 심었던 사람입니다. 호세아 12장 3-4절에서는 "야곱은 태에서 그 형의 발뒤꿈치를 잡았고 또 장년에 하나님과 힘을 겨루되 천사와 힘을 겨루어 이기고 울며 그에게 간구하였으며 하나님은 벧엘에서 저를 만나셨고 거기서 우리에게 말씀하셨나니"라고 말씀합니다.

야곱은 울며 간구했습니다. 기도하는 야곱의 생애를 하나님은 축복하셨습니다. 그의 기도의 씨앗은 요셉을 통해서 축복의 열매로 나타났습니다. 기도를 아는 사람, 기도를 통해 하나님을 경험한 사람은 기도를 강조합니다. 기도의 모범을 보입니다.

49장은 야곱이 그의 생애 마지막에 열두 아들을 불러 축복을 비는 장면입니다. 야곱의 축복 기도는 자녀들의 미래를 예언하는 예언 기도였습니다. 1절에서 "너희의 후일에 당할 일을 내가 너희에게 이르리라"고 말씀합니다. 야곱의 자녀들을 위한 기도의 언어는 자녀들의 미래를 창조하는 언어가 되었습니다.

그렇다고 야곱이 자녀들을 위해 비는 축복 기도가 단순히 그들의 장래만을 위한 축복은 아니었습니다. 야곱의 축복 기도 속에는 자녀들의 과거의 역사와 성품과 기질이 담겨 있었습니다. 야곱은 자녀들

> 기도는 씨앗과 같습니다.
> 기도하는 사람에게도 시련이
> 찾아올 수 있습니다.
> 그러나 기도로 심은 씨앗은
> 시련 중에도 남아 아름다운
> 열매를 맺습니다.

의 체질을 알았습니다. 그들의 성향을 알았습니다. 그들의 성품을 알 았습니다. 그와 같은 지식을 따라 자녀들을 축복합니다.

3-4절에서 "르우벤아 너는 내 장자요 나의 능력이요 나의 기력의 시작이라 위광이 초등하고 권능이 탁월하도다마는 물의 끓음 같았은 즉 너는 탁월치 못하리니 네가 아비의 침상에 올라 더럽혔음이로다 그가 내 침상에 올랐었도다"라고 말씀합니다. 르우벤은 장자입니다. 그러나 물의 끓음 같은 그의 기질 때문에 탁월치 못하겠다고 말합니다. 야곱은 르우벤의 과거를 기억하고 있었습니다.

## 탁월함은 자신을 정복할 때 이르는 경지이다

35장 22절에는 "이스라엘이 그 땅에 유할 때에 르우벤이 가서 그 서모 빌하와 통간하매 이스라엘이 이를 들었더라 야곱의 아들은 열둘 이라"고 말씀합니다. 르우벤은 아버지 야곱의 첩을 범했습니다. 르우 벤이 아버지의 침상을 범했기에 그의 정욕이 물의 끓음 같다고 말합니다. 그 때문에 탁월치 못하다는 것입니다.

르우벤은 자기의 정욕을 정복하지 못했습니다. 그래서 탁월함에 이르지 못했습니다. 탁월함의 경지에 이르기 위해서는 절제할 줄 알아야 합니다. 자기를 쳐 복종시킬 줄 알아야 합니다. 그런데 르우벤은 물이 끓는 것과 같은 정욕 앞에 굴복하고 말았습니다. 그래서 르우벤은 장자이면서도 장자의 역할을 감당하지 못하게 된 것입니다.

시므온과 레위도 마찬가지입니다. 49장 5절에서 "시므온과 레위는 형제요 그들의 칼은 잔해하는 기계로다"라고 말씀합니다. 34장을 보면, 시므온과 레위는 그의 누이 디나가 세겜 사람들에게 강간당한 사실을 알고 세겜 사람들을 죽일 모략을 세웁니다. 그들에게, 할례를 받으면 누이 디나를 세겜에게 주겠다고 말합니다. 그 말을 들은 세겜 남자들이 할례를 행합니다. 할례를 행하고 삼 일째 되던 가장 고통스런 날에 시므온과 레위가 칼을 차고 가서 그들을 모두 죽입니다. 야곱은 그들의 소위를 기억하고 있었습니다. 그래서 그들의 기질을 따라 축복하는 것입니다.

야곱이 요셉을 위해 비는 축복 기도 속에도, 요셉의 과거와 성품이 들어 있습니다. 요셉의 신앙이 들어 있습니다. 요셉의 고통, 상처, 고난의 역사가 담겨 있습니다. 그리고 요셉의 승리의 비결과 형통의 비결이 담겨 있습니다. 그가 하나님을 믿고 신뢰한 인내의 열매가 담겨 있습니다.

요셉의 탁월함의 비밀은 야곱의 축복 기도 속에 담겨 있습니다. 요셉의 탁월함은 요셉 자신에게 있기보다는 그가 믿은 하나님에게 있었습니다. 성경은 요셉의 아름다운 생애가 아닌, 요셉을 아름답게 만드신 하나님의 역사를 강조합니다. 요셉의 탁월함은 하나님에게서 왔으며, 요셉을 탁월하게 하신 분도 하나님이심을 강조합니다.

꿈꾸는 자의 승리는 꿈꾸는 자로부터 나온 것이 아닙니다. 그에게 꿈을 주신 하나님께로부터 나온 것입니다. 본문 속에는 꿈꾸는 자의 형통의 비결이었습니다. 축복의 열매를 맺는 원리가 담겨 있습니다. 꿈꾸는 요셉에게서 배우는 축복의 열매를 맺는 원리는 무엇일까요?

●　●　●

## 뿌리가 하나님께 심기운 자가 축복의 열매를 맺는다

좋은 나무에게 필요한 것은 토양입니다. 좋은 나무라고 해서 풍성한 열매를 맺는 것이 아닙니다. 어디에 심기었느냐가 중요합니다. 스승은 학생을, 학생은 스승을 잘 만나야 합니다. 양은 목자를, 목자는 양을 잘 만나야 합니다. 훌륭한 설교자에게는 훌륭한 청중이 필요합니다. 훌륭한 청중은 훌륭한 설교자를 만들어 냅니다. 좋은 목회자는 좋은 성도들이 만들어 냅니다. 물론 좋은 목회자가 좋은 성도들을 만들어 내기도 합니다.

요셉은 좋은 나무였습니다. 그에게 필요한 것은 열매를 풍성히 맺을 수 있는 좋은 토양이었습니다. 요셉은 토양을 잘 만났습니다. 그래서 풍성한 열매를 맺는 결과를 가져왔습니다. 22절을 보십시오.

요셉은 무성한 가지 곧 샘 곁의 무성한 가지라 그 가지가 담을 넘었도다.

"무성한 가지"란 열매가 풍성한 포도나무(a fruitful vine)를 말합니다. 요셉은 열매가 풍성한 포도나무였습니다. 이 포도나무가 샘 곁에 심겼습니다. 그 가지가 크게 자라서 담을 넘었다고 말씀합니다. 담을 넘었다는 것은 국경을 넘었다는 것입니다. 가나안 땅을 넘어서 애굽까지 미쳤다는 것을 말씀합니다. 요셉은 작은 부족의 아들로서 애굽의 국무총리라는 열매가 풍성한 포도나무가 되었습니다.

무성한 포도나무 가지란 요셉의 인물 됨을 말합니다. 그가 끼친 영향력을 말합니다. 어떻게 하면 요셉과 같은 생애를 살 수 있습니까? 그것은 요셉처럼 샘 곁에 뿌리를 내려야 합니다.

인생은 신중하게 선택하고 신중하게 살아야 하는 하나님의 고귀한 선물입니다. 척 스윈돌은 "인생은 동전과 같아서 당신이 원하는 대로 그것을 쓸 수 있다. 그러나 딱 한 번밖에 쓸 수 없다"고 말했습니다.

## 가장 위험한 것은 잘못된 방법으로 성공하는 것이다

성공하는 것보다 더 중요한 것이 있습니다. 그것은 하나님이 의도하시는 방법으로 성공하는 것입니다. 인생은 사다리를 타는 것과 같습니다. 성공하기 위해 사다리를 타고 올라갑니다. 사다리를 타고 나무에 올라가서 열매를 딸 수도 있습니다. 사다리를 타고 건물에 올라가서 간판을 달 수도 있습니다. 사다리를 타고 벽에 올라가서 그림을 그릴 수도 있습니다. 그런데 문제는 많은 사람들이 올라가 본 후에 그들이 잘못된 자리에 서 있다는 것을 알게 된다는 것입니다.

어떤 사람은 안타깝게 말합니다. "나는 사다리 꼭대기까지 올라갔지만 그 사다리는 엉뚱한 벽에 세워져 있었습니다." 패트릭 모레이는 이것을 정상에 올라선 실패자라고 말하면서 "실패란 중요하지 않은 데서 성공하는 것이다"라고 말했습니다. 가장 위험한 것은 잘못된 방법으로 성공하는 것입니다. 실패보다 더 비참한 것은 하나님이 원치 않는 방법으로 성공하는 것입니다. 하나님은 우리에게 얼마나 크게 성공했느냐고 묻지 않으십니다. 어떻게 성공했느냐고 물으십니다.

## 첫 출발이 중요하고, 속도보다 방향이 중요하다

그러므로 첫 출발이 중요합니다. 또한 정확한 방향을 잡아서 올라가는 것이 중요합니다. 속도보다 중요한 것은 방향입니다. 인생의 길이보다 중요한 것은 내용입니다. 요셉은 첫 출발을 잘했습니다. 그는 뿌리를 하나님께 내렸습니다.

나무의 운명은 어디에 심기느냐에 따라 결정됩니다. 나무 자체도 중요하지만 어디에 심기느냐가 더 중요합니다. 나무의 뿌리를 내릴 땅에 따라 나무의 미래가 결정되기 때문입니다. 요셉은 샘 곁에 심겼습니다. 이것이 요셉에게서 배우는 형통의 비결입니다.

나무가 물가에 심기울 때 열매를 많이 맺습니다. 시편 1편 3절에는 "저는 시냇가에 심은 나무가 시절을 좇아 과실을 맺음과 같으니 그 행사가 다 형통하리로다"라고 말씀합니다. 예레미야 17장 7-8절은 "그러나 무릇 여호와를 의지하며 여호와를 의뢰하는 그 사람은 복을 받을 것이라 그는 물가에 심기운 나무가 그 뿌리를 강변에 뻗치고 더위가 올지라도 두려워 아니하며 그 잎이 청청하며 가무는 해에도 걱정이 없고 결실이 그치지 아니함 같으리라"고 말씀합니다.

성경이 말하는 샘, 시냇가, 물은 무엇을 의미합니까? 그것은 하나님을 의미합니다. 예레미야 17장 13절은 하나님을 "생수의 근원이신 여호와"라고 말씀합니다. 요한복음은 예수님을 "생수"라고 말씀합니다. 사도 바울도 예수님께 뿌리를 내리라고 말씀합니다. 골로새서 2장 6-7절에서 "너희가 그리스도 예수를 주로 받았으니 그 안에 뿌리를 박으며 세움을 입어 교훈을 받은 대로 믿음에 굳게 서서 감사함을 넘치게 하라"고 말씀합니다.

우리가 가장 먼저 정성을 쏟아야 할 것은 보이는 곳이 아니라 보이지 않는 곳입니다. 그것은 나무의 뿌리입니다. 나무가 위로 높이 올라가려면 아래로 깊이 뿌리를 내려야 합니다. 나무의 높이와 뿌리의 깊이가 같다는 말을 들었습니다. 든든한 나무, 견고한 나무의 특징은 모두 뿌리가 깊습니다. 그 뿌리를 강변에 뻗쳐 생수를 빨아들입니다.

## 지혜는 보이지 않는 곳을 가꾸는 것이다

요셉의 승리의 비결은 외면보다는 내면에, 드러난 것보다는 드러나지 않은 것에 가치를 두었다는 것입니다. 내면 세계의 질서와 영적 성숙에 성공이나 출세보다 더 많은 가치를 두었습니다. 요셉은 보이지 않는 하나님을 삶의 최우선 순위에 두었습니다. 전능하신 하나님께 뿌리를 내리는 것을 그의 삶의 목표로 삼았습니다.

요셉은 그의 외적 환경을 의지하지 않았습니다. 그는 보디발의 집에도, 그가 거처했던 감옥에도, 그를 아름답게 만들었던 애굽의 궁중에도 뿌리를 내리지 않았습니다. 그는 오직 하나님께만 뿌리를 내렸습니다. 그는 보디발이나 보디발의 아내를 의지하지 않았습니다. 그가 꿈을 해석해 주었던 술 맡은 관원을 의지하지 않았습니다. 요셉은 사람을 신뢰의 대상으로 보지 않았습니다. 오직 하나님만 신뢰했습니다. 그래서 그는 견고히 설 수 있었습니다. 요셉의 축복의 열매는 그씨가 하나님께 심기운 데서 시작된 것입니다.

● ● ●

## 뿌리가 깊은 사람은 인내의 열매를 맺는다

꿈을 성취하는 사람들의 생애에는 시련이 있습니다. 나무의 나이테가 나무의 어려운 때를 보여 주는 것처럼, 꿈을 이룬 사람들의 생애에는 시련과 역경의 역사가 있습니다.

요셉도 예외는 아닙니다. 요셉은 철저하게 불 시험을 통과해야만 했습니다. 그는 공격을 받았습니다. 그는 학대를 받았습니다. 미움받았고, 싫어버린 바 되었고, 찢기었습니다. 23절을 보십시오.

활 쏘는 자가 그를 학대하며 그를 쏘며 그를 군박하였으나.

여기서 군박하였다는 말은 적대감을 가지고 공격했다는 말입니다. 야곱이 요셉을 위해 축복 기도를 드릴 때, 요셉은 열일곱 살의 나이로 당했던 어려움을 생각했을 것입니다.

요셉은 가장 가까운 형제들에게 활을 맞았습니다. 남도 그렇게 할 수 없는 일을 그의 형제들이 연합해서 요셉에게 날카로운 활을 꽂았습니다. 증오의 활을, 멸시의 활을, 그를 좌절시키는 활을 쏘아댔습니다. 그리고 그를 구덩이에 던졌습니다. 그리고 다시 꺼내서는 이스마엘의 상고에게 팔았습니다. 이유는 한 가지입니다. 꿈꾸는 사람이라는 것입니다. 자기들과 다르다는 것입니다. 꿈꾸는 사람은 보통 사람 눈에 다르게 보입니다. 보통 사람들은 자기와 다른 것을 싫어합니다. 요셉의 형제들은 요셉의 꿈에 화살을 쏘았습니다. 꿈을 좌절시키기 위해 무참하게 공격했습니다.

요셉이 간절히 애걸할 때도 형제들은 냉정했습니다. 완고했습니다. 요셉의 흘리는 눈물을, 찢는 가슴을, 애절한 절규를, 호소하는 애원을 무시했습니다. 등을 돌렸습니다. 고통스러운 것은 한 아버지에게서 태어난 형제들이 그랬다는 것입니다.

요셉의 시련은 거기서 끝난 것이 아니었습니다. 보디발의 집에서 요셉은 11년 동안 주인을 충성스럽게 섬겼습니다. 그때 보디발의 아내의 유혹을 단호히 물리쳤습니다. 그래서 요셉이 받은 보상은 감옥에 던져지는 것이었습니다. 형제들이 그를 구덩이에 던지듯이 보디발은 충성스런 요셉을 감옥에 던졌습니다. 요셉의 가슴에 꽂힌 화살은 보디발의 아내가 뒤집어씌운 누명이 아니었습니다. 그가 사랑으로 섬겼던 보디발이 자기 아내를 알고, 또한 요셉의 성품을 알면서도 요셉을 감옥에 집어 넣었다는 것입니다. 그것은 요셉이 받은 또 하나의 배신의 화살이었습니다.

그러나 요셉은 인내했습니다. 그는 감옥에서 인내했습니다. 시련 속에서 인내의 열매를 맺었습니다. 인내의 열매는 쉽게 맺히는 것이 아닙니다. 고통스런 시련을 통과하면서 맺히는 열매입니다.

성경은 인내를 가장 중요한 성품의 열매로 봅니다. 성숙의 척도로 봅니다. 조금도 부족함이 없는 자리에까지 가도록 도와 주는 것이 인내입니다. 야고보서 1장 3-4절에는 "이는 너희 믿음의 시련이 인내를 만들어 내는 줄 너희가 앎이라 인내를 온전히 이루라 이는 너희로 온전하고 구비하여 조금도 부족함이 없게 하려 함이라"고 말씀합니다.

## 인내는 승리의 기초다

왜 인내가 중요합니까? 인내는 모든 형통과 승리의 기초입니다. 인내 없이 성공한 사람이 없습니다. 인내는 사랑의 본질입니다. 사랑은 오래 참고 모든 것을 견딥니다. 그리고 인내는 모든 관계의 기초입니다. 하나님과의 관계 또한 인간 관계의 기본입니다. 많은 관계가 깨어져 버린 것은 오래 참지 못해서입니다.

인내는 자신을 이길 수 있는 힘을 제공합니다. 자신의 분노를 이기게 해줍니다. 인생에서 가장 무서운 유혹은 포기하고 싶은 마음입니다. 결코 포기해서는 안될 순간에 포기하고 싶은 유혹입니다. 포기하고 싶은 자아를 이기는 힘을 제공하는 것이 인내입니다. 우리는 인내를 통해서 내면의 힘을 얻습니다. 영적인 근육을 갖게 됩니다.

인내의 성품은 어떻게 주어집니까? 그것은 시련을 통해서 주어집니다. 왜 꿈꾸는 사람에게 시련을 허락하십니까? 그를 깨끗게 하시기 위해서입니다. 깨끗한 그릇으로 사용하시기 원하기 때문입니다. 시련은 꿈꾸는 자 안에 있는 찌끼를 제거하기 위한 하나님의 손길입니다. 이

런 영혼의 어두운 밤을 통과하
면서 하나님의 사람은 만들어져
갑니다. 잠언 25장 4절에는 "은
에서 찌끼를 제하라 그리하면
장색의 쓸 만한 그릇이 나올 것
이요"라고 말씀합니다. 시련의

기간 동안에 하나님은 우리의 욕망, 우리의 야심, 우리의 생각, 우리의
동기를 바로잡으십니다.

이런 경험을 했던 패트릭 모레이는 그의 책 「아버지의 일곱 가지
계절」(요단 출판사)에서 이렇게 고백합니다.

"내 영혼의 어두운 밤은 나를 하나님께로 돌이키시려는 그분의 은
혜의 몸짓이었다. 그것은 내가 내 육체를 극복하도록 도우시려는 하
나님의 사랑의 선물이었다. 하나님께서는 내가 나의 야심을 못박고
내 생각을 정화하며 내 동기를 바로잡도록 도와 주셨다."

## "폭풍은 참나무가 더욱 뿌리를 깊게 박도록 한다"

요셉도 시련을 통과하면서 그의 영혼이 연단되었습니다. 정화되었
습니다. 시련은 우리를 깨끗하게 할 뿐만 아니라 위대하게 만드는 하
나님의 도구입니다. "잔잔한 바다에서는 좋은 뱃사공이 만들어지지
않는다"는 영국 속담처럼 시련 없이 훌륭한 인물이 나오지 않습니다.
위인들은 견디기 어려운 시련을 극복한 사람들입니다. 쇠붙이를 달구
지 않고서 도구를 만들 수 없는 것처럼 고난 없이 인간을 훌륭한 인격
자로 만들 수는 없습니다. 허버트는 "폭풍은 참나무가 더욱 뿌리를 깊
게 박도록 한다"고 말했습니다.

요셉의 믿음의 뿌리를 더욱 깊이 하나님께 내리게 한 것은 시련이라는 폭풍우였습니다. 그러나 기억해야 할 사실이 있습니다. 요셉이 어두운 시련의 밤에 승리한 것은 그의 인내의 결과만은 아니었습니다. 사실은 하나님의 은혜였습니다. 24절을 보십시오.

요셉의 활이 도리어 견강하며 그의 팔이 힘이 있으니 야곱의 전능자의 손을 힘입음이라 그로부터 이스라엘의 반석인 목자가 나도다.

## 하나님의 탁월함이 요셉 생애의 주제이다

요셉의 팔에 힘이 있었습니다. 그것은 요셉이 강해서가 아닙니다. 그가 하나님의 전능하신 손을 힘입었기 때문입니다. 요셉은 연약한 한 청년으로 애굽 땅으로 던져졌습니다. 형제들 앞에 애걸하는 소년에 불과했습니다. 그런 나약한 요셉을 강하게 한 것은 하나님의 은총이었습니다.

요셉의 생애 속에 반복되는 주제는 무엇입니까? 요셉의 탁월함이 아니라 요셉을 세우신 하나님이 탁월함입니다. 하나님께서 요셉과 함께 하심으로 요셉이 형통했음을 강조합니다. 하나님의 전능하신 손이 요셉을 붙잡아 준 것입니다.

그렇습니다. 우리의 힘은 우리에게 있는 것이 아닙니다. 우리의 진정한 능력은 하나님께 있습니다. 하나님의 손길 속에 그 능력이 있습니다. 인생의 시련의 순간에 붙잡아야 할 손은 사람의 손이 아닙니다. 하나님의 손입니다.

왕을 세우기도 하시고 폐하기도 하시는 하나님의 손을 붙잡으십시오. 가난한 자를 진토에서 일으키시는 하나님의 손, 노예를 들어서 애굽의 국무총리가 되게 하시는 하나님의 손을 붙잡으십시오.

연약한 목동으로 출발했던 다윗이 왕이 된 후에 고백했던 그 신앙 고백을 들어 보십시오.

나의 힘이 되신 여호와여 내가 주를 사랑하나이다 여호와는 나의 반석이시요 나의 요새시요 나를 건지시는 자시요 나의 하나님이시요 나의 피할 바위시요 나의 방패시요 나의 구원의 뿔이시요 나의 산성이시로다 내가 찬송 받으실 여호와께 아뢰리니 내 원수들에게서 구원을 얻으리로다(시 18:1-3).

부와 귀가 주께로 말미암고 또 주는 만유의 주재가 되사 손에 권세와 능력이 있사오니 모든 자를 크게 하심과 강하게 하심이 주의 손에 있나이다(대상 29:12).

인생의 시련의 순간에 붙잡아야 할 것은 하나님의 손길입니다. 하나님의 약속입니다. 요셉은 할아버지 이삭과 아버지 야곱을 통해서 들었던 하나님의 약속, 아브라함 때부터 전해 내려온 그 약속을 붙잡고 승리했습니다. 시련을 통과함으로써 그의 인격이 열매를 맺었습니다. 결국 요셉은 하나님의 은혜의 손길 아래서 형통한 것입니다.

●　●　●

## 인내의 열매는 풍성한 축복으로 나타난다

인내로 뿌린 씨앗은 반드시 풍성한 열매를 맺게 됩니다. 시련을 통과한 하나님의 사람의 생애는 아름답게 빛납니다. 시련을 통과한 요셉, 시련 속에서 인내를 온전히 이룬 요셉의 생애 속에 하나님은 놀라운 축복을 부어 주셨습니다. 야곱이 비는 축복 기도는 요셉의 생애 속에 현실로 나타납니다. 야곱은 요셉을 위해 다섯 가지 축복을 빕니다.

## 세계적인 인물이 되는 축복

22절에서는 요셉의 가지가 담을 넘었다고 말합니다. 요셉이 가나안 땅을 넘어서 세계로 뻗어 나간 것을 의미합니다.

하나님의 비전은 하나님의 백성이 세계적인 인물이 되는 것입니다. 이 비전은 하나님의 백성 누구에게나 주어졌습니다. 신명기 28장 1절에는 "네가 네 하나님 여호와의 말씀을 삼가 듣고 내가 오늘날 네게 명하는 그 모든 명령을 지켜 행하면 네 하나님 여호와께서 너를 세계 모든 민족 위에 뛰어나게 하실 것이라"고 말씀합니다. 28장 12절에도 "여호와께서 너를 위하여 하늘의 아름다운 보고를 열으사 네 땅에 때를 따라 비를 내리시고 네 손으로 하는 모든 일에 복을 주시리니 네가 많은 민족에게 꾸어 줄지라도 너는 꾸지 아니할 것이요"라고 말씀합니다.

전능하신 하나님을 믿는 백성은 세계적인 인물이 되는 꿈을 가져야 합니다. 그것은 허황된 꿈이 아닙니다. 예수님께서 제자들에게 주신 꿈이 바로 모든 민족을 제자화하는 것이었습니다(마 28:19-20).

세계적인 인물이 되는 것은 두 가지 차원에서 가능합니다. 먼저는 그 명성이 요셉처럼 세계에 알려지는 것을 의미합니다. 그러나 그런 사람은 많지 않습니다. 그렇다면 하나님이 우리에게 주신 세계적인 인물이 되는 비전은 무엇을 의미할까요? 그것은 세계를 가슴에 품고 기도하고, 세계 복음화에 기여하는 것을 의미합니다.

우리는 모두 세계적인 그리스도인으로 부름받았습니다. 시편 2편

8절에는 "내게 구하라 내가 열방을 유업으로 주리니 네 소유가 땅 끝까지 이르리로다"라고 말씀합니다. 우리가 열방을 위해 기도한다면 우리는 이미 세계적인 그리스도인이 된 것입니다. 드러난 인물만이 스타가 아닙니다. 무대 뒤에 선 스타도 하나님의 나라에서 중요합니다. 우리의 가지도 요셉처럼 담을 넘을 수 있습니다. 기도를 통해서, 세계 복음화에 동참함으로써 가능합니다.

## 강성함의 축복

요셉이 받은 축복은 강성함의 축복입니다. 24절을 보면 "그의 팔이 힘이 있으니"라고 말씀합니다. 꿈을 성취하기 위해서는 강해야 합니다. 정상을 정복하기 위해서는 강해야 합니다. 시련을 이기려면 강해야 합니다. 실패와 시련 앞에서 좌절하고 포기하려는 자신을 이기려면 강해야 합니다. 고난 속에서도 희망을 품는 자가 되기 위해서는 강해야 합니다. 요셉은 고난 중에 희망을 품었습니다. 고난 중에 미래를 준비했습니다.

그런 경험을 했던 칼 힐티는 "고난은 미래의 행복을 뜻하며 그것을 준비해 주는 것이다. 그런 경험을 통하여 나는 고난에 직면했을 때 희망을 품었다"라고 말했습니다.

험한 인생에서 승리하려면 강해야 합니다. 꿈꾸는 자는 공격을 받습니다. 영적 전쟁을 겪어야 합니다. 사탄은 우는 사자와 같이 삼킬 자를 찾습니다. 베드로전서 5장 8-9절에는 "근신하라 깨어라 너희 대적 마귀가 우는 사자같이 두루 다니며 삼킬 자를 찾나니 너희는 믿음을 굳게 하여 저를 대적하라 이는 세상에 있는 너희 형제들도 동일한 고난을 당하는 줄을 앎이니라"고 말씀합니다. 사탄에게 이기지 않으면 지게 되어 있습니다. 빼앗지 않으면 빼앗기게 되어 있습니다.

우리는 주기 위해 소유해야 하고 돕기 위해 강해야 합니다. 그것 또한 하나님 나라의 원리입니다. 예수님은 "무릇 있는 자는 받아 넉넉하게 되되 무릇 없는 자는 그 있는 것도 빼앗기리라"(마 13:12)고 말씀했습니다.

요셉은 강했습니다. 그 이유는 하나님이 그와 함께 하셨기 때문입니다. 하나님이 그를 도와 주셨기 때문입니다. 그의 강함은 외적 조건이 아니었습니다. 그의 강함은 그의 내면에 있었고, 그의 성품에 있었습니다. 그 안에 거하신 성령님을 통해서 주어졌습니다(41:38).

시련이 올 때 두려워하지 마십시오. 하나님의 약속을 붙잡고 강하게 서십시오. 하나님은 "두려워 말라 내가 너와 함께 함이니라 놀라지 말라 나는 네 하나님이 됨이니라 내가 너를 굳세게 하리라 참으로 너를 도와 주리라 참으로 나의 의로운 오른손으로 너를 붙들리라"(사 41:10)고 말씀합니다. 주님 안에서 강하십시오. 강한 믿음을 가지십시오. 세상을 이기는 이김은 믿음입니다(요일 5:4).

## 하늘의 신령한 복을 받는 축복

요셉은 눈에 보이는 복보다는 하늘의 신령한 복을 먼저 받은 사람입니다. 25절을 보십시오.

네 아비의 하나님께로 말미암나니 그가 너를 도우실 것이요 전능자로 말미암나니 그가 네게 복을 주실 것이라 위로 하늘의 복과 아래로 원천의 복과 젖 먹이는 복과 태의 복이리로다.

"위로 하늘의 복"은 영적인 복입니다. 가장 중요한 축복은 영적인 축복입니다. 신령한 축복을 받으면 세상의 축복은 저절로 따라옵니다. 신약에서 강조되는 축복도 신령한 복입니다. 예수님이 산상수훈에서 말씀하신 팔 복은 눈에 보이지 않는 복입니다. 성품의 복입니다. 내면의 복입니다. 사도 바울도 신령한 복을 소중히 여겼습니다. 바울은 에베소 교회에 보낸 편지에서 "찬송하리로다 하나님 곧 우리 주 예수 그리스도의 아버지께서 그리스도 안에서 하늘에 속한 모든 신령한 복으로 우리에게 복 주시되"(엡 1:3)라고 말씀합니다.

예수님은 모든 축복의 원천이십니다. 충만의 원천이십니다. 풍부의 근원이십니다. 요한복음 1장 14절에는 "말씀이 육신이 되어 우리 가운데 거하시매 우리가 그 영광을 보니 아버지의 독생자의 영광이요 은혜와 진리가 충만하더라"고 말씀합니다. 골로새서 1장 19절에서도 "아버지께서는 모든 충만으로 예수 안에 거하게 하시고"라고 말씀합니다. 예수님 안에 모든 지혜와 지식의 보화가 담겨 있습니다(골 2:3). 그러므로 예수님을 모신 자는 하늘의 신령한 복을 이미 받은 자입니다.

신령한 복 안에 감추인 엄청난 복이 있습니다. 그 축복은 하나님의 자녀가 되는 신분의 축복입니다(요 1:12). 때를 따라 도우시는 하나님의 은혜를 얻기 위하여 그 은혜의 보좌 앞으로 언제든지 나아갈 수 있는 기도의 축복입니다(히 4:16). 하늘의 시민권을 가진 자요(빌 3:20), 하나님의 나라의 상속자가 된 축복입니다(롬 8:17).

우리는 무엇보다도 하나님께 소속되었다는 소속감, 하나님의 자녀라는 자부심, 성령님이 함께 하신다는 자신감을 가지고 살아야 합니다. 중요한 것은 우리가 이미 소유한 영적인 축복과 권세와 이치를 아는 것입니다. 이런 소중한 영적인 축복을 활용하면 이 땅에 사는 동안 눈에 보이는 놀라운 열매들 또한 경험할 수 있습니다.

하나님의 약속을 받은 것만으로 부족합니다. 그것을 믿어야 합니다. 주장해야 합니다. 약속을 따라 구해야 합니다. 하나님의 말씀을 검처럼 사용해야 합니다. 말씀 속에 나오는 지혜를 나의 지혜로 삼아야 합니다. 우리 안에 계신 성령님과 동업을 하는 지혜가 필요합니다.

하늘의 신령한 축복을 받은 자여! 축복을 받은 자답게 살아가십시오. 때로는 이 땅에서 가난과 시련을 통과할 수도 있습니다. 초대 교회 성도들은 핍박과 환난 속에 살았습니다. 어떤 이들은 순교했습니다. 이 땅에서 누릴 수 있는 모든 영광과 번영을 포기하기도 했습니다. 그러나 그들은 그 가슴에 있는 신령한 축복, 영광스러운 주님을 모신 기쁨으로 모든 것을 초월했습니다. 세계 복음화에 쓰임받고 있다는 기쁨 속에 아름다운 희생의 제물이 되었던 것입니다.

## 땅의 기름진 복을 받는 축복

요셉은 신령한 축복만 받은 것이 아니라 땅의 기름진 복도 함께 받았습니다. 25절에서는 "아래로 원천의 복"이라고 말씀합니다. 위에서 내려오는 복과 함께 아래로부터 나오는 땅의 복도 받았습니다. 애굽의 국무총리가 되었습니다. 영화와 번영을 누렸습니다. 성경에 나오는 많은 하나님의 사람들도 이 땅에서 영화를 누렸습니다. 아브라함도 은금과 육축이 풍부했습니다(13:1). 다윗도 부자였고 솔로몬도 부자였습니다. 예수님의 제자 가운데 아리마대 요셉과 니고데모도 부자였습니다.

하나님이 당신에게 땅의 기름진 복을 주실 때 거절하지 마십시오. 그 이유는 쾌락을 위해 주신 것이 아니라 사명을 위해 주신 것이기 때문입니다.

우리가 지금까지 본 것처럼 요셉의 꿈은 부자가 되거나 권세자가 되는 것이 아니었습니다. 위로 하나님을 섬기는 것과 아래로 사람들을 섬기는 것이었습니다. 목자의 사명을 감당하는 것이었습니다. 요셉은 세상의 물질에 결코 집착하지 않았습니다. 곡식을 팔아 땅을 거두어들일 때도 모두 바로 왕에게 돌렸습니다. 요셉은 그의 성공을 섬김을 위한 디딤돌로만 사용했습니다. 그것 자체를 목적으로 삼지 않았습니다. 철저하게 수단으로 삼았습니다.

요셉의 아름다운 성품은 시련보다 그의 번영 가운데서 더욱 빛났습니다. 그는 번영에 집착하거나 번영 때문에 부패하지도 않았습니다. 번영은 죄가 아닙니다. 이 땅에서 잘 사는 것도 죄가 아닙니다. 부자가 되는 것도 죄가 아닙니다. 예수님도 우리가 부요하길 원하셨습니다. 바울은 "우리 주 예수 그리스도의 은혜를 너희가 알거니와 부요하신 자로서 너희를 위하여 가난하게 되심은 그의 가난함을 인하여 너희로 부요케 하려 하심이니라"(고후 8:9)고 말씀합니다.

그러나 중요한 것은 부를 소유한 자는 요셉처럼 그 사명을 망각해서는 안됩니다. 우리에게 주어진 부는 나누고 베풀기 위해 하나님이 주신 것입니다. 그때 그 부가 하나님의 도구가 되는 것입니다.

우리는 축복의 통로가 되어야 합니다. 하나님은 우리 안에서 우리를 통해 일하시기를 원하십니다. 하나님이 하나님의 자원을 다른 사람들에게 주시고자 하실 때에, 우리가 하나님의 자원을 나누는 통로가 되길 원하십니다.

그래서 신실한 일꾼은 그가 하는 일에 하나님의 축복을 받습니다. 마치 장미를 건네 주는 손에 장미 향기가 남아 있는 것과 같습니다. 옥합을 깨뜨려 주님을 섬겼던 여인의 온 몸에 옥합 향유 냄새가 가득한 축복을 받은 것과 같습니다. 하나님의 축복의 근원이 되십시오. 하나님의 축복의 통로가 되십시오. 축복의 통로가 된 당신의 생애도 풍성한 삶을 누리게 될 것입니다.

## 자녀의 축복

요셉은 자녀의 축복을 받았습니다. 25절에는 "젖 먹이는 복과 태의 복이리로다"라고 말씀합니다. 하나님은 요셉에게 두 아들을 주셨습니다. 므낫세와 에브라임이었습니다. 두 아들은 하나님의 축복의 상징이었습니다. 요셉의 과거의 고난을 잊게 하시고, 그를 창성케 하신 하나님의 은총의 선물이었습니다.

자녀는 하나님의 상급이요, 하나님이 주신 기업입니다. 시편 127편 3-5절에는 "자식은 여호와의 주신 기업이요 태의 열매는 그의 상급이로다 젊은 자의 자식은 장사의 수중의 화살 같으니 이것이 그 전통에 가득한 자는 복되도다 저희가 성문에서 그 원수와 말할 때에 수치를 당치 아니하리로다"라고 말씀합니다.

자녀는 미래의 씨앗과 같습니다. 자녀를 잘 키우면 부모의 노후가 아름답습니다. 야곱이 생의 마지막에 누린 축복이 바로 아들 요셉을 통해 누린 축복입니다. 자녀를 잘 키우십시오. 혹 자녀가 없는 분들이 있습니까? 영적인 자녀를 많이 낳으십시오. 예수님도 바울도 육신의 자녀는 없었습니다. 독신으로 주님을 섬겼던 바울의 영광과 면류관은 그가 낳아서 길렀던 영의 자녀였으며, 성도들이었습니다.

## 작은 꽃 하나도 오랜 세월이 필요하다

하나님은 축복의 하나님이십니다. 야곱이 요셉에게 베풀었던 축복 기도를 우리도 자녀들과 사랑하는 이웃들에게 베풀 수 있습니다. 축복 기도를 드리는 데는 세상의 학위나 배경이 필요한 것이 아닙니다. 돈이 드는 것도 아닙니다. 다만 믿음이 필요합니다.

축복 기도의 능력을 믿고 만나는 사람들에게 복을 빌어 주십시오. 계속해서 복을 빌어 주십시오. 어려운 시련과 역경을 통과하는 사람들에게 복을 빌어 주십시오.

꿈이라는 것은 쉽게 이루어지는 것이 아닙니다. 윌리엄 블레이크는 "하나의 작은 꽃을 만드는 데도 오랜 세월의 노력이 필요하다"고 말했습니다. 그런데 하물며 하나님의 위대한 꿈을 하룻밤 사이에 성취할 수는 없습니다.

> 하나님의 축복의 근원이 되십시오.
> 하나님의 축복의 통로가 되십시오.
> 축복의 통로가 된 당신의 생애도
> 풍성한 삶을 누리게 될 것입니다.

꿈을 성취하기 원하는 자는 꿈 산을 오르십시오. 알랭은 "산은 올라가는 자에게만 정복되는 것을 알라"고 말했습니다. 천천히 오르십시오. 험한 언덕을 오르려면 처음에는 천천히 걸어야만 합니다. 그러나 하나님의 꿈은 결코 실패하지 않습니다. 어떤 공격에도 그 꿈은 좌절될 수 없습니다. 하나님은 그 꿈을 이루십니다.

작은 꿈의 씨앗을 심고, 하나님께 깊이 뿌리를 내리십시오. 폭풍우 몰아치는 시련의 날에 그 뿌리를 더욱 깊이 박으십시오. 머지 않은 날에 하나님이 주신 꿈이 이루어질 것입니다. 그리고 하나님이 약속하신 축복의 열매를 풍성히 맺는 날이 올 것입니다.

# 꿈의 완성은 하나님의 섭리에 있다 16

요셉이 아비를 장사한 후에 자기 형제와 호상군과 함께 애굽으로 돌아왔더라 … 당신들
은 나를 해하려 하였으나 하나님은 그것을 선으로 바꾸사 오늘과 같이 만민의 생명을 구
원하게 하시려 하셨나니 … 요셉이 일백십 세에 죽으매 그들이 그의 몸에 향 재료를 넣고
애굽에서 입관하였더라(창 50:14-26).

## 보이지 않는 손

꿈꾸는 사람 요셉의 마지막 계절에 우리는 와 있습니다. 누군가가
"나이가 들면 추억을 먹고 산다"고 했습니다. 야곱도 요셉도,
그들의 생애 마지막이 다가왔을 때 아름다운 추억을 먹고 살았을 것
입니다. 지나간 날들을 돌아본다는 것은 때로 고통스럽기도 하지만,
그 속에 있는 고귀한 추억들이 우리의 마음을 풍요롭게 합니다. 이제
우리는 요셉과 함께 그의 지나온 날들을 돌아보며, 요셉의 생애 속에
역사하셨던 '보이지 않는 손'이신 하나님의 섭리를 공부하겠습니다.

## 작은 꿈 씨에 담긴 놀라운 미래

인생에는 봄, 여름, 가을, 겨울의 사계절이 있습니다. 앞에서도 본 것처럼 요셉의 생애 속에서도 인생의 사계절이 있었습니다. 우리가 성경에서 처음 요셉을 만났을 때 그의 나이는 십칠 세였습니다. 봄에 새싹이 돋아나듯이 요셉의 생애는 푸르고 아름답게 출발했습니다. 아버지 야곱의 특별한 편애를 받으며 살았던 요셉의 봄은 축복의 계절이었습니다.

요셉이 그의 인생의 봄에 심었던 꿈은 소중한 씨앗이었습니다. 작았지만 고귀한 씨앗이었습니다. 그 작은 씨앗 속에 그토록 놀라운 가능성과 위대함이 담겨 있다는 것은 아무도 몰랐습니다. 요셉 자신도 몰랐습니다. 오직 그 꿈을 주신 하나님 한 분만 아셨습니다. 그 씨앗 속에 야곱의 미래가 담겨 있었고, 이스라엘 민족이 담겨 있었고, 애굽이 담겨 있었고, 수많은 생명이 담겨 있었고, 그 당시 전세계의 운명이 담겨 있었습니다. 구속의 역사의 비밀이 담겨 있었습니다.

그러던 어느 날 요셉의 생애에 폭풍우가 몰아쳐 옵니다. 아버지의 심부름을 나갔던 요셉이 도단에서 형제를 만납니다. 요셉을 미워했던 형제들이 요셉을 구덩이에 던졌습니다. 차마 동생을 죽일 수 없었던 그들은 요셉의 애절한 간청에도 불구하고 그를 상고에게 팔았습니다. 그 순간부터 요셉에게는 무더운 여름이 찾아왔습니다. 가혹하리만큼 따가운 고난의 태양 빛 아래서 요셉은 인생의 여름을 맞이했습니다.

요셉은 보디발의 집에서 종살이를 했습니다. 그는 여름의 고난을 잘 통과했습니다. 끈적끈적한 땀을 흘리면서도 주저앉지 않았습니다. 무더운 여름에도 계속 꿈을 꾸었습니다. 내일을 준비했습니다.

뜨거운 계절에 찾아왔던 유혹은 참으로 가혹했습니다. 보디발의 아내가 그를 유혹했던 것입니다. 청년의 정욕, 그 불타는 육욕에 불을 붙이는 주인집 여인의 유혹은 맹렬한 불과 같았습니다. 그런 맹렬한 불꽃 속에서도 요셉은 자기를 지켰습니다. 그 결과 그는 다시 버림받았습니다. 그가 던져진 곳은 깊고 깊은 감옥이었습니다. 그러나 용광로와 같은 시련의 땅에서 요셉은 잘 견뎌냈습니다.

## 여름 태양 빛 아래 영글어 가는 곡식

요셉은 불평하거나 원망하는 데 시간을 보내지 않았습니다. 그는 오히려 내일을 준비했습니다. 작렬하는 여름 태양 빛 아래 곡식이 영글어 가듯 요셉의 인격은 성숙해 갔습니다. 폭풍우 치는 여름, 숨막히듯 뜨거운 여름을 잘 통과하면서 요셉은 욥과 같은 고백을 할 수가 있었습니다. "나의 가는 길을 오직 그가 아시나니 그가 나를 단련하신 후에는 내가 정금같이 나오리라"(욥 23:10).

13년이라는 뜨거운 여름의 계절이 지났을 때 요셉의 꿈이 성취되는 가을이 그를 기다리고 있었습니다. 요셉은 바로가 꿈을 꾸고 번민할 때 성령님의 도우심을 받아 그의 꿈을 해석해 줍니다. 그 결과로 요셉은 하루아침에 애굽의 국무총리가 되었습니다. 아침에 일어나 보니 모든 것이 달라지는 경험을 한 것입니다. 그의 신분이, 그의 옷이, 그의 차가, 그의 환경이 달라졌습니다. 그의 이름마저도 달라졌습니다.

요셉은 소원을 성취했습니다. 그는 성공했습니다. 그의 꿈이 성취되는 축복을 경험했습니다. 결실의 계절, 추수의 계절에 그는 고난을 잊고도 남을 넉넉한 축복을 받았습니다. 아내를 맞아 결혼했고 므낫세와 에브라임 두 아들을 얻게 되었습니다. 고난 중에 뿌린 씨앗들을 아름답게 거두게 된 것입니다.

요셉의 풍성한 가을이 우연하게 온 것이 아님을 우리는 명심해야 합니다. 그에게 찾아온 풍요로운 가을은 봄에 열심히 씨를 뿌리고, 여름에 부지런히 돌본 결과였습니다. 뜨거운 태양 빛을 통과하고 고난의 용광로를 이겨낸 결과였습니다. 많은 준비가 가져온 결과였던 것입니다.

요셉은 피땀 흘려 맺은 열매를 혼자서 먹지 않았습니다. 그 열매를 나눌 줄 알았습니다. 그는 성공을 섬김의 기회로 삼았습니다. 형통을 넘어서 섬기는 삶을 살았습니다. 그 당시 애굽 백성뿐 아니라 기근으로 죽어가는 열방을 도왔습니다. 또한 그의 사랑하는 아버지와 가족들까지도 돕는 일을 했습니다.

요셉 생애의 마지막은 처음보다 아름다웠습니다. 그는 원수를 축복했습니다. 그를 괴롭힌 사람들에게 원한을 갚지 않았습니다. 오히려 선을 행하고 축복을 베풀었습니다.

## 참된 위대함은 성품에 있다

요셉의 위대함은, 그가 꿈을 성취했다거나 애굽의 국무총리로 성공했다는 데 있었던 것이 아닙니다. 그의 위대함은 그의 고상한 인격에 있었습니다. 하나님을 믿는 그의 신앙 속에 있었습니다. 진정한 의미에서 꿈의 완성은 사건이나 성취 속에 나타나는 것이 아닙니다. 오히려 꿈꾸는 사람의 인격 속에 나타납니다.

본문은 요셉의 생애 가운데 가장 아름다운 장면 중의 하나입니다. 그의 인생의 마지막 계절인 겨울을 얼마나 아름답게 마무리하고 있는지를 보여 줍니다. 끝마무리를 잘하는 사람이 위대한 인물입니다. 최후에 웃는 자가 최후의 승리자입니다. 요셉은 마지막을 아름답게 장

식하기 위해 힘을 비축해 둔 마
라토너와 같이 최후의 순간을
아름답게 장식합니다. 요셉을
요셉 되게 했던 마지막 순간들
이 우리 앞에 전개됩니다. 요셉
의 마지막 생애에 볼 수 있는 그
의 아름다움은 무엇입니까?

진정한 의미에서 꿈의 완성은
사건이나 성취 속에
나타나는 것이 아닙니다.
오히려 꿈꾸는 사람의 인격 속에
나타납니다.

## 끝마무리를 잘하기 위해 용서의 사람이 되라

요셉 생애의 절정은 용서하는 마음에 있습니다. 요셉의 가슴은 용
서하는 가슴이었습니다. 요셉의 품을 넓게 한 것은 그의 용서하는 사
랑 때문이었습니다. 50장은 요셉이 사랑하는 아버지 야곱의 장례식
모습입니다. 요셉은 정성을 다해서 장례를 치릅니다. 아버지의 유언
대로 가나안 땅에 아버지를 안장합니다. 1-6절을 보십시오.

요셉이 아비 얼굴에 구푸려 울며 입맞추고 그 수종 의사에게 명하여 향 재료로 아
비의 몸에 넣게 하매 의사가 이스라엘에게 그대로 하되 사십 일이 걸렸으니 향 재
료를 넣는 데는 이 날수가 걸림이며 애굽 사람들은 칠십 일 동안 그를 위하여 곡
하였더라 곡하는 기한이 지나매 요셉이 바로의 궁에 말하여 가로되 내가 너희에
게 은혜를 입었으면 청컨대 바로의 귀에 고하기를 우리 아버지가 나로 맹세하게
하여 이르되 내가 죽거든 가나안 땅에 내가 파서 둔 묘실에 나를 장사하라 하였나
니 나로 올라가서 아버지를 장사하게 하소서 내가 다시 오리이다 하라 하였더니

바로가 가로되 그가 네게 시킨 맹세대로 올라가서 네 아비를 장사하라.

눈시울을 뜨겁게 하는 야곱의 마지막 장면을 보십시오. 요셉이 죽은 아비 얼굴에 구푸려 울며 입을 맞춥니다. 그토록 사랑했던 아버지가 요셉의 곁을 떠납니다. 그에게 채색 옷을 입혀 주었던 아버지, 형제들이 그토록 싫어했던 그의 꿈을 믿어 주었던 아버지, 애굽에 내려온 이후로 하루 아니 한 순간도 잊을 수 없었던 아버지가 그의 곁을 떠나는 순간입니다. 요셉은 바로에게 아버지를 가나안 땅에 장사하게 해달라고 부탁합니다. 7-9절을 보십시오.

요셉이 자기 아비를 장사하러 올라가니 바로의 모든 신하와 바로 궁의 장로들과 애굽 땅의 모든 장로와 요셉의 온 집과 그 형제들과 그 아비의 집이 그와 함께 올라가고 그들의 어린아이들과 양 떼와 소 떼만 고센 땅에 남겼으며 병거와 기병이 요셉을 따라 올라가니 그 떼가 심히 컸더라.

바로의 허락을 받고 가나안 땅, 자기 고향으로 올라갑니다. 이 장례 행렬을 한 번 상상해 보십시오. 그 고향 사람들이 얼마나 놀라겠습니까? 가난한 시골 사람이 서울에 가서 출세한 다음에 아버지의 장례를 화려하게 치르는 것과 같습니다. 기나긴 장례 행렬과 함께 시골에 갑자기 자가용들이 들어서고, 맛있는 음식으로 온 동네 사람들을 먹이면서 성대한 장례식을 치르는 것과 같습니다. 동네 사람들의 수근대는 소리가 들리지 않습니까? "아무개 아들이 출세했다더니 대단한 장례식을 치르는구면." 그렇게 말하며 부러운 눈으로 쳐다보는 시골 사람들을 생각해 보십시오. 10-13절을 보십시오.

그들이 요단 강 건너편 아닷 타작 마당에 이르러 거기서 크게 호곡하고 애통하며 요셉이 아비를 위하여 칠 일 동안 애곡하였더니 그 땅 거민 가나안 백성들이 아닷 마당의 애통을 보고 가로되 이는 애굽 사람의 큰 애통이라 하였으므로 그 땅 이름을 아벨미스라임이라 하였으니 곧 요단 강 건너편이더라 야곱의 아들들이 부명을 좇아 행하여 그를 가나안 땅으로 메어다가 마므레 앞 막벨라 밭 굴에 장사하였으니 이는 아브라함이 헷 족속 에브론에게 밭과 함께 사서 소유 매장지를 삼은 곳이더라.

요셉은 단순히 고향 사람들에게 그의 출세를 과시하기 위해 이렇게 한 것이 아닙니다. 야곱의 죽음을 애통해 하며 정성을 다해 장례를 치른 것입니다. 요셉은 참으로 멋있는 사람입니다. 부모를 공경할 줄 알았습니다. 성공한 후에도 여전히 친절과 정성으로 아버지를 모셨습니다. 초라한 모습으로 나타난 늙은 아버지를 애굽 사람들과 바로 왕 앞에서 자랑스럽게 이야기했습니다. 그리고 그의 형제들을 사랑했습니다.

그런데 야곱의 장례가 끝났을 때 요셉의 형제들 사이에 큰 문제가 생겼습니다. 장례를 마치고 고센 땅으로 돌아왔을 때 요셉의 형제들은 두려워하기 시작했습니다. 요셉이 아버지 야곱이 죽었으므로 자기들에게 보복할 것이라고 생각한 것입니다. 14-15절을 보십시오.

요셉이 아비를 장사한 후에 자기 형제와 호상군과 함께 애굽으로 돌아왔더라 요셉의 형제들이 그 아비가 죽었음을 보고 말하되 요셉이 혹시 우리를 미워하여 우리가 그에게 행한 모든 악을 다 갚지나 아니할까 하고.

형제들의 머리 속에 남아 있는 죄책감과 두려움과 피해 의식을 보십시오. 요셉의 용서를 믿지 못하고 살아온 인생들입니다. 그들의 심층에 깔린 죄의식이 마지막까지 그들을 괴롭힙니다. 요셉의 형제들은 살아 남기 위해 머리를 씁니다. 또 거짓말을 만들어 냅니다. 그들은 아버지 야곱을 닮아서 머리를 쓰고 말을 만들어 내는 데는 천재적입니다. 16-17절을 보십시오.

요셉에게 말을 전하여 가로되 당신의 아버지가 돌아가시기 전에 명하여 이르시기를 너희는 이같이 요셉에게 이르라 네 형제들이 네게 악을 행하였을지라도 이제 바라건대 그 허물과 죄를 용서하라 하셨다 하라 하셨나니 당신의 아버지의 하나님의 종들의 죄를 이제 용서하소서 하매 요셉이 그 말을 들을 때에 울었더라.

얼마나 기가 막힌 일입니까? 요셉은 형제들의 말을 듣고 웁니다. 요셉은 참 감정이 풍부한 사람입니다. 요셉을 보면서 부러운 것 중에 하나가 그의 눈물입니다. 남자는 울면 안된다고 누가 말했습니까? 우리는 어릴 적부터 "남자는 울면 바보다, 큰 인물이 못된다"는 말을 들어 왔습니다. 그러나 그것은 잘못된 가르침입니다. 울 수 있는 감정이 있다는 것은 축복입니다. 저는 요셉의 눈물을 보면서 "이렇게 눈물이 많은 요셉이 시련의 13년을 어떻게 견딜 수 있었을까?"라는 질문을 가져 봅니다.

아마도 요셉은 많은 눈물을 흘렸을 것입니다. 그리고 사랑하는 아버지와 그의 동생 베냐민을 생각하며 눈물을 닦았을 것입니다. 그가 이루어야 할 꿈을 생각하며 그 쓰라린 아픔들을 극복했을 것입니다. 아버지의 사랑을 부둥켜안고 이겨냈을 것입니다. 무엇보다도 그의 곁에 계시는 하나님을 의지하면서 승리했을 것입니다.

## 망치를 잘 쓰는 사람은 모든 사람을 못으로 본다

요셉의 형제들에게 다시 돌아가 봅시다. 요셉의 형제들 속에 불안이 있습니다. 요셉이 그들에게 복수할 것이라는 불안입니다. 이것은 무엇을 의미합니까? 인간이란 용서를 잘 받아들이지 못한다는 것입니다. 또한 자기 수준으로 모든 사람을 바라본다는 것입니다.

우리는 사물을 눈에 보이는 대로 보는 것이 아니라 보려고 하는 대로 봅니다. 선입견을 가지고 봅니다. 경험이라는 안경을 쓰고 사물과 사건을 바라봅니다. 자신이 이해한 만큼 다른 사람을 이해합니다. "망치를 잘 쓰는 사람은 모든 물건을 못처럼 보려고 한다"는 에이브러햄 매슬로우의 말이 맞습니다. 망치를 잘 쓰는 사람은 모든 사람을 못처럼 보려는 경향이 있습니다.

형제들의 생각 속에는, 자신이 요셉이라도 절대로 용서하지 못할 것이라는 생각이 있는 것입니다. 자신들의 수준으로 요셉을 보고 있습니다. 사실 이 문제는 요셉의 형제들의 문제만이 아니라 우리들의 문제입니다. 우리는 하나님의 용서를 잘 받아들이지 못하고 믿지 못하는 경향이 많습니다. 인간 안에 자리잡고 있는 의심은 무섭습니다. 모든 것을 흔들어 놓습니다. 셰익스피어는 "의심은 마치 배신자와도 같다. 무언가 시도하기를 두려워하게 하여 결국은 우리가 시도함으로써 얻을 수 있는 중요한 것들을 모두 잃게 만든다"고 말했습니다. 의심하면 후퇴하게 됩니다. 의심을 통해 얻을 수 있는 것은 아무것도 없습니다. 잃는 것뿐입니다.

형제들이 요셉의 용서를 의심한 것처럼 우리도 하나님의 용서를 의심할 때가 있습니다. 하나님의 용서가 이해가 안된다는 것입니다. 이렇게까지 죄를 지었는데 하나님이 우리를 용서해 주실 수 있느냐는 것입니다. 그래서 용서를 받고도 용서를 누리지 못합니다.

## 용서의 확신 없이 살아가는 고통

인생에서 가장 괴로운 것은 용서의 확신 없이 인생을 살아가는 것입니다. 사실 용서받지 못한 사람은 고통 중에 살아갑니다. 설령 용서를 받았다 할지라도 용서에 대한 확신이 없는 사람도 여전히 고통 중에 살아갈 수밖에 없습니다. 용서에 대한 확신이 없다는 것은 자기가 지은 죄에 대한 형벌을 기다리며 산다는 것을 의미합니다.

더욱 무서운 것은 내가 고통받는 것을 하나님은 좋아하실 것이라고 생각하는 것입니다. 하나님의 사랑에 대한 무서운 오해가 우리들 안에 있습니다. 그런 모습을 보시는 하나님의 눈에는 눈물이 있습니다. 용서를 믿지 못하고, 스스로 고통 가운데 살아가는 하나님의 자녀들 때문에 하나님은 괴로워하십니다. 용서를 위해 아들을 십자가에서 희생했건만 십자가의 용서 앞으로 나오지 않는 백성들을 보면서 하나님은 가슴 아파하십니다.

요셉은 이런 하나님의 마음을 가지고 형제들을 안타깝게 여깁니다. 그들 때문에 눈물을 흘립니다. 18절은 요셉의 마음을 더욱 아프게 합니다.

그 형들이 또 친히 와서 요셉의 앞에 엎드려 가로되 우리는 당신의 종이니이다.

요셉의 형제들이 그에게 엎드려서 종이라고 말합니다. 누가복음 15장에 나오는 돌아온 탕자와 같습니다. 아버지께 돌아가면서 그는 아들 자격이 없다고 생각합니다. 죄책감 때문입니다. 누가복음 15장

18-19절에는 "내가 일어나 아버지께 가서 이르기를 아버지여 내가 하늘과 아버지께 죄를 얻었사오니 지금부터는 아버지의 아들이라 일컬음을 감당치 못하겠나이다 나를 품꾼의 하나로 보소서 하리라 하고"라고 말씀합니다.

죄는 자기 신분과 존재 가치에 대해 회의를 갖게 합니다. 우리가 경계하고 미워해야 할 것이 바로 죄입니다. 죄는 단순한 마음의 상태가 아닙니다. 심리적 현상이 아닙니다. 인간을 괴롭히는 원흉이요, 관계를 깨뜨리고 파괴하는 세력입니다. 그래서 예수님이 이 땅에 오셨습니다. 죄 때문에 움츠리고 있는 인간에게 먼저 찾아오셔서 우리 죄를 지시고 십자가에서 죽으셨습니다.

탕자가 돌아왔을 때 아버지가 먼저 아들을 알아봅니다. 아버지가 아들을 향해 달려갑니다. 그리고 아들을 안고 입을 맞춥니다. 누가복음 15장 20절에서는 "이에 일어나서 아버지께로 돌아가니라 아직도 상거가 먼데 아버지가 저를 보고 측은히 여겨 달려가 목을 안고 입을 맞추니"라고 말씀합니다. 아버지의 입맞춤은 용서의 표시입니다. 용납의 표시입니다. 다시 기회를 준다는 것을 의미합니다.

그런데도 아들의 고백은 무엇입니까? 누가복음 15장 21절을 보십시오. "아들이 가로되 아버지여 내가 하늘과 아버지께 죄를 얻었사오니 지금부터는 아버지의 아들이라 일컬음을 감당치 못하겠나이다."

아들임에도 아들의 신분을 누리지 못하고 종의 하나로 생각하는 탕자의 모습을 보십시오. 아들의 이야기를 듣는 아버지의 마음은 얼마나 아프겠습니까? 이것이 요셉이 눈물을 흘리는 이유입니다.

요셉의 형제들은 요셉의 친형제임에도 불구하고 종이라고 말합니다. 요셉이 누리는 모든 영화와 축복이 곧 그들의 것임에도 불구하고, 자신들을 종처럼 여기며 엎드립니다. 요셉은 그런 형제들을 온전히 용서합니다. 용서할 뿐만 아니라 그들을 마음껏 축복합니다. 요셉도 똑같은 인간인데 어떻게 형제들을 온전히 용서하고 축복할 수 있었을까요?

● ● ●

# 하나님의 섭리를 믿을 때 용서와 관용을 베풀 수 있다

요셉이 형제들을 용서할 수 있었던 것은 하나님의 섭리를 믿었기 때문입니다. 19-20절을 보십시오.

요셉이 그들에게 이르되 두려워 마소서 내가 하나님을 대신하리이까 당신들은 나를 해하려 하였으나 하나님은 그것을 선으로 바꾸사 오늘과 같이 만민의 생명을 구원하게 하시려 하셨나니.

요셉은 모든 것을 하나님의 섭리의 눈으로 보았습니다. 하나님의 안목으로 모든 사건을 해석했습니다. 요셉이 이해하고 있는 하나님의 섭리는 무엇입니까?

## 하나님은 인간의 실수까지도 선용하신다

요셉은 "당신들은 나를 해하려 하였으나 하나님은 그것을 선으로 바꾸사"라고 말합니다. 물론 요셉을 구덩이에 던지고 팔아 넘긴 형제들의 죄악을 정당화할 수는 없습니다. 그러나 하나님은 그 실수를 통해서도 위대한 하나님의 일을 이루신 전능하신 하나님이십니다.

비록 형제들의 잘못이긴 하지만, 그들이 요셉을 버리고 팔았기 때문에 요셉은 애굽의 국무총리가 되었습니다. 즉 요셉이 그 당시 전세계를 구원하는 하나님의 사람이 된 것입니다. 요셉은 그의 생애를 돌이켜보면서 형제들의 범죄 속에 나타난 하나님의 신비로운 섭리를 보았습니다. 그래서 요셉은 형제들을 용서할 수 있었습니다. 오히려 감사할 수 있었습니다.

그러므로 우리가 억울한 일을 당하거나 불공평한 일을 만났을 때에도 하나님을 의지해야 합니다. 하나님은 인간의 실수나 실패를 통해서도 능히 위대한 일을 이루십니다.

저는 한나의 생애를 보면서 많은 영감을 얻습니다. 하나님의 신비로운 섭리를 봅니다. 한나의 남편 엘가나에게는 두 아내가 있었습니다. 한 여인은 브닌나였고, 또 다른 여인이 한나였습니다. 브닌나는 아들이 있었고 한나는 무자했습니다. 엘가나는 무자한 한나를 불쌍히 여겨 특별한 사랑을 베풀었습니다. 그 모습을 본 브닌나가 한나를 격동시켰습니다. 브닌나는 못된 여자입니다. 아이도 없이 살아가는 한나가 남편의 사랑을 조금 더 받는다고 그를 격동하고 괴롭힙니다.

한나는 고통 중에 하나님께 나아갑니다. 그 원통함을 마음에 담아서 한 맺힌 기도를 드립니다. 아들을 주시면 하나님께 드리겠다는 서원 기도를 드립니다. 하나님이 한나의 기도를 들으시고 주신 아들이 사무엘입니다. 사무엘은 이스라엘의 마지막 사사요, 또한 제사장이었습니다. 이스라엘을 위기에서 구한 하나님의 사람이었습니다. 사무엘 없이 이스라엘의 역사를 생각할 수도 없습니다.

그런데 한나로 하여금 사무엘을 갖도록 했던 장본인은 누구입니까? 엄밀히 따져 보면 브닌나입니다. 그녀의 격동함과 괴롭힘입니다. 하나님은 브닌나의 악함을 선용하셔서 한나로 하여금 기도하게 하셨습니다. 그리고 그녀에게 사무엘을 주셨습니다. 그렇습니다. 하나님은 인간의 실수마저도 선용하시는 분이십니다.

## 하나님의 역사는 인간의 생각을 초월하신다

요셉은 애굽으로 팔려 가면서 그의 꿈은 사라진다고 생각했을지 모릅니다. 하나님의 꿈을 성취하는 것과는 전혀 다른 방향으로 가고 있다고 생각했을 것입니다. 보디발의 집에 들어갈 때 인간 요셉은 절망했을 것입니다. 점점 그의 꿈과는 멀어져 가는 현실에 괴로워했을 것입니다. 가장 고통스러운 순간은 보디발의 아내의 유혹을 물리쳤을 때였을 것입니다. 유혹을 물리친 대가로 던져진 감옥에서, 요셉은 그의 꿈이 좌절되었다고 생각했을 것입니다.

그러나 하나님의 생각은 달랐습니다. 하나님의 생각은 인간의 생각보다 깊고 인간의 생각보다 높았습니다. 이사야 55장 8-9절에는 "여호와의 말씀에 내 생각은 너희 생각과 다르며 내 길은 너희 길과 달라서 하늘이 땅보다 높음같이 내 길은 너희 길보다 높으며 내 생각은 너희 생각보다 높으니라"고 말씀합니다.

요셉을 태우고 떠난 고난의 수레는 그가 소원했던 꿈의 성취와 반대편으로 간 것이 아니었습니다. 오히려 요셉을 태운 고난의 수레는 점점 애굽의 궁중을 향해 달려가고 있었습니다. 하나님의 비밀은 고난 속에 감추어져 있습니다. 하나님의 비밀, 하나님의 지혜는 고난의 십자가에 감추어져 있습니다. 그 고난 속에서 하나님은 하나님의 위대한 영광을 드러내십니다.

그러므로 어떤 사건을 만나든지 쉽게 판단하거나 결론을 내리지 마십시오. 오히려 기대하십시오. 다만 사건을 사건으로만 바라보십시오. 사건에 대한 부정적인 해석을 보류하십시오. 하나님의 인도하시는 손길을 기대를 가지고 바라보십시오. 오히려 사건을 하나님의 안목에서 바라보는 지혜를 소유하십시오.

제 생애를 돌이켜보아도 이해할 수 없는 사건들이 많이 있습니다. 그런데 지금 생각해 보면 그 배후에 하나님의 손길이 있었음을 알게 됩니다. 특별히 제가 서울 신학 대학에 다닐 적에 군목 시험을 쳤다가 떨어진 적이 있었는데 지금 생각해 보면 시험에 떨어진 것이 하나님의 은혜였습니다. 그렇지 않았다면 저는 미국에 유학을 오지 않았을 것이고 유학 생활을 통한 깨어짐과 변화도 없었을 것입니다. 저는 개인적으로 미국 생활을 통해 섬김의 도를 배웠고, 저의 모난 부분들이 깨어지는 많은 은혜를 체험했습니다. 그때는 이해할 수 없었지만 지금 돌이켜보면 하나님의 생각이 저의 생각보다 깊고 높고 위대함을 깨닫게 됩니다.

> 하나님의 사람들에게 우연은 없습니다. 다만 섭리일 뿐입니다.
> 연약함도 하나님의 섭리입니다.

## 하나님은 모든 것을 합력해서 선을 이루신다

요셉이 경험한 하나님은 모든 것을 합력해서 선을 이루시는 하나님이십니다. 20절을 보십시오.

당신들은 나를 해하려 하였으나 하나님은 그것을 선으로 바꾸사 오늘과 같이 만민의 생명을 구원하게 하시려 하셨나니.

하나님은 하나님의 높은 뜻이 이루시길 원하실 때 인간의 실수나 인간의 악함까지도 선용하십니다. 하나님은 요셉의 형제들의 실수를 통해서 만민의 생명을 구원하셨습니다. 이것은 하나님의 섭리입니다. 섭리라는 말은 하나님이 다스리신다는 말씀입니다. 하나님이 붙잡고 계시다는 것입니다. 인간 역사 속에 하나님이 개입하신다는 것입니다. 역사 속에서 하나님이 위대한 목적을 이루어 나가신다는 말씀입니다.

바울은 그의 생애에서 하나님의 섭리를 체험했습니다. 바울은 스데반을 죽이고 교회를 핍박한 핍박자요 훼방자요 잔해자였습니다. 그런데 하나님은 그를 이방인의 사도로 삼으셨습니다. 하나님은 죄인 중의 괴수인 바울을 이방인의 사도로 부르셨습니다. 바울은 그날 이후로 사랑의 사도가 되었습니다. 그가 받은 은혜와 감격 때문에 몸을 돌보지 않을 만큼 열심을 다해 주님을 섬겼습니다. 바울은 "나의 달려갈 길과 주 예수께 받은 사명 곧 하나님의 은혜의 복음 증거하는 일을 마치려 함에는 나의 생명을 조금도 귀한 것으로 여기지 아니하노라"(행 20:24)라고 고백했습니다.

사도 바울은 예수를 팔아 넘긴 가룟 유다, 예수님을 십자가에 못박게 한 이스라엘 백성들, 그리고 예수님을 못박아 죽인 로마 병정들의 손길 속에서 하나님의 신비로운 섭리를 보았습니다. 하나님의 사랑과 지혜를 십자가에서 보았습니다. 그래서 바울은 로마서 8장 28절에서 "우리가 알거니와 하나님을 사랑하는 자 곧 그 뜻대로 부르심을 입은 자들에게는 모든 것이 합력하여 선을 이루느니라"고 말씀합니다.

바울은 하나님의 섭리 속에서 하나님의 사랑을 경험했습니다. 로마서 5장에서 바울은 하나님의 사랑의 시제를 증거합니다. 우리가 죄인되었을 때, 우리가 연약할 때에, 우리가 경건치 아니할 때에, 우리가 하나님과 원수 되었을 때에 …. 바울이 이렇게 고백하는 것은 그의 생애 속에 체험한 하나님의 사랑 때문입니다.

하나님의 사람들에게 우연은 없습니다. 다만 섭리일 뿐입니다. 연약함도 하나님의 섭리입니다. 바울은 육신의 건강을 위해 기도했지만 오히려 연약함 속에서 하나님의 은혜를 경험했습니다. 거절하시는 은혜 속에 담긴 하나님의 섭리를 깨달았던 것입니다.

이와 같은 은혜를 체험했던 한 무명 용사의 신앙 고백을 저는 좋아합니다. 그 글을 늘 가까이 두고 읽곤 합니다.


### 무명 용사의 고백


무엇이나 얻을 수 있는 힘을 달라고
하나님께 구했으나
나는 약한 몸으로 태어나
겸손히 복종하는 것을 배웠노라.

큰일 하기 위해 건강을 구했으나
도리어 몸에 병을 얻어
좋은 일을 할 수 있게 되었고

부를 얻어 행복하기를 간구했으나
나는 가난한 자가 됨으로
오히려 지혜를 배웠노라.

한 번 세도를 부려 만인의 찬사를 얻기 원했으나

세력 없는 자가 되어 하나님을 의지하게 되었고

삶을 즐기기 위해 온갖 좋은 것을 다 바랐건만
하나님은 내게 영생을 주사
온갖 것을 다 즐길 수 있게 되었고

내가 바라고 원하는 것을 하나도 받지 못했으되
은연중 나는 바라는 것을 모두 얻었노니

나는 부족하되 내가 간구치 않던 것까지
다 응답됐노라.

나는 만인 중에 서서
가장 풍성한 축복을 입었노라.
아멘.

## 하나님의 품은 정말 크시다

요셉은 그의 생애 속에 나타난 하나님의 섭리의 손길을 보았습니다. 자기를 팔고 죽이려고 했던 그의 형제들을 여전히 사랑하시는 하나님의 마음을 알았습니다. 하나님의 여유와 부요하심을 알았습니다.
하나님의 품은 정말 크십니다. 그 인자는 커서 하늘에 사무치십니다. 형제들이 요셉을 괴롭힐 때에도 하나님은 그들을 통해 이스라엘 민족을 세우실 것을 계획하셨습니다. 요셉만 사용하신 것이 아니라 요셉의 형제들을 통해 이스라엘의 열두 지파를 삼기로 계획하셨습니다. 요셉은 이처럼 놀라운 하나님의 사랑을 보았기 때문에 그의 형제들을 용서합니다. 아니 간곡히 섬깁니다. 21절을 보십시오.

당신들은 두려워 마소서 내가 당신들과 당신들의 자녀를 기르리이다 하고 그들을 간곡한 말로 위로하였더라.

## 참된 용서는 지속적인 삶의 스타일이다

요셉의 모습이 너무 아름답습니다. 그들을 용서할 뿐만 아니라 그들과 그들의 자녀들을 기르겠다고 말합니다. 그 자녀들까지 책임을 지겠다고 약속합니다. 여기서 우리는 참된 용서가 무엇인지를 배웁니다.

용서란 한 번으로 끝나는 것이 아니라 지속적이어야 합니다. 지속적인 용서, 변함없는 용서가 참된 용서입니다. 용서는 우리 삶의 스타일이어야 합니다. 예수님은 "형제가 내게 죄를 범하면 몇 번이나 용서하여 주리이까 일곱 번까지 하오리이까"라고 묻는 베드로에게 "일곱 번뿐 아니라 일흔 번씩 일곱 번이라도 할지니라"(마 18:21-22)고 말씀하셨습니다.

주님이 가르쳐 주신 기도문 속에는 우리가 매일 해야 할 일이 있습니다. 일용할 양식을 구하는 것과 같이 우리에게 죄 지은 자를 매일 거듭해서 용서해 주는 것입니다. 참된 용서는 용서할 뿐 아니라 책임을 지고 사랑하는 것입니다. 요셉이 바로 그렇게 용서를 베풀었습니다. 용서하는 것만으로 부족합니다. 사랑해야 합니다. 축복을 베풀어야 합니다.

인간은 망각의 동물입니다. 한 번 들은 복음의 메시지를 가지고 평생을 살 수 없습니다. 한 번 들은 사랑의 고백으로 평생을 살 수는 없습니다. 형제들은 요셉이 그들을 용서했다는 이야기를 한 번 듣는 것만으로는 부족했습니다. 거듭 들어야만 했습니다.

우리는 사랑한다는 말을 한 번 듣는 것만으로 부족합니다. 거듭 들어야만 합니다. 바로 이것이 우리가 주일마다 교회에 모여서 말씀을 들어야 하는 또 하나의 이유입니다. 또한 일 년에 한두 번씩 부흥회를 통해 하나님의 사랑의 이야기를 집중적으로 듣는 이유입니다.

인생의 문제는 공급의 문제입니다. 자동차에 기름을 한 번 넣었다고 평생 쓸 수 있는 것은 아닙니다. 아침에 식사를 했다고 해서 평생 동안 먹지 않아도 되는 것이 아닙니다. 영적인 세계도 마찬가지입니다. 우리는 하나님의 사랑의 이야기를 지속적으로 들어야 합니다. 용서의 복음을 계속해서 들어야 합니다. 또한 우리가 만나는 사람들을 용서하고 사랑하는 것도 지속적인 삶의 스타일이 되어야 합니다.

요셉은 인생을 알고 인간을 이해했습니다. 칠 년 흉년이 들었을 때 매년 찾아오는 백성들을 보면서 그들이 다음해에도 찾아올 것을 알았습니다. 왜냐하면 그들에게 지속적인 공급이 필요한 것을 알았기 때문입니다. 요셉은 그의 형제들을 향한 용서와 섬김 역시 계속적으로 거듭 베풀었습니다.

## 최후까지 잘 달려가라

요셉은 하나님을 닮은 사람입니다. 용서하시는 하나님, 관용하시는 하나님을 닮았습니다. 하나님은 정말 자랑스럽게 그를 만드셨습니다. 그의 인물 됨이 하나님의 작품이요, 하나님의 솜씨입니다. 요셉은 가면 갈수록 아름답게 성숙해져 갑니다. 그의 모습을 보면서 우리는 잠언 4장 18절 말씀을 기억하게 됩니다. "의인의 길은 돋는 햇볕 같아서 점점 빛나서 원만한 광명에 이르거니와." 요셉의 인생의 마지막 계절은 정말 아름답습니다. 그는 최후까지 잘 달려갑니다. 22-26절을 보십시오.

> 요셉이 그 아비의 가족과 함께 애굽에 거하여 일백십 세를 살며 에브라임의 자손삼 대를 보았으며 므낫세의 아들 마길의 아들들도 요셉의 슬하에서 양육되었더라 요셉이 그 형제에게 이르되 나는 죽으나 하나님이 너희를 권고하시고 너희를 이 땅에서 인도하여 내사 아브라함과 이삭과 야곱에게 맹세하신 땅에 이르게 하시리라 하고 요셉이 또 이스라엘 자손에게 맹세시켜 이르기를 하나님이 정녕 너희를 권고하시리니 너희는 여기서 내 해골을 메고 올라가겠다 하라 하였더라 요셉이 일백십 세에 죽으매 그들이 그의 몸에 향 재료를 넣고 애굽에서 입관하였더라.

> 인생의 모든 계절은 아름답습니다.
> 당신이 어떤 계절에 이르렀든지 그 곳에서 최선을 다하십시오.
> 서 있는 곳을 아름다운 빛깔로 물들이십시오. 그 자리에서 행복하십시오.
> 정상을 정복하고, 꿈을 성취하기까지 행복을 보류하지 마십시오.
> 도상을 즐거워하십시오.

## 인생의 모든 계절은 아름답다

요셉은 시작은 미약했지만 그의 마지막은 심히 창대했습니다. 거듭 기억합시다. 그의 위대함은 성공이나 성취에 있었던 것이 아니라 그의 성품에 있었습니다. 그의 고상한 인격, 그의 사려 깊은 행동, 그의 뿌리 깊은 신앙에 그의 위대함이 있었습니다. 요셉은 끝마무리를 잘한 지도자였고 끝까지 달려간 하나님의 사람이었습니다.

당신의 생애가 요셉 같은 생애가 되시길 바랍니다. 인생의 모든 계절은 아름답습니다. 각 계절마다 아름다움이 있습니다. 당신이 어떤 계절에 이르렀든지 그 곳에서 최선을 다하십시오. 서 있는 곳을 아름다운 빛깔로 물들이십시오. 그 자리에서 행복하십시오. 정상을 정복하고, 꿈을 성취하기까지 행복을 보류하지 마십시오. 도상을 즐거워하십시오. 하나님이 이끄시는 여행 자체를 즐거워하십시오. 하나님의 섭리의 손길에 자신을 맡기고, 하루하루의 삶에 최선을 다하십시오. 조급하지 마십시오. 점점 빛나서 광명에 이르는 아침 햇살 같은 사람이 되시길 빕니다.

# 믿음의 꿈은 **17** 최후까지 승리한다

믿음으로 요셉은 임종 시에 이스라엘 자손들의 떠날 것을 말하고 또 자기 해골을 위하여 명하였으며(히 11:22).

## 마지막을 아름답게 장식하라

인생의 시작은 대단히 중요합니다. 인생이란 집을 짓는 건축가들은 시작부터가 중요하다는 사실을 잘 압니다. "잘될 나무는 떡잎부터 알아본다"는 말이 있습니다. 출발의 중요성을 강조한 말입니다. 괴테는 "첫 단추를 잘못 꿰면 마지막 단추를 꿸 곳이 없다"라고 말했습니다. 좋은 출발을 한 사람은 이미 높은 건물의 튼튼한 기초를 가진 사람과 같습니다. 좋은 출발은 올바른 목적지를 향해 떠난 기차와 같습니다. 인생에서 중요한 것은 방향입니다. 방향이 잘 설정된 다음에 노력이 필요하고 지혜도 필요한 것입니다.

그럼에도 불구하고 아름다운 시작보다 더 중요한 것은 유종의 미를 거두는 일입니다. 이것이 더 어렵습니다. 많은 사람들이 좋은 시작만큼 아름다운 마지막을 보내지 못합니다. 끝마무리를 잘하는 지도자들이 많지 않습니다. 그래서 사람들은 성공을 두려워합니다. 성공 후에 쓰러진 사람들이 많기 때문입니다.

요셉의 생애는 출발뿐만 아니라 마지막도 아름다웠습니다. 그 비결이 어디에 있을까요? 히브리 기자는 그 비결을 그의 믿음에 두었습니다. 요셉의 생애를 한마디로 요약한 성경이 히브리서 11장 22절 말씀입니다.

> 믿음으로 요셉은 임종 시에 이스라엘 자손들의 떠날 것을 말하고 또 자기 해골을 위하여 명하였으며.

## 오직 믿음으로

요셉은 참으로 훌륭한 인물입니다. 탁월한 성품을 가진 사람입니다. 그 비밀을 신약 성경은 "믿음으로"라는 한마디에 담았습니다. 요셉은 믿음이 있었기에 승리했고 형통했고 축복을 받았습니다. 믿음이 그를 위대하게 만들었습니다. 포기하지 않는 사람, 끈기 있는 사람, 인내하는 사람, 유혹을 물리칠 수 있는 사람이 되게 했습니다. 믿음이 요셉을 감옥에서 건져내어 애굽의 국무총리가 되게 했습니다. 믿음이 마땅히 미워해야 할 형제들, 보복해야 할 형제들에게 오히려 사랑을 베풀게 했습니다. 그들을 용서할 뿐만 아니라 그들을 섬기게 했습니다.

요셉이 붙잡았던 것은 믿음이었습니다. 요셉을 붙잡았던 것도 믿음이었습니다. 믿음은 그를 지탱하는 힘이었습니다. 그를 용기 있게 하고 슬기롭게 한 것도 믿음이었습니다. 믿음은 그를 강하게 했습니다. 믿음이 그에게 승리를, 환희를 가져다 주었습니다. 요셉의 승리는 믿음의 승리였습니다.

## 하나님이 찾으시는 것은 믿음이다

하나님은 사람을 찾으십니다. 믿음의 사람을 찾으십니다. 재능이 있고 똑똑하고 유능한 사람이 아니라 믿음의 사람을 찾으십니다. 오직 하나님 한 분만을 전적으로 의뢰할 사람, 하나님의 말씀에 자신의 생애를 전적으로 의탁할 사람을 찾으십니다. 하나님이 보시는 것은 믿음입니다.

하나님의 나라는 믿음에서 시작해서 믿음으로 끝납니다. 그래서 하나님의 사람들의 전당이라고 부르는 히브리서 11장을 가리켜 믿음의 전당이라고 말합니다. 믿음의 전당은 있어도 사랑의 전당은 없습니다. 사랑은 중요합니다. 그러나 하나님은 사랑보다 믿음을 찾으십니다. 소망도 사랑도 믿음에서 시작되기 때문입니다.

히브리서 11장에 나오는 하나님의 사람들은 모두 '믿음으로' 살았습니다. 그들의 승리의 비결은 오직 믿음이었습니다. 본문 말씀을 통해 배우는 요셉의 믿음의 특징은 무엇입니까?

> 하나님은 사람을 찾으십니다.
> 믿음의 사람을 찾으십니다.
> 오직 하나님 한 분만을 전적으로
> 의뢰할 사람, 하나님의 말씀에
> 자신의 생애를 전적으로
> 의탁할 사람을 찾으십니다.

# 요셉의 믿음은 꿈꾸는 믿음이었다

요셉은 믿음으로 시작했습니다. 믿음을 갖기 시작하는 날부터 인생이 시작됩니다. 보통 사람들이 말하는 것처럼 인생은 20대부터도, 40대부터도 아닙니다. 인생은 하나님을 믿는 날부터 시작됩니다. 인생은 하나님으로부터 시작됩니다. 신약 시대를 사는 우리의 인생은 십자가에서부터 시작되는 것입니다.

요셉의 이야기가 십칠 세에 시작된 것은, 그때부터 그가 구체적인 믿음을 가졌기 때문입니다. 그가 구체적인 믿음을 가졌다는 증거가 그의 꿈속에 나타납니다. 꿈을 가졌다는 것은 믿음을 가졌다는 것입니다. 히브리서 11장 1절에는 "믿음은 바라는 것들의 실상이요 보지 못하는 것들의 증거니"라고 말씀합니다.

믿음은 바라는 것입니다. 바란다는 것은 소원한다는 것입니다. 바란다는 것은 꿈을 갖는다는 것입니다. 바라는 것은 당장 현실에 이루어지는 것이 아닙니다. 믿음이란 장차 이루어질 어떤 것을 바라는 것입니다. 믿음은 현실을 무시하지 않지만 미래 지향적입니다. 믿음과 꿈은 함께 갑니다. 믿음이란 지금 눈에 보이지 않고, 귀에 들리지 않고, 손에 잡히지 않는 위대한 일을 바라보는 것입니다. 믿음은 장차 되어질 일을 보는 눈입니다. 아직 실현되지 않은 일을 눈으로 보고, 손으로 만지고, 가슴으로 느끼는 것이 믿음입니다.

요셉의 꿈은 그의 믿음에 근거했습니다. 그 꿈은 정말로 생동감이 있었고 살아 움직이는 것이었습니다. 요셉의 이야기를 마감하는 자리에서 다시 한 번 그의 꿈 이야기를 들어 봅시다.

37장 6-7절에 "요셉이 꿈을 꾸고 자기 형들에게 고하매 그들이 그를 더욱 미워하였더라 요셉이 그들에게 이르되 청컨대 나의 꾼 꿈을 들으시오 우리가 밭에서 곡식을 묶더니 내 단은 일어서고 당신들의 단은 내 단을 둘러서서 절하더이다"라고 말씀합니다. 37장 9절에는 "요셉이 다시 꿈을 꾸고 그 형들에게 고하여 가로되 내가 또 꿈을 꾼 즉 해와 달과 열한 별이 내게 절하더이다 하니라"고 말씀합니다.

얼마나 구체적입니까? 마치 영화의 한 장면을 보는 것 같지 않습니까? 요셉의 꿈은 그의 형제들이 들을 때는 기분 나쁜 꿈이었습니다. 그러나 요셉은 하나님의 꿈이기 때문에 선포합니다. 믿음으로 선포하는 것입니다. 믿음으로 고백하는 것입니다. 사람들이 어떻게 생각하느냐보다 하나님이 어떻게 생각하시느냐가 더욱 중요한 것입니다.

## 믿음은 모험이다

믿음의 사람들의 특징은 요셉처럼 꿈을 꿉니다. 현재에 안주하지 않습니다. 비전을 보고 내일을 향해 과감하게 나아갑니다. 요셉은 십칠 세의 나이에 믿음으로 그의 인생을 시작했습니다. 인생의 첫 출발을 믿음으로 시작했습니다.

믿음으로 시작한 인생에는 내용이 있습니다. 아브라함이 믿음으로 걸어갈 때 그의 인생에는 내용이 있었습니다. 그러나 그가 믿음의 길을 떠나 하갈에게서 이스마엘을 낳았을 13년이란 기나긴 세월 동안에는 아무런 내용이 없습니다. 하나님도 침묵하셨습니다. 성경은 그 기간 동안 아브라함에 대해 아무 기록도 남기지 않았습니다.

믿음으로 걸어가는 길은 결코 안락하거나 편안한 길이 아닙니다. 그 길에는 모험이 있고, 하나님의 동행하심이 있고, 새로운 인생의 경험이 있습니다. 믿음의 길을 걷기 위해서는 떠나야 하고 버려야 하고 비워야 합니다. 믿음의 방향으로 걸어가기 위해 다른 모든 방향을 포기해야 합니다. 그러나 그 길은 축복의 길입니다. 한 평범한 사람을 비범하게 만들며, 무명의 존재를 유명의 존재로 변화시켜 줍니다.

## 겨자씨만한 믿음을 소중히 여기라

요셉의 믿음이 처음부터 큰 것은 아니었습니다. 작은 믿음을 소중히 가꾸는 가운데 그의 믿음은 성장했습니다. 처음에는 겨자씨만한 믿음에서 출발했습니다. 예수님은 작은 믿음을 크게 보셨습니다. 마태복음 17장 20절에서 "가라사대 너희 믿음이 적은 연고니라 진실로 너희에게 이르노니 너희가 만일 믿음이 한 겨자씨만큼만 있으면 이 산을 명하여 여기서 저기로 옮기라 하여도 옮길 것이요 또 너희가 못할 것이 없으리라"고 말씀합니다.

작은 겨자씨가 생명입니다. 씨는 자라게 되어 있습니다. 씨는 변화됩니다. 씨는 열매를 맺게 되어 있습니다. 믿음의 시작은 겨자씨처럼 작습니다. 그러나 그 겨자씨만한 믿음이 놀라운 미래를 창조해 냅니다.

● ● ●

# 요셉의 믿음은 하나님의 약속을 신뢰하는 믿음이었다

요셉의 믿음은 막연한 믿음이 아니었습니다. 믿음의 대상이 분명했습니다. 요셉은 하나님을 믿었습니다. 그의 믿음은 스스로가 만들어낸 신념이나 자기 암시가 아니었습니다. 요셉은 꿈을 주신 하나님을 믿었습니다. 전능하신 하나님을 믿었습니다. 그에게 지혜를 주시고 그를 인도하시는 하나님을 믿었습니다. 바로가 그의 꿈을 해석해 달라고 부탁했을 때 그는 꿈을 해석하시는 분은 자신이 아니라 하나님이심을 고백했습니다.

> 믿음으로 걸어가는 길은 결코 안락하거나 편안한 길이 아닙니다. 그 길에는 모험이 있고, 하나님의 동행하심이 있고, 새로운 인생의 경험이 있습니다. 믿음의 길을 걷기 위해서는 떠나야 하고 버려야 하고 비워야 합니다.

41장 15-16절에서 "바로가 요셉에게 이르되 내가 한 꿈을 꾸었으나 그것을 해석하는 자가 없더니 들은즉 너는 꿈을 들으면 능히 푼다더라 요셉이 바로에게 대답하여 가로되 이는 내게 있는 것이 아니라 하나님이 바로에게 평안한 대답을 하시리이다"라고 말씀합니다.

요셉의 생각과 언어 속에서 하나님은 결코 떠나지 않았습니다. 요셉은 사람을 움직이시고 역사를 움직이시고 모든 것을 주관하시는 하나님을 믿었습니다. 아브라함과 이삭과 야곱의 하나님을 믿었습니다.

요셉이 소유한 하나님에 대한 믿음이 그를 위대하게 만들었습니다. 그는 주만 바라보는 삶을 살았습니다. 해바라기가 해만 바라보듯이 요셉은 하나님만을 바라보며 살았습니다. 그는 오직 하나님만을 의지했습니다. 요셉은 전능하신 하나님을 믿었을 뿐만 아니라 하나님의 약속을 믿었습니다. 하나님이 아브라함에게 약속하신 말씀을 믿었고 그 약속이 성취될 것을 믿었습니다.

요셉이 그의 생애 마지막에 남긴 유언이 50장 24-26절에 나옵니다.

요셉이 그 형제에게 이르되 나는 죽으나 하나님이 너희를 권고하시고 너희를 이 땅에서 인도하여 내사 아브라함과 이삭과 야곱에게 맹세하신 땅에 이르게 하시리라 하고 요셉이 또 이스라엘 자손에게 맹세시켜 이르기를 하나님이 정녕 너희를 권고하시리니 너희는 여기서 내 해골을 메고 올라가겠다 하라 하였더라 요셉이 일백십 세에 죽으매 그들이 그의 몸에 향 재료를 넣고 애굽에서 입관하였더라.

요셉은 하나님이 그들을 돌아보시고, 그들을 애굽 땅에서 아브라함과 이삭과 야곱에게 맹세하신 땅에 이르게 될 것을 확신했습니다. 이 약속은 15장 13-14절에 나와 있습니다.

여호와께서 아브람에게 이르시되 너는 정녕히 알라 네 자손이 이방에서 객이 되어 그들을 섬기겠고 그들은 사백 년 동안 네 자손을 괴롭게 하리니 그 섬기는 나라를 내가 징치할지며 그 후에 네 자손이 큰 재물을 이끌고 나오리라.

아브라함은 이 언약을 이삭에게 전했고, 이삭은 야곱에게, 야곱은 요셉에게 전했습니다. 하나님의 언약이 이렇게 연결되는 것을 볼 때 신앙의 유산이 얼마나 아름다운지 모릅니다.

사람은 왔다 가도 하나님의 약속은 남습니다. 하나님의 약속은 분명히 이루어집니다. 이것이 요셉의 신앙의 위대함입니다. 그는 하나님이 주신 꿈을 붙잡았습니다. 그는 하나님이 주신 언약을 붙잡았습니다. 그리고 그 약속의 성취를 최고의 영광으로 알았습니다. 그래서 그는 그의 생애 마지막에 믿음으로 그 약속이 성취될 것을 확신하며 자기의 해골을 가나안 땅으로 가져 갈 것을 부탁합니다.

믿음은 항상 미래를 보게 합니다. 믿음은 시대를 초월하고 사람을 초월합니다. 요셉의 믿음은 요셉이 죽은 지 400년 만에 성취됩니다. 애굽의 바로 왕의 학대를 받던 이스라엘 백성들이 모세와 함께 애굽에서 나올 때에 그들이 요셉의 해골을 취하여 나갑니다.

출애굽기 13장 18-19절에 "그러므로 하나님이 홍해의 광야 길로 돌려 백성을 인도하시매 이스라엘 자손이 애굽 땅에서 항오를 지어 나올 때에 모세가 요셉의 해골을 취하였으니 이는 요셉이 이스라엘 자손으로 단단히 맹세케 하여 이르기를 하나님이 필연 너희를 권고하시리니 너희는 나의 해골을 여기서 가지고 나가라 하였음이었더라"고 말씀합니다.

## 바랄 수 없는 중에 바라보는 믿음은 위대하다

이 말씀 속에서 이스라엘 민족의 위대함을 다시 한 번 보게 됩니다. 그들은 하나님의 약속이 성취될 것을 믿었습니다. 혹독한 고난 중에도 언젠가는 하나님이 약속하신 일이 성취될 것을 믿었습니다. 그래서 그들은 요셉이 자기의 해골을 취하여 가나안 땅으로 가져 가라는 유언을 대대로 전달했던 것입니다. 그 사실을 안 모세가 요셉의 해골을 손수 취하였습니다. 그리고 모세는 그 사실을 출애굽기에 남겼습니다.

요셉이 임종 시에 한 유언을 가장 소중한 믿음으로 히브리 기자가 기록한 이유가 여기에 있습니다. 요셉은 하나님의 약속을 바랄 수 없는 중에 바랐던 것입니다. 믿을 수 없을 때에도 믿었습니다. 요셉의 믿음을 이스라엘 백성들은 전수받았습니다. 애굽에서 430년이란 기나긴 고난 중에도 그들은 하나님의 약속을 붙잡고 살았습니다. 이것이 참된 믿음입니다. 참된 믿음은 하나님의 약속을 신뢰하는 것입니다. 환경과 조건과 느낌을 초월해서 그대로 믿는 것입니다.

# 요셉의 믿음은 행동하는 믿음이었다

요셉의 믿음은 살아 있는 믿음이었습니다. 관념적이거나 추상적인 믿음이 아니었습니다. 살아 역사하는 믿음이었습니다. 행동하는 믿음이었습니다. 믿음으로 시작한 것도 중요하지만 믿음으로 사는 것은 더욱 중요합니다. 믿음으로 시작한 사람은 많지만 계속해서 믿음으로 그 길을 걸어가는 사람은 소수에 불과합니다. 그래서 히브리서 11장에 나오는 믿음의 영웅들은 많은 숫자가 아닙니다.

바울은 믿음으로 시작했다가 믿음을 지키지 못한 사람의 모습을 말씀했습니다. "데마는 이 세상을 사랑하여 나를 버리고 데살로니가로 갔고 …"(딤후 4:10). 우리는 믿음 위에 자기를 건축해야 합니다. 유다서 1장 20절에는 "사랑하는 자들아 너희는 너희의 지극히 거룩한 믿음 위에 자기를 건축하며 성령으로 기도하며"라고 말씀합니다. 거룩한 믿음 위에 자기를 건축하는 것이 믿음으로 사는 것입니다.

예수님께 뿌리를 내리기 시작한 사람들에게 필요한 것은 믿음을 견고히 하는 것입니다. 바울은 "그 안에 뿌리를 박으며 세움을 입어 교훈을 받은 대로 믿음에 굳게 서서 감사함을 넘치게 하라"(골 2:7)고 말씀합니다. 우리는 바울의 권면처럼 믿음에 굳게 서야 합니다. 요셉은 믿음에 굳게 선 삶을 살았습니다. 그의 믿음의 특징은 무엇이었을까요?

## 믿음은 뒤로 물러서지 않는다

요셉의 믿음의 특징은 뒤로 물러서지 않는 것입니다. 히브리서 10

장 38절에서는 "오직 나의 의인은 믿음으로 말미암아 살리라 또한 뒤로 물러가면 내 마음이 저를 기뻐하지 아니하리라 하셨느니라"고 말씀합니다. 하나님 나라는 믿음의 나라입니다. 믿음은 전진하는 것입니다. 때로 잠시 멈추어 설 수 있습니다. 그러나 그것은 후퇴를 위함이 아니라 전진을 위한 것입니다. 누가복음 9장 62절에는 "예수께서 이르시되 손에 쟁기를 잡고 뒤를 돌아보는 자는 하나님의 나라에 합당치 아니하니라 하시니라"고 말씀합니다.

믿음으로 사는 사람은 뒤를 돌아보아서는 안됩니다. 바울처럼 푯대를 향하여 달려가야 합니다. 믿음으로 산다는 것은 끝없이 전진하는 것입니다.

## 믿음은 미래를 준비한다

요셉은 미래를 준비하는 믿음을 가졌습니다. 믿음은 내일에 대한 확신을 갖고 오늘을 사는 것입니다. 미래에 대한 확신이 있는 사람은 미래를 준비합니다. 내일에 대한 믿음을 가진 사람만이 오늘 피눈물 나는 노력을 합니다. 훈련된 삶을 삽니다. 훈련이란 스코트 펙의 말처럼 고통을 먼저 선택하고 즐거움을 나중에 누리는 것입니다. 요셉의 아름다움은 기다리는 13년 동안 준비하는 삶을 살았다는 것입니다.

**인생은 기다림입니다.** 그러나 무조건 기다린다고 해서 미래가 모두 아름답게 열리는 것이 아닙니다. 준비하며 기다리는 자에게 미래가 아름답게 열립니다. 요셉은 보디발의 집에서 종살이하면서 애굽의 언어와 문화를 익혔습니다. 감옥에서 술 맡은 관원, 떡 맡은 관원과 함께 지내면서 애굽의 정치를 배웠습니다. 장관들의 세계를 익혔습니다. 다른 종들이 잠을 자고 운명을 탓하고 있을 때 요셉은 공부했습니다. 실력을 쌓았습니다. 피나는 훈련을 통해서 자신 안에 잠재된 가능성을 개발했습니다. 눈물로 씨를 뿌렸습니다. 그 결과는 분명했습니다. 상급과 축복으로 찾아왔습니다.

시편 기자는 "눈물을 흘리며 씨를 뿌리는 자는 기쁨으로 거두리로다 울며 씨를 뿌리러 나가는 자는 정녕 기쁨으로 그 단을 가지고 돌아오리로다"(시 126:5-6)라고 말씀합니다. 당신은 내일에 대한 비전을 가지고 오늘 눈물을 흘리며 씨를 뿌리고 있습니까? 울며 씨를 뿌리러 나가고 있습니까? 씨는 눈물과 함께 뿌려져야 합니다. 우리는 그 동안 요셉의 생애를 연구하면서 그의 눈물 흘리는 모습을 보았습니다. 요셉은 눈물로 미래를 준비했습니다.

지혜로운 자는 미래를 준비합니다. 우리가 잊지 말아야 할 사실은 준비만큼은 자신이 해야 한다는 사실입니다. 많은 것을 다른 사람이 대신해 줄 수 있습니다. 그러나 미래를 위한 준비만큼은 자신이 해야 합니다. 신랑을 기다리는 처녀들이 기름을 준비하는 일은 누구도 도와 줄 수 없는, 자신들이 해야 할 일이었습니다.

**하나님의 기회는 준비하는 자에게 찾아옵니다.** 미래를 품은 사람의 준비가 얼마나 중요한지를 우리는 남아공의 지도자 만델라에게서 배울 수 있습니다. 백인 독재 정권의 탄압이 점점 유혈로 치달아 가는 정세에서 만델라는 독자적으로 "민족의 창"이라는 무장 투쟁 조직을 만들었습니다.

얼마 후 만델라는 체포되어 종신형을 선고받았습니다. 저 악명 높은 로빈슨 감옥의 돌 깨는 노역장에서 징역살이를 해야 했습니다. 그런데 만델라는 함께 구속된 다른 지도자들과는 분명히 다른 모습을 보였습니다. 그는 하루도 빠짐없이 열심히 운동을 했습니다. 그것은 60년대 남아공에서는 누가 봐도 유별난 짓이었습니다. 뿐만 아니라 그는 감옥에 들어오는 신세대 운동가들을 찾아 쉼 없는 열정으로 토론하고, 백인 교도관들을 통해 몰래 신문을 들여와 보면서 바깥 세계의 변화된 정보를 감지하려고 노력했습니다. 또한 옥중 처우 개선을 위해 긴장된 투쟁과 동시에 유연한 협상을 통해 자기 역량을 축적했습니다.

격렬한 싸움 속에서도 만델라는 복수의 칼을 가는 것이 아니라 끝없는 용서의 미덕을 쌓았습니다. 그의 얼굴은 아름답게 빛났습니다. 감옥에서 기다리는 27년 동안 그는 미래를 준비했습니다. 만델라는 단지 27년의 긴 감옥살이 때문에 유명해진 것이 아닙니다. 27년 간의 미래를 위한 준비와, 27년의 단절을 뚫고 살아난 재창조의 능력 때문에 긴 감동을 준 것입니다.

요셉의 생애가 우리에게 감명을 주는 것도 단순히 그가 13년의 고통스런 시간을 견뎌 낸 것 때문이 아닙니다. 그는 시련과 역경 중에도 준비하기를 쉬지 않았습니다. 그는 눈물을 흘리며 씨를 뿌렸습니다. 복수의 칼을 가는 것이 아니라 사랑하는 가족들을 생각하며 내일을 준비했습니다. 하나님이 기회를 주실 때 꿈을 성취하기 위해 내일을 준비했습니다.


## 믿음은 인내하는 것이다

요셉은 인내할 줄 알았습니다. 인생의 시련에도 낙심하지 않고 때를 기다렸습니다. 끈기 있게 기다렸습니다. 끈질김은 요셉의 탁월한 삶의 모습이었습니다. 그는 포기하지 않았습니다. 힘들 때에도 조용히 기다렸습니다.

믿는 자는 인내합니다. 사랑하는 사람의 변화를 믿는 사람은 그를 향하여 인내합니다. 언젠가는 환경이 변화될 것이라는 믿음을 가진 사람은, 환경에 대해서 오래 참고 견디어 냅니다. 요셉은 고난의 때에 더욱 하나님을 의지하며 인내했습니다. 인내를 이룬 사람은 모든 것에 준비된 사람입니다.

야고보 사도는 "이는 너희 믿음의 시련이 인내를 만들어 내는 줄 너희가 앎이라 인내를 온전히 이루라 이는 너희로 온전하고 구비하여 조금도 부족함이 없게 하려 함이라"(약 1:3-4)고 말씀합니다. 인내하는 사람은 부족함이 없는 사람입니다. 인내하는 성품은 쉽게 만들어지지 않습니다. 고난을 통과하면서 만들어집니다. 훈련된 인격이 인내입니다. 인내의 열매는 아름답습니다. 야고보 사도는 "보라 인내하는 자를 우리가 복되다 하나니 너희가 욥의 인내를 들었고 주께서 주신 결말을 보았거니와 주는 가장 자비하시고 긍휼히 여기는 자시니라"(약 5:11)고 말씀합니다.

믿음으로 가는 길에 가장 무서운 유혹은 낙담입니다. 포기하려는 마음입니다. 중간에 포기하고 싶은 마음입니다. 우리 인생에서 가장 중요한 것 중에 하나는 끈질기게 인내하는 것입니다. 그냥 인내하는 것이 아니라 선 자리에서 최선을 다하면서 기다리는 것입니다.

## 끈질긴 인내는 결과를 낳습니다.

우리가 잘 아는 소설 가운데 「바람과 함께 사라지다」가 있습니다. 이 글을 쓴 사람은 마가릿 미첼입니다. 그녀는 처음부터 인기 있는 작가가 아니었습니다. 남북 전쟁의 종군 기자였던 미첼은 전쟁터에서 부상을 당하고 고향 애틀란타에 돌아와 휴양을 하고 있었습니다. 이

휴양 기간에 구상한 소설이 「바람과 함께 사라지다」였습니다.

5년 동안 심혈을 기울여 완성했지만 어느 누구도 출판을 해주지 않았습니다. 무명 작가의 소설을 출판한다는 것은 큰 모험이었기 때문입니다. 그래도 미첼은 낙심하지 않고 여러 출판사를 찾아 헤맸습니다. 아무런 성과 없이 7년이란 세월이 흘렀습니다.

그러던 어느 날 신문을 보는데 "뉴욕의 대 출판사인 맥밀란의 사장 레이슨이 애틀란타에 왔다가 기차로 돌아간다"는 간단한 기사가 눈에 띄었습니다. 이 기사를 본 미첼은 원고 보따리를 가지고 역으로 달려 갔습니다. 그리고 막 승차를 하려는 레이슨 사장에게 원고 보따리를 주면서 이렇게 말했습니다. "사장님, 이건 제가 쓴 소설인데 읽어 보시고 관심이 있으시면 연락해 주십시오."

그러나 레이슨 사장은 원고 보따리를 선반 위에 집어던지고 관심조차 두지 않았습니다. 기차를 타고 두 시간쯤 갔을 때 여객 차장이 전보 한 장을 갖다 주었습니다. "레이슨 사장님, 원고를 읽어 보셨습니까? 아직 안 읽으셨다면 첫 페이지라도 읽어 주십시오. 미첼 올림."

전보를 받고서도 별 관심 없이 두 시간쯤 갔을 때, 또 다시 같은 내용의 전보가 날아왔습니다. 그래도 레이슨은 관심을 갖지 않았습니다. 그 후 또 두 시간이 지난 뒤 세 번째 전보가 배달되었습니다. 그제야 레이슨은 '도대체 무슨 얘길 썼길래 이 야단인가?' 하고 원고 보따리를 풀어서 첫 페이지를 읽기 시작했습니다. 그리고는 기차가 뉴욕역에 도착하는 것도 모르고 그 내용에 심취되었습니다.

이렇게 어려운 진통을 겪고 빛을 보게 된 「바람과 함께 사라지다」는 출판되자마자 파란을 일으켰습니다. 나중에는 영화로까지 제작되어 불후의 명작으로 남게 되었습니다.

힘이 드십니까? 조금더 인내하십시오. 한 번 더 기도하십시오. 한 번 더 노력하십시오. 마침내 축복된 열매를 맺게 될 것입니다.

매독의 치료법을 개발한 애를리히는 무려 606번의 실험 끝에 성공의 단맛을 만끽했습니다. 거꾸로 말하면 성공을 위해 605번의 실패를 겪은 셈입니다. 그 기간 동안 그가 겪었을 좌절은 굳이 설명하지 않아도 쉽게 짐작이 갈 만합니다.

자동차의 대명사처럼 불리는 헨리 포드는 871대의 자동차를 만든 다음에야 겨우 사람이 탈 만한 것을 만들었습니다. 공기 타이어는 무려 40년의 연구 결과 개발에 성공했습니다.

또 뉴욕과 브루클린을 잇는 초대형 걸침 다리는 존 로블링, 워싱톤 부자가 2대에 걸쳐 13년 간 온 힘을 다 바친 끝에 완성되었습니다.

## 믿음은 환경 속에서 하나님의 섭리의 손길을 보는 것이다

믿음은 하나님의 눈으로 환경을 바라보는 것입니다. 우리 인생에 우연은 없습니다. 하나님이 우리의 인생 길을 섭리하십니다. 요셉은 자신이 버림받고 오해받은 모든 사건 속에서 하나님의 손길을 보았습니다. 그리고 모든 사건을 하나님의 손길 속에서 해석했습니다. 하나님을 믿는 사람만이 할 수 있는 일입니다.

애굽의 국무총리가 20년 전에 자기들이 팔았던 요셉임을 알고 두려워하는 형제들에게 요셉은 이렇게 말합니다. "당신들이 나를 이곳에 팔았으므로 근심하지 마소서 한탄하지 마소서 하나님이 생명을 구원하시려고 나를 당신들 앞서 보내셨나이다"(45:5). 형제들이 요셉을 판 일을 하나님의 섭리의 안목에서 말합니다. 그는 믿음의 눈으로 자신의 인생을 바라보았습니다.

환경 속에서 보이지 않는 하나님의 손을 볼 수 있는 사람은 환경에 순종하게 됩니다. 환경이라는 폭풍우를 타는 지혜가 있습니다. 환경 속에서 역사하시는 하나님 앞에 순종합니다. 당신은 어떤 눈으로 인생을 바라보십니까? 어떤 눈으로 우리의 삶에 전개되는 사건을 해석하십니까? 믿음을 가진 사람은 항상 넓은 전망을 가지고 인생을 봅니다. 근시안이 아니라 원시안적인 안목을 가지고 사건을 봅니다. 당신의 모든 환경 속에서 하나님의 섭리의 손길을 볼 수 있는 믿음을 소유하시길 바랍니다.

**믿음에는 상이 따라 옵니다.** 하나님은 요셉의 믿음을 보시고 그에게 상을 주셨습니다. 사람마다 그 시기와 방법은 다르지만 하나님은 믿음으로 사는 사람을 반드시 축복하십니다. 히브리서 11장 6절에서는 "믿음이 없이는 기쁘시게 못하나니 하나님께 나아가는 자는 반드시 그가 계신 것과 또한 그가 자기를 찾는 자들에게 상 주시는 이심을 믿어야 할지니라"고 말씀합니다.

요셉이 받은 상은 무엇입니까? 그는 형통했습니다. 국무총리가 되었고 결혼도 했고 두 자녀도 두었습니다. 그러나 그것이 그에게 주신 하나님의 상이 아니었습니다. 무엇보다도 요셉 자신의 변화가 그가 받은 상이었습니다. 하나님이 요셉에게 주신 가장 큰 상은 존재의 변화입니다. 가장 큰 상급은 과업 성취를 통해 드러나는 결과보다 과업을 성취하는 사람의 변화에 있습니다. 성품의 열매 속에 있습니다.

**'열매'와 '결과' 사이에는 차이점이 있습니다.** 우리는 확실한 공식과 법칙을 따르면 결과를 얻게 됩니다. 과업을 성취하기도 하고 성공하기도 합니다.

사람을 이용하거나 스스로 카리스마적인 존재로 변모할 때 '결과'

를 얻을 수 있습니다. 그런 반면 '열매'는 생명으로부터 나옵니다. 뿌리 깊은 영성으로부터 '열매'가 나옵니다. 그리스도와 연합해서 생명을 공급 받고, 성령님을 통해 생명수를 공급 받을 때 열매가 맺힙니다. 하나님과 함께 하나님을 통해 일할 때, 작은 씨는 풍성한 열매를 맺게 됩니다. 그리고 그 열매 속에는 더 많은 열매를 맺을 수 있는 생명의 씨가 담겨 있습니다.

요셉은 성취나 결과만을 추구한 사람이 아니었습니다. 그에게는 사람을 이용하거나 조정한 흔적이 없습니다. 물론 그는 지혜로웠습니다. 이성과 신앙의 조화를 이루었고, 목표를 설정하고 계획을 세우는 지혜가 있었습니다. 마땅히 치러야 할 대가를 치를 줄 알았고, 미래를 위해 피땀 흘려 가며 준비할 줄 아는 사람이었습니다.

> 환경 속에서 보이지 않는
> 하나님의 손을 볼 수 있는 사람은
> 환경에 순종하게 됩니다.
> 환경이라는 폭풍우를 타는
> 지혜가 있습니다.
> 환경 속에서 역사하시는
> 하나님 앞에 순종합니다.

그러나 그는 이 모든 일을 하나님과 함께 시작했습니다. 하나님과 함께 꿈을 성취했습니다. 성령님의 인도를 받았습니다. 성령님의 풍성한 성품의 열매를 맺으면서 하나님의 과업을 성취했습니다.

그는 결과를 위해 살았던 사람이 아닙니다. 순간순간 하나님의 뜻을 실현했고, 아름다운 성품의 열매를 드러냈습니다. 요셉이 하나님께 받은 상은 성공과 출세라는 결과가 아니라 그의 성품이라는 열매였습니다. 우리가 요셉을 성경에서 처음 만났을 때 그의 나이는 십칠 세였습니다. 그는 미숙했습니다. 형제들의 허물을 아버지에게 고자질한 소년이었습니다. 아버지의 편애를 사양하지 않고 받아 누렸던 소년이었습니다. 채색 옷을 입고 우쭐대던 소년이었습니다. 그가 꾼 꿈을 형제들의 입장에서 생각도 해보지 않고 자랑했던 그였습니다. 그런 요셉이 지금은 변화된 모습으로 우리 앞에 우뚝 서 있습니다. 요셉 자신의 변화는 그의 생애에 그가 받은 가장 큰 축복이었습니다. 요셉은 하나님의 기쁨이 되었습니다. 하나님의 성품을 닮은 인물이 되었습니다.

요셉은 구약에 나타난 인물 가운데 예수님의 모습을 가장 많이 닮은 사람입니다. 그가 형제들의 버림을 받은 것과 은 이십 개에 팔려간 사실, 고난을 통과하면서도 인내한 모습 속에서 우리는 예수님의 모습을 보게 됩니다. 보디발의 아내의 유혹을 이긴 모습, 그의 형제들을 끝까지 용서한 모습, 자신의 성공을 섬김의 기회로 삼고 그 당시 전인류를 섬긴 사실들이 예수님의 모습을 가장 닮은 점입니다.

원수마저도 용서하는 인물, 용서할 뿐 아니라 그들에게 축복을 베푸는 인물이 된 것은 요셉의 가장 큰 영광이었습니다. 잠언 19장 11절에는 "노하기를 더디하는 것이 사람의 슬기요 허물을 용서하는 것이 자기의 영광이니라"고 말씀합니다. 요셉은 이와 같은 영광을 그의 생애 마지막에 누렸습니다.

당신은 어떤 상급을 원하십니까? 물론 물질적인 축복, 환경적인 축복, 자녀와 남편을 위한 상급도 중요합니다. 그러나 요셉처럼 당신 자신의 변화와 성숙을 상급이라고 생각해 본 적은 없습니까?

## 가장 큰 축복과 상급은 하나님 자신이시다

요셉에게 주어진 더 아름다운 상이 있습니다. 그가 누린 가장 놀라운 축복과 상급은 바로 하나님 자신이셨습니다. 요셉은 하나님과 그의 약속 외에는 어떤 것도 집착하지 않았습니다. 그 이유는 하나님이 그의 모든 것이 되셨기 때문입니다.

하나님은 그를 사랑하는 사람들의 상급이 되시고 영광이 되어 주십니다. 빛이 되어 주십니다. 이사야 60장 19-20절에는 "다시는 낮에 해가 네 빛이 되지 아니하며 달도 네게 빛을 비취지 않을 것이요 오직 여호와가 네게 영영한 빛이 되며 네 하나님이 네 영광이 되리니 다시는 네 해가 지지 아니하며 네 달이 물러가지 아니할 것은 여호와가 네 영영한 빛이 되고 네 슬픔의 날이 마칠 것임이니라"고 말씀합니다.

당신이 가장 소원하는 상급은 무엇입니까? 하나님이 되게 하십시오. 그것은 한 인간이 할 수 있는 가장 성숙한 추구요, 영광스런 열망입니다. 하나님은 하나님 자신을 상급으로 삼는 사람들을 기뻐하십니다. 하나님은 믿음의 조상 아브라함에게 "나는 너의 방패요 너의 지극히 큰 상급이니라"(15:1)고 말씀합니다.

그렇습니다. 하나님은 우리의 지극히 큰 상급이십니다. 왕이 되었던 다윗은 어떤 복이나 기업보다 하나님을 귀히 여겼습니다. 다윗은 "내가 여호와께 아뢰되 주는 나의 주시오니 주밖에는 나의 복이 없다 하였나이다 … 여호와는 나의 산업과 나의 잔의 소득이시니 나의 분깃을 지키나이다"(시 16:2, 5)라고 고백했습니다. 다윗의 성숙한 신앙 고백이 당신의 고백이 되길 바랍니다.

## 참된 믿음은 끝마무리를 잘하는 것이다

이제 요셉과 이별할 시간입니다. 아쉽습니다. 그러나 이제 헤어져야만 합니다. 요셉은 믿음으로 시작했습니다. 뿐만 아니라 그는 믿음에 견고히 서서 믿음으로 살았습니다. 믿음으로 살았을 뿐 아니라 그 믿음을 끝까지 지켰습니다. 히브리서 기자는 요셉의 마지막 순간에 가졌던 믿음을 소중히 여겼습니다. 히브리서 11장 22절에는 "믿음으로 요셉은 임종 시에 이스라엘 자손들의 떠날 것을 말하고 또 자기 해골을 위하여 명하였으며"라고 말씀합니다.

요셉의 마지막 모습입니다. 신약 성경은 요셉의 많은 아름다운 장면들, 요셉의 생애 가운데 믿음으로 살았던 모습을 뒤로하고, 왜 요셉의 이 마지막 모습을 가장 중요한 사건으로 묘사하고 있을까요? 그 이유는 요셉은 자신의 영화나 출세나 형통보다는 하나님과 그의 약속의 성취를 최상의 우선 순위에 두었기 때문입니다. 또한 요셉이 그의 믿음을 끝까지 지켰다는 것을 강조하기 위해서입니다. 바울도 그의 생애 마지막에 "내가 선한 싸움을 싸우고 나의 달려갈 길을 마치고 믿음을 지켰으니"(딤후 4:7)라고 감격적인 고백을 합니다.

믿음은 금보다 귀합니다. 이 세상의 어떤 것과도 바꿀 수가 없습니다. 믿음을 끝까지 지켰다는 것은 고귀한 일입니다. 요셉은 죽었지만 요셉의 하나님은 살아 계십니다. 요셉은 죽었지만 그의 믿음은 살아서 오늘 우리에게 말하고 있습니다. 요셉은 믿음으로 최후까지 승리한 꿈꾸는 사람이었습니다.

## 꿈꾸는 사람, 믿음의 사람, 은혜의 사람

헨리 포드 부부의 사진이 걸려 있는 박물관에는, 두 사람의 사진 밑에 하나는 '꿈꾸는 사람' 다른 하나에는 '믿음의 사람'이라고 쓰여 있다고 합니다. 요셉의 생애를 두 마디로 요약한다면 이처럼 '꿈꾸는 사람'이고 '믿음의 사람'입니다.

이제 요셉은 이 땅에 없습니다. 하나님은 당신이 요셉이 되길 원하십니다. 요셉처럼 꿈을 꾸십시오. 요셉처럼 믿음의 사람이 되십시오. 우리가 영광을 돌려야 할 분은 요셉의 하나님, 우리 하나님입니다. 요셉을 붙잡아 주신 하나님입니다.

요셉을 요셉 되게 했던 것은 하나님의 은혜였습니다. 요셉이 끝마무리를 잘하도록 도와 주신 것도 하나님의 은혜였습니다. 누군인들 요셉처럼 아름다운 최후를 맞고 싶지 않은 사람이 있겠습니까? 하나님의 은혜가 특별히 요셉을 붙잡아 준 것입니다.

우리는 최선의 삶을 살아야 합니다. 그러나 가장 중요한 것은 하나님을 신뢰하는 것입니다. 하나님의 은혜를 늘 사모하며 사는 것입니다. '꿈꾸는 사람', '믿음의 사람'과 함께 우리는 '은혜의 사람'이 되어야 합니다. 바울처럼 우리도 "나의 나 된 것은 하나님의 은혜로다" (고전 15:10)고 고백할 수 있기를 바랍니다.

## 하나님은 꿈꾸는 자를 찾으신다

하나님은 사람을 찾으십니다. 이 시대를 움직일 수 있는 사람을 찾으십니다. 육체를 신뢰하지 않고 오직 하나님만을 의지할 수 있는 사람을 찾으십니다. 요셉과 같이 꿈꾸는 사람을 찾으십니다. 하나님의 은혜를 마음껏 부어 줄 사람을 찾으십니다. 하나님의 축복을 마음껏 부어 줄 사람을 찾으십니다. 새 천년을 주도해 나갈 믿음의 사람을 찾으십니다. 새 시대, 새 천년을 위한 하나님의 과업을 맡길 사람을 찾고 계십니다. 당신이 바로 하나님이 찾으시는 그 사람이 되시길 빕니다.